철학은 어떻게 삶의 무기가 되는가

일러두기 ————————

1 본문의 괄호 안 글 중 옮긴이가 독자들의 이해를 위해 덧붙인 글에는 옮긴이 주로 표시했습니다. 이 표시가 없는 글은 원저자의 글입니다.
2 이 책에서 인용한 『성경』과 단행본 등은 이 책의 일본어 원서에 있던 글을 번역하여 실었습니다.
3 본문에서 언급하는 단행본이 국내에서 출간된 경우 국역본 제목으로 표기하였고, 출간되지 않은 경우 최대한 원서에 가깝게 번역하고 원제를 병기하였습니다.
4 책 제목은 겹낫표(『』), 편명, 논문, 보고서는 홑낫표(「」), 신문, 잡지는 겹꺾쇠(《》), 영화, TV 프로그램 등은 꺾쇠(〈〉)를 써서 묶었습니다.

BUKI NI NARU TETSUGAKU
© Shu Yamaguchi 2018
First Published in Japan in 2018 by KADOKAWA CORPORATION, Tokyo.
Korean translation rights arranged with KADOKAWA CORPORATION, Tokyo
through Korea Copyright Center, Inc.

철학은 어떻게 삶의 무기가 되는가

야마구치 슈 지음 | 김윤경 옮김

Burrhus Frederic Skinner
Friedrich Nietzsche
Edward Deci Abraham Harold Maslow
Erich Fromm

Philosophy

Simone de Beauvoir
Abraham Harold Maslow
Charles Robert Darwin
Jean Jacques Rousseau
Robert king Merton
Adam Smith
Friedrich Nietzsche
Kurt lewin

불확실한
삶을
돌파하는
50가지
생각 도구

야마구치 슈 지음
김윤경 옮김

다산
초당

교양이 없는 전문가보다
위험한 존재는 없다

철학 전문가도 아닌 내가 왜 사회인을 위한 철학책을 쓰고자 했을까? 그 이유는 각자의 자리에서 성실하게 일하며 이 사회를 이루고 영위하는 데 크고 작은 역할을 맡고 있는 개인들이야말로 철학의 본질을 알고 있어야 한다고 굳게 믿기 때문이다.

최근에서야 철학을 중심으로 한 교양 과목^{liberal arts}이 앞으로 세상에 막대한 권력과 영향력을 미치게 될 엘리트를 교육하는 데 중요하다는 사실이 대두되고 있다. 하지만 서양의 경우, 유럽의 엘리트 양성을 담당해 온 교육 기관에서는 오래전부터 철학과 역사를 필수 과목으로 가르쳐 왔다. 지금도 마찬가지다. 정치·경제 분야에 무수히 많은 엘리트를 배출하고 있는 옥스퍼드 대학교의 간판 학부 PPE^{Philosophy, Politics and Economics}(철학·정치학·경제학 융합 과정-옮긴이)에 서는 철학이 세 학문의 필두로 꼽힌다.

프랑스의 고등학교 과정인 리세^{lycée}에서도 이과와 문과를 불문하고 철학이 필수 과목으로 지정되어 있으며, 대학 입학 자격시험인 바칼로레아^{baccalauréat}의 첫날 첫 시간에는 전통적으로 철학 시험이 실시된다. 프랑스에 오래 머물러 본 적이 있는 사람이라면 회사나 카페 등에서 바칼로레아의 철학 시험에 어떤 문제가 나올지, 그리고 자신이라면 어떻게 대답할지 토론하는 젊은이들이 많다는 사실을 알 것이다.

미국만 해도 엘리트 경영자 교육 기관으로 명성 높은 아스펜 연구소^{Aspen Institute}에서는 세계에서 가장 '시급'이 높은 글로벌 기업의 경영 간부 후보들이 멋진 스키 리조트가 있는 아스펜 산기슭에 모여 플라톤, 아리스토텔레스, 마키아벨리, 홉스, 로크, 루소, 마르크스 등 철학과 사회학의 고전을 착실히 배우고 있다.

그들은 왜 기꺼이 시간을 할애하여 걸핏하면 쓸모없는 학문으로 치부되기 일쑤인 '철학'을 우선순위로 배우고 있는 것일까? 아스펜 연구소의 설립 계기가 된 1949년 '괴테 탄생 200주년 기념제'의 발기인 가운데 한 사람이자, 당시 시카고 대학교 총장이었던 로버트 허친스^{Robert Hutchins}는 리더가 교양을 갖추어야 하는 이유를 다음과 같이 설명했다.

- 교양 없는 전문가야말로 우리의 문명을 가장 위협하는 존재다.

- 전문 능력이 있다고 해서 교양이 없거나 매사에 무지해도 되는 것일까?

일본 아스펜 연구소 홈페이지에서 인용

참으로 강렬하다. 철학을 배우면 어떤 일에 도움이 된다거나 멋있어 보인다거나 현명해진다는 것이 아니고, 철학을 배우지 않고 사회적 지위만 얻으면 문명을 위협하는 존재, 한마디로 '위험한 존재'가 된다고 지적하고 있다.

그렇다면 우리는 어떠한가? 나는 우연한 기회에 2018년 1월에 열린 '간사이경제동우회'에 발제자로 참가하여 간사이関西(오사카와 교토를 중심으로 한 서쪽 지역-옮긴이) 지역의 재계를 대표하는 경영자들과 함께 '문화와 기업의 관계'를 주제로 토론했다. 그때 나는 이 주제에 관해 제대로 자기 의견을 말할 수 있는 경영자가 적어도 그 자리에는 한 명도 없다는 사실을 깨달았다. 그곳에 참석한 경영자 대부분이 "문화는 돈이 되지 않는다", "지역 문화에 투자하고 싶지만 시간이 없다"라는 식의 유치한 발언으로 일관하는 바람에 기업 경영이 문화 형성에 미치는 영향에 관해 깊이 있는 의견을 나누지 못했다.

이렇게 교양 없는 '돈벌이 전문가'(라고 할 만큼 돈을 벌지도 못하는 것 같지만)들이 이끄는 수많은 일본 기업이 놀라울 정도로 숱하게 위법 행위를 저지르고 있는 시대 상황을 생각해 보면, 반세기 이전에 이미 철학의 중요성을 역설한 허친스 교수의 문제의식이 얼마나 통찰력 깊은 것이었는지 잘 알 수 있다.

우리는 왜 '철학'을 배워야만 하는가?

로버트 허친스 교수의 문제 제기를 토대로 리더가 철학적 소양을 갖추어야 하는 이유를 알아보았다. 이제 나의 경험을 바탕으로 철학을 배움으로써 얻게 되는 네 가지 이점을 살펴보려 한다.

① 상황을 정확하게 통찰한다

"어쩜 그런 생각을 다 하셨어요?"

클라이언트들과의 회의에서 자주 듣는 말이다. 케이스에 따라 문제의 핵심이나 원인을 파악하기 어려울 때가 있다. 결론이라고 할 만한 것을 찾지 못한 채 회의를 마쳐야 할 즈음 "이 문제라면 혹시 이런 것이 아닐까요?"라는 나의 발언으로 마치 구름 걷히듯 사안을 해결할 실마리를 찾게 될 때가 있는데 그때마다 그들은 내게 저렇게 묻곤 한다.

그들은 대개 조금 놀란 것 같기도 하고 기쁜 것 같기도 한 미묘한 표정을 짓는다. 그러나 내가 처음부터 사고를 새로 구성한 경우는 많지 않다. 대부분 눈앞에 닥친 상황에 맞춰 철학이나 심리학, 경제학의 개념을 떠올려 보았을 뿐이다. 이 책에서 소개할 50가지 철학·사상의 핵심 개념은 내가 컨설팅 현장에서 알아 두길 정말 잘했다고 생각했던 것들이다. 이 철학 개념들은 더없이 곤란하고 힘든 난관을 돌파하는 데 매우 큰 도움을 주었다.

철학을 배워서 얻는 가장 큰 소득은 지금 눈앞에서 벌어지고 있는 일을 깊이 있게 통찰하고 해석하는 데 필요한 열쇠를 얻게 해 준다는 점이다. 그리고 '지금 눈앞에서 어떤 일이 일어나고 있는가'라는 물음은 두말할 필요도 없이 수많은 직장인과 경영자, 일반 시민들이 직시해야만 하는 가장 중요한 과제이기도 하다. 철학자들이 남긴 생각을 통해 이 물음에 답할 수 있는 통찰력을 얻게 된다. 이해를 돕기 위해 구체적인 사례를 살펴보자.

지금 전 세계는 교육 혁명 중이다. 그중 핀란드가 단연 독보적이다. 핀란드는 고정적인 학년별 커리큘럼을 없애거나 교과별 수업을 하지 않는 추세다. 학교 수업이라 하면 같은 연령의 아이들이 같은 교실에 모여 같은 교과목을 공부하는 모습을 떠올리는 우리에게 핀란드의 교육 제도는 기이하게 여겨질 것이다. 우리에게 익숙한 시스템과는 다른, 무언가 새로운 시스템이 생겨났구나 하는 정도로만 이해하기 쉽다.

하지만 이때 '변증법'이라는 생각의 도구를 이용하면 다른 관점, 즉 새로운 교육 제도가 만들어진 것이 아니라 오래된 교육 시스템이 부활했다는 관점이 생긴다.

변증법은 어떤 주장 A와 그에 반대, 또는 모순되는 주장 B가 있을 때 어느 쪽도 부정하지 않고 통합하여 새로운 주장 C로 진화해 가는 사고 과정을 말한다. 이때 통합과 진화는 직선상에서 일어나지 않는다. 나선형으로 일어난다. 나선형은 옆에서 보면 지그재그로 상승하는 운동으로, 위에서 보면 원형의 회전 운동으로 보인다. 요컨대 발전과 복고가 동시에 일어나는 형국이다.

일정 연령의 아이들을 같은 장소에 모아 단위 시간을 구분해 똑

같은 과목을 가르치는, 우리에게 익숙한 교육 제도는 메이지 시대 (1868~1912. 일본의 근대화가 확립된 시기-옮긴이)의 부국강병 정책 아래서 수많은 아이에게 획일화된 교육을 실시하기 위해 마련된 제도다. 인류는 탄생 이래 줄곧 아이들을 교육해 왔고 그 역사는 수만 년에 이른다. 이 오랜 역사 속에서 현대 교육 시스템은 극히 짧은 시간 동안 채택된 제도일 뿐이다.

메이지 유신(에도 막부 체제를 멸망시키고 메이지 시대를 연 변혁 운동-옮긴이) 이전에는 서당식 교육이 있었다. 서당 제도를 되돌아보면 학생들의 연령도 제각각이고 배우는 교과도 각자 달라서, 현재 전 세계적으로 진행 중인 교육 변화의 방향과 아주 유사하다. 즉, 근대 교육 시스템에 익숙해 있는 우리에게는 매우 새롭게 보이지만 역사적으로는 더 오래된 것이라는 말이다.

다만 오래된 제도가 낡은 채로 부활한다면 이는 퇴보에 지나지 않는다. 이때 오래된 시스템은 발전적 요소와 함께 돌아오기 마련이다. 교육 시스템에서는 정보 통신 기술ICT이 발전적 요소인데, 이에 대한 해설에는 더 이상 지면을 할애하지 않겠다. 교육 제도에 관한 이야기는 한 가지 사례에 불과하다. 이러한 동향을 '과거 시스템의 발전적인 회귀'로 통찰할 수 있는지 아닌지는 변증법을 아느냐 모르느냐에 달려 있다.

눈앞에서 일어난 일이 대체 어떤 흐름인지, 앞으로 어떤 일이 일어날 것인지를 깊이 이해하는 데는 과거 시대를 살던 철학자가 제안한 다양한 사고법이 큰 도움이 된다. 거듭 강조하지만, '지금 눈앞에서 어떤 일이 일어나고 있는가'라는 물음은 우리가 일과 삶에서 마주하는 과제들 중에 단연 가장 중요하다. 이렇게 중요한 물음을 고찰할 때 강력한 해결 수단 혹은 현명한 생각법을 제공해 주는 것이 바로 철학이다.

② 비판적 사고의 핵심을 배운다

경영자든 직장인이든 모든 비즈니스맨은 철학을 통해 '비판적 사고'의 핵심을 배울 수 있다. 철학의 역사는 모두, 지금껏 세상에서 상식으로 인식되거나 당연하다고 여겨진 일들에 대한 비판적 고찰의 역사다. 이 점에 대해서는 뒤에서 자세히 설명하겠지만, 과거 철학자들이 마주해 왔던 물음은 '세상은 무엇으로 이루어져 있는가'라는 'What의 문제'와 '그 속에서 우리는 어떻게 살아가야 하는가'라는 'How의 문제' 이 두 가지로 정리할 수 있다. 고대 그리스 이래 대부분의 철학자가 마주한 물음이 모두 이 두 가지 문제로 수렴되는데도 여전히 수많은 철학자의 논고가 존재한다는 사실은, 이들 문제에 대해 '결정타'로 인정할 만한 대답이 아직까지 제시되지 않았다는 증거이기도 하다.

철학자가 문제를 마주한다. 그리고 자기 나름대로 '이것이 아닐까?' 하는 답을 세상에 내놓는다. 그 답에 설득력이 있다고 여겨지면 이것이 한동안 정론으로 인식된다. 하지만 그러는 동안 현실이 변하면서 정론이었던 해답에 흠이 보이기 시작한다. 더 이상 그 해답으로는 현상을 명확하게 설명하지 못하거나 현실에 제대로 대처할 수 없게 되는 것이다. 그러면 새로운 철학자가 '그 답이 혹시 잘못된 것은 아닌가?'라고 비판하며 다른 답을 제안한다. 철학의 역사는 이러한 '제안 → 비판 → 재제안'이라는 흐름의 연속으로 이루어졌다.

그렇다면 철학이 비즈니스맨에게 대체 왜 중요할까? 비즈니스에도 비판적 사고가 필요하기 때문이다. 시대의 흐름에 맞춰 현재의 사고방식과 행동을 비판적으로 검토하고 변화시켜야 한다. 예전에 잘 운용되었던 체제를 현실의 변화에 따라 바꾸어 나가기도 해야 한다. 기업을 가리켜 영어로 고잉컨선going concern이라고 하는데, 이는 '영원히 계속된다는 것을 전제로 한 조직'이라는 뜻이다. 중요한 것은 환경이 변하더라도 기업은 계속된다는 점이다. 여기에는 기업이 점점 변화해 나간다는 사실이 전제되어 있다.

당연한 일이 아니냐고 반문할지도 모르지만, 그렇다면 그 당연한 변화가 왜 수많은 기업에서는 이루어지지 않는 것일까? 변화에는 반드시 부정이 동반된다. 지금까지의 사고관과 일하는 방식을 부정하고 새로운 사고관과 업무 방식을 점차 받아들이는 것이 '변화'다. 이때 새로운 사고관과 업무 방식에 적응하는 일보다 오래된 사고관과 일하는 방식을 비판적으로 인식하고 끝내는 일이 더 어렵다. 지금까지 통용된 사고관을 일단 비판적으로 재검토해 보고 그 사고가 현실에 잘 맞지 않거나 현실을 명확히 설명할 수 없다면 원인을 고찰해서 새로운 패러다임을 제시해야 한다. 이는 분명 철학자가 끊임없이 해 온 일이다. 직면한 문제는 다를지라도, 비즈니스맨은 철학을 배움으로써 자기 행동과 판단을 무의식중에 규정하고 있는 암묵적인 전제를 의식적으로 비판하고 고찰하는 지적 태도와 관점을 얻을 수 있다.

③ 어젠다를 정한다

어젠다는 '과제'를 뜻한다. 과제를 정하는 일이 바로 혁신의 출발점이므로 상당히 중요하다. 오늘날 수많은 기업이 혁신을 최우선의 경영 과제로 추진하고 있는데, 솔직히 말해서 나는 대개가 '혁신 놀이'에 불과하다고 생각한다. 이렇게 단언할 수 있는 이유는 대부분의 경우 과제가 제대로 설정되어 있지 않기 때문이다. 모든 혁신은 사회가 안고 있는 중요한 과제를 해결함으로써 실현되게 마련이므로, 과제가 설정되어 있지 않은 상태에서는 혁신도 일어나지 않는다. 과제 설정도 제대로 하지 않고 일단 아이디어를 수집하는 외부 구조를 갖추는 것으로 아이디어 완성 과정을 정비한 뒤 오픈 이노베이션^{open innovation}(기업에 필요한 기술과 아이디어를 외부에서 조달하고 내부 자원을 외부와 공유하면서 새로운 제품이나 서비스를 만들어 내는 혁신. 2003년에 UC 버클리 헨리 체스브로 교수가 제시한 개념-옮긴이)을 한다고 하는 실정이니, 이를 '놀이'라고밖에 말할 수 없다.

나는 『세상에서 가장 혁신적인 조직을 만드는 법^{世界で最もイノベーティブな組織の作り方}』을 집필할 때, 사회에서 혁신가로 인정받고 있는 수많은 사람을 인터뷰했다. 그들 중 처음부터 '혁신을 일으키겠어!'라고 마음먹은 이가 한 명도 없다는 사실이 무척 인상적이었다.

그들은 혁신을 일으키기 위해 일을 한 것이 아니라 반드시 구체적으로 해결하고 싶은 과제가 있어서 일을 했다. "혁신이 정체되어 있다"라는 말이 나온 지는 꽤 오래되었는데 정체를 초래하는 가장 큰 장애 요인, 즉 병목현상을 유발하는 요인은 아이디어나 창조성의 결여가 아니라 애초에 해결하고 싶은 과제 또는 어젠다가 없다는 사실에 있다.

이처럼 중요한 과제 설정 능력을 높이기 위해서는 어떻게 해야 할까? 열쇠는 '교양'에 있다. 눈앞에 펼쳐진 익숙한 현실로부터 과제를 선택해 끌어내려면 반드시 상식을 상대화해서 볼 줄 알아야 하기 때문이다. 예를 들어 일본의 풍습과 생활문화밖에 알지 못하는 사람이 일본의 풍속에 대해 '왜 이런 걸 하는 걸까?'라고 생각하기란 무척 어렵다. 하지만 외국의 풍습과 생활문화를 잘 알고 있는 사람이라면 그다지 어렵지 않다. 〈이런 점이 이상해요 일본인!〉 같은 유형의 제목을 단 책이나 텔레비전 프로그램을 종종 보는데 이러한 콘텐츠는 일본인에게는 아주 당연한 습관이 외국인에게는 무척 이상해 보이는 상황을 포착하고 그에 대해 당사자인 일본인들이 '듣고 보니 확실히 그렇네'라며 공감하는 구도를 바탕으로 한다. 지리적인 공간이나 역사적인 시간의 폭을 넓은 시야로 볼 줄 아는 사람일수록 눈앞의 상황을 객관적으로 바라볼 수 있다는 점을 확인할 수 있다.

혁신은 지금까지 당연했던 일이 당연하지 않게 된다는 측면을 포함하고 있다. 지금까지 당연했던 일, 다시 말해 상식을 의심하는 것에서 비로소 혁신이 시작된다.

그렇다고 해서 모든 일을 사사건건 의심한다면 일상생활을 제대로 영위할 수 없다. 왜 신호등의 진행 표시는 초록색이고 정지 표시는 빨간색일까, 왜 시곗바늘은 오른쪽으로 돌아갈까 등을 하나하나 깊이 생각하다가는 일상생활이 엉망진창이 되고 말 것이다. 바로 여기에 우리가 흔히 접하는 '상식을 의심하라'라는 메시지의 맹점이 있다.

혁신하기 위해 상식을 버리라거나 상식을 의심하라고 쉽게들 말하지만, 이러한 조언에는 '세상에 상식이라는 것이 왜 생겨났으며 한번 굳어진 상식은 왜 바꾸기 어려운가'에 관한 통찰이 완전히 결여되어 있다. 상식을 의심하는 행위에는 사실 상당한 비용이 든다. 반면 혁신을 실행하려면 상식에 대한 의문이 필요하므로 여기서 역설이 발생한다. 결론부터 밝히자면, 이 역설을 푸는 열쇠는 하나밖에 없다. 중요한 것은 사람들이 흔히 말하듯이 상식을 의심하는 태도를 몸에 익힐 게 아니라, 그냥 넘어가도 좋은 상식과 의심해야 하는 상식을 판별할 줄 아는 안목을 갖추는 일이다. 이러한 안목을 길러 주는 것이 바로 공간축과 시간축에서 지식을 확산하는 일, 즉 교양을 갖추는 일이다.

자신이 갖고 있는 지식과 눈앞의 현실을 비교해 보고 보편성이 더 낮은 상식, 다시 말해 지금 여기에서만 통용되는 상식을 가려내야 한다. 스티브 잡스는 캘리그래피의 아름다움을 알고 있었기에 '컴퓨터 폰트는 왜 이렇게 안 예쁠까?'라는 의문을 가질 수 있었다. 체 게바라는 플라톤이 내세우는 이상 국가를 알고 있었기에 '세계 상황은 왜 이다지도 비참할까?'라는 의문을 품을 수 있었다. 눈앞의 세계를 무조건 받아들이지 말고 객관적으로 고찰해 보자. 그럴 때 떠오르는 보편성의 부재, 거기에 그야말로 마땅히 의심해 볼 만한 상식이 존재한다. 그 상식을 교양이라는 렌즈를 통해 들여다볼 수 있어야 한다.

④ 같은 비극을 되풀이하지 않는다

철학을 배우는 마지막 이유는 두 번 다시 비극을 일으키지 않기 위해서다. 안타깝게도 과거 우리의 역사는 '이렇게까지 인간이 사악해질 수 있을까' 싶은 비극에 의해 새빨갛게 피로 물들었다. 그 비극이 바로 우리와 같이 지극히 평범한 사람들의 어리석음으로 인해 초래되었다는 사실을 결코 잊어서는 안 된다.

과거 수많은 철학자가 동시대의 비극을 마주할 때마다 인간의 어리석음을 고발하고 같은 비극이 두 번 다시 되풀이되지 않도록 어리석음을 극복하는 방법을 고뇌하고 이야기하고, 또 글로 남겼다. 인류는 지금까지 비싼 수업료를 지불하고 다양한 실패를 경험하며 교훈을 얻었다. 과거의 철학자가 어떠한 물음에 마주했고 그에 대해 어떻게 생각했는지를 아는 일은, 바꿔 말하면 우리 자신이 당시의 그들처럼 어리석은 과오를 되풀이하지 않도록, 그들이 비싼 비용을 지불하고 얻은 교훈을 배우는 일이다. 바로 이것이 일반적인 실무에 관여하고 있는 비즈니스맨이 과거의 철학자가 지적한 조언에 귀를 기울여야 할 이유다.

교실 안에 있는 철학자가 세상을 움직이지는 못한다. 일찍이 사

르트르나 마르크스가 발휘했던 영향력을 생각하면 이 지적에 위화
감을 느끼는 사람이 많을 것이다. 하지만 사실이다. 세상을 움직이
는 것은 그 사람들이 아니라, 실무를 다루며 매일매일 생업에 최선
을 다하고 있는, 즉 지금 이 책을 읽고 있는 당신과 같은 사람들이
다. 이는 이 책의 한나 아렌트 부분에서 다시 언급하겠지만, 세계적
인 비극의 장본인은 홀로코스트를 자행한 아돌프 히틀러도 캄보디
아 킬링필드의 주범인 폴 포트도 아닌, 그들을 리더로 따르기로 선
택한 너무나도 '평범한 사람들'이었다. 그 사람들에 의해 거대한 악
이 자행되었다고 한다면 과거의 철학자들이 인류가 지불한 비싼 수
업료의 대가로 남긴 문헌을 우리와 같은 '평범한 사람'이 배우는 데
는 큰 의미가 있다.

특히 실무자로 불리는 사람들은 개인의 체험을 통해 얻은 편협
한 지식에 의거해 세계상을 그리는 일이 많다. 하지만 오늘날 이러
한 자기만의 세계상을 품은 사람들로 인해 갖가지 문제가 일어나고
있다는 사실을 묵인할 수는 없다. 존 메이너드 케인스는 『고용, 이
자, 화폐의 일반 이론』에서 자신의 잘못된 이론을 내세우면서 흡족
해하는 실무자를 이렇게 비판했다.

지적인 영향으로부터 자유롭다고 생각하는 실무자는 대부분 실패한
경제학자의 노예다.

신랄한 지적이다. 지금까지 인류가 반복해 온 비극을 우리는 또

다시 되풀이할 것인가? 아니면 이미 지불한 비싼 수업료를 생각해서라도 더욱 높은 수준의 지성을 발휘하는 인류, 이른바 새로운 유형의 인류로 살아갈 것인가? 그에 대한 대답은 과거의 비극을 토대로 얻은 교훈을 얼마만큼 배워 활용할 수 있느냐에 달려 있다.

CONTENTS

1부
무기가 되는 철학

2부
지적 전투력을 극대화하는
50가지 철학·사상

'사람'에 관한 핵심 콘셉트
왜 이 사람은 이렇게 행동할까?

2장

'조직'에 관한 핵심 콘셉트
왜 이 조직은 바뀌지 않을까?

3장

'사회'에 관한 핵심 콘셉트

지금 무슨 일이 일어나고 있는가?

'사고'에 관한 핵심 콘셉트

4장 어떻게 사고의 함정에 빠지지 않을 수 있을까?

1부

무 기 가 되 는 철 학

Philosophy

Melvin.J.Lerner

John Stuart Mill

Sartre,Jean-Paul

Claude Lévi-Strauss

Francis Bacon

Werner Karl Heisenberg

Jean Jacques Rousseau

Renatus Cartesius

Søren Aabye Kierkegaard

Immanuel kant

Claude Levi Strauss

Baruch Spinoza

철학을 배우는 새로운 방법

세상에는 소위 철학 입문서가 차고 넘친다. 인터넷 서점에 '철학 입문'이라고 검색하면 철학의 대가인 버트런드 러셀의 『철학이란 무엇인가』를 비롯해 무려 만 권이 넘는 책들이 쏟아져 나온다. 이렇게까지 많은 입문서가 쓰였다는 것은 최종적으로 대표할 만한 책이 아직 쓰이지 않았다는 증거이므로 새롭게 철학 입문서를 쓰는 의미가 있다고도 할 수 있지만, 한편으로는 이미 이렇게나 많은 철학 입문서가 존재하는 상황이라면 지금까지 쓰인 유사 도서들과 결정적으로 다른 요소를 드러내지 않는 한 큰 의미가 없다. 그러므로 여기서는 지금까지 나온 방대한 철학 입문서들과 이 책의 차이점을 설명하고자 한다. 구체적으로 이 책을 여타 철학 입문서들과 구별 짓는 핵심은 다음 세 가지다.

① 목차를 시간축으로 구성하지 않는다

② 현실의 쓸모에 기초한다

③ 철학 이외의 영역도 다룬다

순서대로 살펴보자.

① 목차를 시간축으로 구성하지 않는다

대부분의 철학 입문서는 시간, 즉 철학의 역사를 편집의 축으로 사용한다. 대략적인 흐름은 다음과 같다.

우선 그리스의 프로타고라스와 소크라테스에서 시작해서 플라톤, 아리스토텔레스를 거쳐 중세에 이른다. 한동안 공백이 있은 후 데카르트, 스피노자, 라이프니츠의 대륙 합리론과 로크, 버클리, 흄의 영국 경험론, 이 두 갈래의 흐름을 설명하고 칸트가 이것을 통합해 정리하는 것으로 일단락된다. 그 후 헤겔, 셸링, 피히테의 독일 관념론을 비롯해 니체, 프로이트, 마르크스 이후 클로드 레비스트로스의 구조주의, 나아가 후설과 하이데거에 의한 존재론과 현상학을 언급하고 난 뒤, 사르트르, 메를로퐁티, 비트겐슈타인 등의 근대 철학자, 마지막으로 포스트 구조주의의 푸코, 들뢰즈, 데리다를 소개하고 끝낸다. 조금 더 깊이 들어간 책이라면 아렌트와 하버마스, 호르크하이머까지 언급한 뒤 끝으로 '현대를 살아가는 우리가 마주한 물음은 무엇인가?' 같은 과제를 던지고 생각해 보는 흐름으로 마지막 장을 마치는 것이 전형적인 구성이다.

이 점에 대해서는 뒤에서 상세하게 설명하겠지만, 철학 초심자가 얼마 안 가 좌절하고 마는 중요한 이유 가운데 하나가 바로 고대 그리스의 철학이 너무 따분하다는 점이다. 고대 그리스의 철학자들이 남긴 고찰은 현대를 살아가는 우리에게는 대부분 너무 뻔하거나 혹은 잘못된 내용인 경우가 많아서, 그러한 고찰을 배우는 일 자체의 의미를 찾기가 어렵다. 결국 고대 그리스 단계에서 질색하고는 더 이상 앞으로 나아가지 못하게 된다. 당연히 시간축을 토대로 목차를 구성하면 그리스 철학이라는 '험하기만 하고 경치는 별 볼 일 없는 산'을 오르는 데서부터 철학 여행을 시작하게 되므로 아무래도 철학 포기자가 줄줄이 나올 수밖에 없다.

이 책에서는 시간축에 따라 목차 구성을 하지 않았다. 대신 철학자들이 남긴 다양한 개념들을 콘셉트에 따라 정리해 목차를 구성했다. 총 네 가지 콘셉트로 '사람', '조직', '사회', '사고'가 바로 그것이다.

'사람'에 관한 핵심 콘셉트는 타인과 자신의 사고방식과 행동양식에 관해 더욱더 깊이 통찰하게 한다. 심리학자 알프레트 아들러는 "모든 고민은 인간관계로 인한 고민이다"라고 지적한 바 있다. 확실히 우리 인생에서 발생하는 거의 대부분의 문제들은 사람과 연관되어 있다. 그런 만큼 사람의 본성을 끊임없이 연구해 온 과거 철학자들의 고찰이 더 나은 인생을 살기 위한 실마리가 되어 줄 수밖에 없다.

Q. 내 연설에 뭔가 뜨뜻미지근한 이 반응은 뭐지?

A. 아리스토텔레스가 말한다. "로고스뿐만 아니라 파토스와 에토스도 중요하거든."

Q. 나는 지지리 운도 없지! 시대 상황도 안 좋고 회사는 이 모양이고, 도통 의욕이 안 생겨.

A. 사르트르가 말한다. "자네는 도망만 치고 앙가주망은 하지 않을 텐가?"

19세기 이후 의학, 심리학, 뇌과학에 그 역할이 넘어가기 전까지 '인간은 무엇인가?'라는 물음에 대해 누구보다 깊고 날카롭게 고찰한 이들이 바로 철학자들이다. 그들도 현대를 살아가는 우리와 마찬가지로 방약무인으로 행동하는 이웃을 보면 '왜 이 사람은 이렇게 행동하는 걸까?'라고 고민했다. 이렇게 몸소 문제에 부딪쳐 본 철학자들이 남긴 고찰이 우리에게 유용하지 않을 도리가 없다. 그들이 남긴 생각은 우리가 '사람'에 관련된 문제를 생각할 때 깊은 통찰력을 선사한다.

'조직'에 관한 핵심 콘셉트는 집단에 속한 인간이 보이는 행동을 이해하는 데 도움을 준다. 물론 조직은 여러 개인들이 모여 이루어지지만, 단순히 개개인의 사고방식이나 행동 양식의 합으로 조직의 행동을 예측하고 이해하기란 불가능하다. 일단 집단이 만들어지면 그저 개개인의 특성을 더해서는 이해할 수 없는 행동이 발생하기 때문이다.

Q. 새로운 업무 프로세스가 좀처럼 정착되질 않아요.

A. 쿠르트 레빈이 말한다. "도입 전에 준비를 제대로 해 놓았는가?"

Q. 논의가 활발하게 이루어지지 않고 늘 대충 그 자리의 분위기에 따라 결정되고 말아요.

A. 존 스튜어트 밀이 말한다. "악마의 대변인을 투입시켜!"

오늘날 조직과 동떨어져 살아갈 수 있는 사람은 거의 없다. 원하든 원치 않든 우리는 어떠한 형태로든 조직과 관련을 맺으며 살아간다. 따라서 조직이 취하게 될 행동, 조직의 특질 등에 관해 과거 철학자들이 고찰한 내용을 배우는 것이 매우 중요하다.

'사회'에 관한 핵심 콘셉트는 사회의 성립 과정과 그 메커니즘을 더욱 깊이 이해하는 데 도움을 준다. 사회가 어떻게 움직이는지를 연구하는 것이 오늘날 사회학이라는 학문이며, 많은 철학자와 사상가 들이 남긴 생각법은 모두 사회의 행동과 그 배후에 작용하고 있는 구조를 통찰하는 데 매우 효과적이다.

Q. 사람을 평가하기가 어려워 사내에 인재 시장을 만들고 시장 원리를 활용하려고 해요.

A. 마르크스가 말한다. "소외가 발생할 거요. 조심하시게."

Q. 기회가 평등하게 주어진 이상 빈곤은 자기 책임이죠. 자업자득이에요.

A. 멜빈 러너가 말한다. "자네는 공정한 세상 가설에 사로잡혀 있군."

고대 그리스 이래로 수많은 철학자들은 '어떤 사회가 이상적인가'라는 문제와 마주했다. 물론 그 물음에 대한 결정적인 해답은 아직 없다. 아니, 오히려 이 물음은 애당초 '문제 설정'에 큰 오류가 있었다는 사실이 밝혀졌다. 나치즘, 스탈리니즘, 문화대혁명, 폴 포트, 옴진리교 등 '이상적인 사회를 추구한 운동'은 모두 비참한 결말을 맞이하고 말았다.

지옥으로 가는 길은 이상적인 사회를 추구하는 선의로 깔려 있다. 그렇다고 해서 더 나은 세상을 구축하기 위한 모든 노력이 자기기만에 불과하다고 한다면 우리는 허무주의에 빠질 수밖에 없다. 더 좋은 세상을 구축하고자 하는 이상을 잃지 않은 채 그러한 '이상 사회'를 꿈꾸며 운동을 벌이는 일이 독선과 기만에 빠질 위험성 또한 동시에 의식할 수밖에 없다. 이는 매우 어려운 일이다. 그렇기에 더더욱 과거의 철학자가 남긴 사회에 대한 고찰이 우리에게 중요한 길잡이가 되는 것이다.

마지막으로 '사고'에 관한 핵심 콘셉트는 모든 일을 깊고 예리하게 고찰하기 위한 돌파구를 마련해 준다. 철학의 역사는 그 자체로 '장대한 사고 과정의 기록'이라고 앞서 언급했다. 철학의 역사는 어떤 제안 A가 그 제안이 잘못되었다고 지적하는 다른 제안 B에 의해 부정되고, 또다시 그 제안을 부정하는 제안 C가 등장하는 식으로 제안과 부정의 연속이다. 이때 많은 철학자는 자신이 부정하는 철학자의 고찰에 대해 '그 사고방식에는 문제가 있다'고 공격하는 수법을 사용한다. 즉, 얼핏 보면 옳다고 생각되는 사고방식에 사실은 함정이 있고 상대가 그 함정에 빠져 있다고 지적한다.

> Q. 이렇게 간단한 일이 왜 외국인에게는 통하지 않는 거지?
> A. 베이컨이 말한다. "동굴의 우상에 갇혀 있는 건 아닐까?"
> Q. 내 취업 목표는 외국계 투자은행이니까 문학이나 역사랑은 관계없어.
> A. 레비스트로스가 말한다. "브리콜라주를 우습게 보지 말라고!"

이러한 함정은 철학자라는 비교적 머리가 좋은 부류의 사람들이 빠질 정도의 함정이므로, 일반인인 우리는 그들보다 쉽게 이 함정에 빠져 버린다. 그러므로 사고의 함정에 관한 지적은 우리가 인생 앞에서 깊은 고뇌에 빠져 있을 때 매우 유용한 길잡이가 된다.

② 현실의 쓸모에 기초한다

이 책이 기존의 철학 입문서와 다른 두 번째 요소는, 이 책에서 내세우는 콘셉트가 철학 사상의 중요성보다 나 자신이 실감하는 유용성을 토대로 편집되었다는 점이다. 솔직히 말해서 '사용할 수 있는지 없는지'만을 기준으로 평가해 담았다.

어떤 책이든 '이 사상만은 꼭 실어야 해'라고 생각해 상당한 지면을 할애하여 설명하는 철학자가 반드시 있다. 대표적인 철학자로 데카르트, 칸트, 헤겔을 꼽을 수 있다. 그중에서도 칸트는 데카르트나 라이프니츠 같은 대륙 합리론(추상적인 사고에 기초한 연역을 중시하는 유파-옮긴이)과 존 로크와 데이비드 흄 같은 영국 경험론(구체적인 경험에 기초한 귀납을 중시하는 유파-옮긴이)을 통합적으로 정리한 하나의 도착점으로, 대부분의 책에서 중요하게 다룬다.

하지만 이 책에서는 칸트를 다루지 않았다. 이유는 단순하다. 나에게 그다지 도움이 되지 않는다고 하면 왠지 부정적인 느낌이 들긴 하지만, 있는 그대로 말하자면 '너무 대단해서' 내가 사용하기에 불편하다. 이는 사실 재미있는 이야기로, 칸트 자신은 '좋다'와 '나쁘다'를 목적에 맞는가 아닌가로 판단해야 한다고 주장했다. 만약 여기에 부엌칼이 있다고 치면, 이 부엌칼의 장단점은 부엌칼의 본래 목적인 식재료를 자른다는 관점에서 판단되어야 한다는 뜻이다. 의외로 당연한 말을 하고 있다. 바로 이 칸트의 지적에 따라 나 또한 철학자들이 강조한 콘셉트를 즐겁게 살아간다는 목적에 맞는지 아닌지로 판단했다.

우리의 목적은 즐겁게, 나다운 인생을 살면서 행복해지는 것이다. 이에 반발하는 사람은 거의 없을 것이다. 개중에는 '아니, 나는 행복하지 않아도 좋아. 그 대신 역사에 내 이름을 남기고 싶어'라고 생각하는 사람도 있을 테지만, 그 사람에게는 행복의 정의가 자신의 이름이 역사에 남는 것이니 결국 같은 말이다. 그러므로 우리의 목적이 즐겁게, 나다운 인생을 살면서 행복해지는 데 있다면 지식이나 기술을 몸에 익히는 일의 의미도 궁극적으로는 '그렇게 해서 즐겁게 살 수 있는가?' 또는 '행복해질 수 있는가?'의 관점에서 판단되어야 한다.

본래 철학이라는 것은 사회라는 커다란 시스템의 일부로, 하루

하루를 보내고 있는 극히 평범한 사람이 '더욱 나은 삶'을 살고 '더 좋은 사회'를 건설하는 데 공헌하는 길잡이가 되어야 한다. 하지만 안타깝게도 일본에서는 철학으로 대표되는 교양이 그만한 위치에 자리 잡지 못했다. 메이지 시대든 쇼와 시대든, 서양 국가들을 재빨리 따라잡기 위해 공학과 법학을 비롯한 실학만을 중요하게 여겼다. 그러다 보니 원래는 그들 상부구조^{super structure}(카를 마르크스의 유물 사관의 기본 개념으로 법제적, 정치적 관계와 사회적 의식의 모든 형태. 즉 도덕, 예술, 종교 등을 뜻함-옮긴이)의 초석이 되어야 할 철학 등 교양 교육에는 현재까지 줄곧 소홀했던 측면이 있다.

철학 등의 교양이 소홀히 다뤄진 원인 중에는 철학 연구자들의 태만도 있다. 원래 철학은 무기로서, 혹은 도구로서 상당히 유용한 데도 그 쓸모에 대해 계몽이나 설명을 하지 않았다. 그동안 그들이 해 온 일을 들여다보면 철학에 관해 작성한 문헌은 고작 자신들의 철학과 사상이 얼마나 훌륭한가를 독선적으로 주장하는 전단 광고에 불과하거나, 그도 아니면 전문가들에게만 통하는 설계도 해설 아니면 자기네들끼리 나누는 고생담이 대부분이었다. 세상의 역사를 하루, 또 하루 써 나가고 있는 우리와 같이 평범한 사람들에게 어떤 시사와 통찰을 주는지 등 정작 중요한 사안이나 관점은 언급하지 않아 철학을 유용하게 사용하도록 이끄는 길잡이 역할을 전혀 하지 못했다.

집을 지을 때는 쇠망치나 톱을 사용한다. 사람들은 대부분 '풍요로운 인생'이라는 집을 짓는 데 다양한 '지적 도구'를 활용하고 싶어 한다. 이때 '철학'이라는 도구를 어떻게 사용하면 좋을까?

철학자에게 이 질문을 던지면 아마도 "이 쇠망치에는 '못을 박는다'라는 아프리오리$^{a\ priori}$(선험적, 경험적 인식의 전제 조건이 되는 보편타당한 인식-옮긴이)로 규정된 본성은 없고……"또는 "이 톱에 있어 분절 개념의 범위가 넓게는 대패를 포함하고……"어쩌고저쩌고 대답할 것이다.

항상 자신들이 관심 있는 문제만 언급하면서 현혹시킨 끝에 자기 생각만 밀어붙이고, "자네 이번에 쓴 논문, 그거 좋던데", "무슨 소리야, 자네 요전번 논문이야말로 잘 썼더구먼" 하며 서로를 추어올리는 행태를 태만이 아니면 뭐라고 하겠는가?

이런 연유로 이 책에서는 철학·사상의 핵심 개념을 다루는 데 철학사의 학문적인 중요성은 반영하지 않았다. 분명 철학이나 근대 사상에 익숙한 사람은 칸트, 스피노자, 키르케고르가 싹 빠져 있는 철학 입문서는 허용할 수 없다고 하겠지만, 이러한 비판도 고려하지 않았다. 이 책은 어디까지나 나의 생업인 조직과 인재에 관한 컨설팅과 실생활에서의 문제 해결을 위한 유용성을 토대로 편집했다는 점을 미리 밝혀 둔다.

③ 철학 이외의 영역도 다룬다

이 책의 세 번째 차이점은 핵심적인 철학 사상 외에 경제학, 문화인류학, 심리학, 언어학에 관한 내용도 다루고 있다는 점이다.

다른 책들도 그렇다고 반박할 수도 있다. 한 예로, 대부분의 철학 입문서에서 구조주의의 시조로 소개하는 클로드 레비스트로스만해도 본래 문화인류학자이므로 굳이 이 점을 '유사 도서와의 차이'로 들먹이지 않아도 된다는 의견이 있을 법하다. 그런데도 이렇게 확실하게 밝히는 편이 좋겠다고 판단한 이유는, 이 책에서 소개하는 50가지 핵심 개념이 전부 철학 영역에 속한다고 오해받을 것을 염려해서다.

철학사 교과서를 읽어 보면 반드시 철학에 본적을 두지 않은 인물을 만나게 된다. 대표적인 인물이 바로 앞서 말한 레비스트로스다. 문화인류학이라는 본적지에서 자기주장을 내세워 실존주의에 종지부를 찍음으로써 철학의 역사를 바꿔 버린 인물인데, 이런 사람은 레비스트로스 말고도 많다.

이러한 현상은 다른 학문 분야에서는 좀처럼 일어나지 않거니와 일어날 수도 없는 일이다. 이론물리학의 역사에 큰 족적을 남긴 문화인류학자라든지 생물학의 역사에 영향을 미친 경제학자는 상상하기 어렵다. 하지만 철학·사상의 세계에서는 그러한 일이 무척 빈번하게 일어난다. 철학은 어떤 의미에서 다른 모든 학문 분야를 포용하기 때문이다. 쉬운 예를 들자면, 고대 그리스 이래 철학자들이 머리를 싸매고 고민해 온 문제 중 하나가 '사물을 정확히 인식하는 일은 가능할까?'이다. 이 물음에 대해 철학의 세계에서 결정적인 역할을 한 사람이 데카르트와 칸트인데, 최종적으로는 하이젠베르크의 불확정성 원리와 양자역학에 의해 '불가능'하다는 사실이 원리적으로 증명되었다. 이를 뒤집어 생각하면, 철학의 영역에만 초점을 맞춰 고찰하는 일 자체가 애초에 철학적이지 않다는 뜻이 된다.

　모든 분야에서 발견과 견문을 원용하면서 인류와 사회, 그리고 세계의 온갖 현상에 관해 자유자재로 통찰을 담아내는 학문이 바로 철학이다. 그렇기 때문에 나는 지나치게 핵심적인 철학 사상에만 치중하면 이익보다 폐해가 더 크다고 판단했다. 이 책이 철학만을 소개하지 않은 이유가 바로 그 때문이다. 철학이 중심이지만 그 외의 영역도 함께 다루었다는 점을 미리 밝혀 둔다.

왜 철학 앞에서 좌절하는가?

이 책을 읽고 있는 여러분 중에는 아마 나름대로 철학에 흥미를 느껴서 철학책을 읽기 시작했다가 도중에 좌절하거나 포기했던 경험을 한 사람이 많을 것이다. 책을 시작하기 전에 '왜 철학에 좌절하는가', '왜 철학은 따분한가' 하는 문제를 짚어 보자. 그 이유를 분명하게 알아두지 않으면 결국 똑같은 좌절을 되풀이하게 될 것이다.

모든 철학자의 생각은
두 가지 축으로 정리된다

이 책에서는 역사상 모든 철학자의 논고를 다음 두 가지 축에 따라 정리한다.

- 물음의 종류 'What'과 'How'
- 배움의 종류 '프로세스'와 '아웃풋'

우선 첫 번째 축인 '물음의 종류'에 관해 생각해 보자. 고대 그리스 시대 이후 수많은 철학자가 다양한 사고를 전개해 왔는데, 이 모든 사상은 다음 두 가지 물음에 어떻게든 답하려 했던 노력으로 인식할 수 있다.

- 세상은 무엇으로 이루어져 있는가? = What의 물음
- 우리는 어떻게 살아가야 하는가? = How의 물음

'물건은 무엇으로 만들어졌는가'라는 문제에 집중한 고대 그리스의 데모크리토스는 전형적으로 'What의 물음'에 몰두한 철학자다. 한편 기독교적 관점에서 초극超克(곤경이나 어려움을 극복해 넘-옮긴이)을 염두에 두고, '근대인은 어떻게 살아가야 하는가'의 문제를 '초인超人'의 개념을 통해 풀고자 했던 니체는 전형적으로 'How의 물음'에 주력한 철학자다.

'What의 물음'에 대한 대답은 시시한 것이 많다
왜 우리가 철학 앞에서 좌절하게 되는지 곰곰이 생각해 보자.

앞서 말한 대로 철학자가 몰두해 온 물음의 종류에는 'What의 물음'과 'How의 물음' 두 가지가 있다. 그런데 과거의 철학자가 What의 물음에 대해 답한 대부분의 답변들은 현대인 입장에서 보면 잘못되었거나 옳지만 진부한 경우가 많다. 특히 고대 그리스 철학자들이 What의 물음에 대해 내놓은 해답은 자연과학에 의해 현재는 거의 모두 부정되고 있다. 이를테면 고대 그리스의 철학자들은 모든 사물이 불, 물, 흙, 공기의 네 가지 원소로 이루어졌다고 생각했지만 이는 원소의 존재를 알고 있는 현대인의 관점으로 볼 때 잘못된 주장일 뿐이다. 철학이라 하면 무언가 심원한 진리가 감추어져 있는 것처럼 느껴지지만 실은 전혀 그렇지 않을뿐더러 역사에 이름을 남긴 철학자라 해도 그의 주장, 즉 아웃풋 중에는 오류가 엄청 많다는 것을 우리는 안다.

고대 그리스의 철학자들이 What의 물음에 대해 도출해 낸 해답 대부분이 잘못되었거나 적어도 진부하다는 것을 알고 있는 한편으로, 초심자를 대상으로 한 철학 교과서는 보통 고대 그리스부터 연대순으로 편찬되어 있다. 여기에 철학 초심자가 좌절하기 쉬운 큰 요인이 도사리고 있다. 의욕에 차서 철학 입문서를 펼쳐 보았건만 처음 50여 쪽에 걸쳐 나와 있는 내용이 현대를 사는 우리에게는 매우 유치하게 느껴지거나 완전히 틀린 내용뿐이다. 그러니 '이런 게 무슨 의미가 있지?' 하는 생각이 절로 들 수밖에 없는 것이다. 이것이 철학에 좌절하는 첫 번째 이유다.

중요한 것은 과정에서 배운다

그렇다면 고대 그리스 철학자의 논고에서는 우리가 배울 점이 전혀 없을까? 그렇지 않다. 이때 등장하는 것이 앞서 소개한, 철학자의 논고를 정리하는 두 번째 축인 '배움의 종류' 축이다. 고대 그리스 철학자의 대부분이 '세상은 무엇으로 이루어져 있는가?', 즉 What의 물음에 마주했다는 점에 관해서는 이미 설명했다.

이 What의 물음에 마주 선 그들에게서 우리는 과연 무엇을 배울 수 있을까? 여기서 '배움의 종류' 축을 생각해 보자. 다시 한번 강조하면, 철학자의 고찰에서 우리가 얻을 수 있는 배움에는 다음 두 가지 종류가 있다.

- 프로세스로부터의 배움
- 아웃풋으로부터의 배움

프로세스는 철학자가 최종적인 결론에 이르기까지의 사고 과정과 문제 설정 방법을 가리킨다. 아웃풋은 철학자가 논고의 마지막 부분에서 최종적으로 제안한 해답이나 주장을 말한다. 이를테면 고대 그리스의 철학자들이 다다른 결론인 '세상은 네 가지 원소로 이루어져 있다'는 아웃풋이다. 그러나 이 아웃풋을 통해 현대의 우리가 배울 수 있는 건 아무것도 없다. 기껏해야 '머리 좋은 고대 그리스 철학자들도 이런 헛소리를 잘도 떠들어댔구나'라는 걸 알게 될 뿐이다.

하지만 그들이 세상을 관찰하고 생각한 프로세스에 관련해서는 그렇지 않다. 프로세스에는 현대를 살아가는 우리에게도 큰 자극이 될 만한 신선한 가르침이 있다.

소크라테스가 등장하기 이전인 기원전 6세기경 고대 그리스 시대에 아낙시만드로스라는 철학자가 있었다. 당시에는 '물이 대지를 받치고 있다'는 정론이 지배적이었는데, 아낙시만드로스는 어느 날 우연한 기회에 이 정론에 의문을 품게 된다. 만일 대지가 물에 의해 지탱되고 있다면, 그 물을 지지하는 무언가도 있어야 하지 않을까 하고 생각했던 것이다.

아낙시만드로스는 한층 더 깊이 생각을 발전시켰다. 물을 지지하고 있는 무언가가 있다면 그 무언가를 지탱하고 있는 또 다른 무언가도 있어야 한다. 아낙시만드로스는 생각에 생각을 거듭한 결과 다음과 같이 추론했다. "무언가를 지지하는 무언가를 상정하면 무한히 계속되는데, 끝없이 존재한다는 것은 있을 수 없는 일이다. 결국 지구는 그 어떤 것에 의해서도 지지되고 있지 않으며 허공에 떠 있다고밖에 생각할 수 없다."

아낙시만드로스가 최종적으로 생각해 낸 '지구는 허공에 떠 있다'는 결론은 우리에게는 너무도 당연해서 진부한 소리일 뿐이다. 다시 말하면 아웃풋에서는 배울 것이 없다. 반면 아낙시만드로스가 보여 준 지적 태도와 사고 과정, 즉 당시 지배적이었던 '대지는 물이 지지하고 있다'는 정론을 무조건 받아들이지 않고, '대지를 물이 지지하고 있다면 그 물은 무엇이 지지하고 있을까?'라는 논점을 세워

끈기 있게 사고하고 규명해 나간 태도는 우리에게 매우 큰 시사점을 던져 준다.

내용을 정리해 보자. 아낙시만드로스가 남긴 논고에 관해, 현대 사회를 살아가는 우리는 그 프로세스를 들여다보며 무언가를 배운다. 아웃풋, 즉 최종적인 결론은 마치 생선회 접시에 장식으로 쓰인 식재료 같은 것이어서 거기엔 배울 만한 핵심이 없다. 그러니 사고 과정의 묘미를 맛보지 않고서는 '아낙시만드로스는 지구가 허공에 떠 있다고 주장했다'는 결론을 아는 데 그쳐 '그런 거 당연하잖아. 이런 당연한 이야기를 듣는 데 시간을 썼다니' 하는 감상밖에 떠올릴 수 없다. '이런 걸 배우는 데 대체 무슨 의미가 있는 거지?'라고 생각하게 되는 것이 당연한 순서다.

아낙시만드로스 외에도 프로세스에서 배울 점은 풍부하지만 아웃풋에서는 배울 게 거의 없는 철학자들이 많다. 데카르트가 그 전형적인 예다. 데카르트는 "나는 생각한다. 고로 나는 존재한다"라는 유명한 말을 남겼다. 이 말은 '아무리 옳은지 그른지 의심한다 해도, 지금 여기에서 사고하는 나의 정신이 있다는 사실만은 부정할 수 없다'는 의미인데, 현대 사회에서 평범하게 시민으로서 생활하고 있는 우리가 느닷없이 이런 말을 듣는다면 "아, 그거야 그렇죠"라는 심심한 반응 정도밖에 보일 수 없다. 이와 같이 아무리 유명한 데카르트의 말과 생각이라 해도 아웃풋에서는 그다지 얻을 만한 배움이 없을 수 있다.

'나는 생각한다. 고로 나는 존재한다'가
중요하지 않은 이유

프로세스의 관점에서 보면 데카르트의 경우도 아낙시만드로스와 마찬가지로 사고 과정에서 배울 점이 풍부하다. 평론의 신이라 불리는 고바야시 히데오는 데카르트의 『방법서설』이 데카르트의 자서전과 다름없다고 단언했다. '나는 이렇게 의심하고 또 생각해 왔다'는 고찰의 역사를 기록한 책이라는 것이다. 정말 날카로운 지적이다.

우리는 데카르트가 어떻게 고민하고 생각하여 마침내 '나는 생각한다. 고로 나는 존재한다'는 결론에 이르렀는지를 앎으로써 비로소 데카르트의 철학을 배운다. 그렇다면 초심자를 대상으로 한 교과서에 그 고찰 과정이 소개되어 있을까? 절대 그렇지 않다. 정도의 차이는 있지만 대부분의 정통 교과서는 데카르트가 남긴 '나는 생각한다. 고로 나는 존재한다'는 유명한 아웃풋을 소개하고 이 아웃풋이 얼마나 대단한지를 아주 간단히 언급하는 수준이다. 냉정하게 말하면 이런 이야기는 전문가들끼리만 통할 뿐, 보통 사람들은 도통 이해할 수 없다. 바로 여기서도 초심자로 하여금 철학에 향했던 관심을 오래 유지하지 못하고 중도에 포기하게 하는 중요한 요인을 찾아볼 수 있다.

저명한 철학 교수가 "이 부분은 매우 중요하다"라고 아무리 강조한들 '왜' 중요한지 도무지 이해할 수 없다면, '철학은 아무래도 나와는 맞지 않는다'는 결론에 도달할 수밖에 없다. 학문을 지속하는 데 반드시 필요한 지적 흥미가 솟아날 리 만무하다. 초심자가 철학에 쉽게 좌절하는 이유는 철학자가 남긴 아웃풋을 서둘러 습득하고 싶지만 아웃풋이 너무 진부하거나 잘못된 내용이어서 배우는 의미를 전혀 실감할 수 없기 때문이라고 할 수 있다.

초심자는 아무래도 쉽고 빠르게 배우고 싶어 한다. 당연히 핵심만 얼른 배우길 원하니 결과적으로 진정한 배움의 의미를 이해하지 못한 채 좌절한다. 시간을 그리 많이 투자할 수 없는 초심자이기에 성급히 이해하려 하지만, 이러한 태도로 철학에 다가서면 결국 좌절만 할 뿐이다. 일종의 딜레마다. 특히 이 문제는 고대 그리스의 철학자에 전형적으로 해당하는 문제이며, 그런 연유로 이 책에서는 대부분의 철학 입문서가 사용하고 있는 역사라는 편집축을 사용하지 않는다고 이미 말했다.

위에서 말한 전철을 밟지 않으려면 느닷없이 아웃풋만을 알고 싶다거나 가르쳐 주고 싶다는 욕구를 억누르고 오히려 그 아웃풋을 주장하는 데까지 다다른 사고 과정 혹은 문제에 마주한 태도 등을 이야기식으로 간략하게 소개하는 것이 중요하다. 나는 '지적 전투력을 극대화하는 50가지 철학·사상'이 그러한 사고 과정과 태도를 간접 체험하게 해 주는 교두보 역할을 하리라 기대하며 이 책을 써 내려갔다. 이제 하나씩 소개해 보겠다.

2부

Burrhus Frederic Skinner

Friedrich Nietzsche

Edward Deci   Abraham Harold Maslow

Erich Fromm

Simone de Beauvoir

Abraham Harold Maslow

Charles Robert Darwin

Kurt Lewin

Jean Jacques Rousseau

Adam Smith

Robert King Merton   Friedrich Nietzsche

지적 전투력을 극대화하는
50가지 철학·사상

⌘

'사람'에 관한 핵심 콘셉트

왜 이 사람은 이렇게 행동할까?

01 타인의 시기심을 관찰하면 비즈니스 기회가 보인다

르상티망

프리드리히 니체 (Friedrich Nietzsche, 1844~1900)

독일의 철학자이자 고전 문헌학자. 현대에는 실존주의의 대표적인 사상가로 유명하다. 박사 학위도 교원 자격증도 없는 채로 스물네 살의 젊은 나이에 스위스 바젤 대학교의 고전 문헌학 교수로 초빙되었지만 첫 번째 책인『비극의 탄생』이 학회로부터 무시당한 데다 건강상의 문제까지 겹쳐 대학을 사직한 후에는 재야의 철학자로 일생을 보냈다. 니체의 문장은 독일어 산문의 걸작으로 손꼽혀 독일에서는 국어 교과서에도 자주 실린다.

　　　　　　　　　　　　　　　　르상티망ressentiment을 여느 철학 입문서에서처럼 설명해 보면 다음과 같다. '약한 입장에 있는 사람이 강자에게 품는 질투, 원한, 증오, 열등감 등이 뒤섞인 감정.' 한마디로 시기심이라고 할 수 있는데, 니체가 제시한 르상티망은 우리가 시기심이라고 여기지 않는 감정과 행동까지도 포함한 조금 더 폭넓은 개념이다.

　이솝우화에「여우와 신 포도」이야기가 있다. 여우가 먹음직스

러운 포도를 발견했지만 아무리 애를 써도 손이 닿지 않았다. 결국
이 여우는 "이 포도는 엄청 신 게 분명해. 이런 걸 누가 먹겠어!"라
며 가 버렸다. 이는 르상티망에 사로잡힌 사람의 전형적인 반응을
보여 준다. 여우는 손이 닿지 않는 포도에 대한 분한 마음을 '저 포
도는 엄청 시다'라고 생각을 바꿈으로써 해소한다. 니체는 바로 이
점을 문제로 삼아 우리가 갖고 있는 본래의 인식 능력과 판단 능력
이 르상티망에 의해 왜곡될 가능성이 있다고 지적했다.

르상티망에 사로잡힌 개인은 그 상황을 해결하기 위해 다음과
같은 반응을 보인다.

· **르상티망의 원인이 된 가치 기준에 예속, 복종한다**
· **르상티망의 원인이 된 가치판단을 뒤바꾼다**

이 두 가지 반응 모두 우리가 우리 자신답고 풍요로운 인생을
보내는 데 큰 저해 요인으로 작용할 수 있다. 순서대로 살펴보자.

르상티망에 사로잡힌 사람은 그 르상티망을 일으키는 원인이
된 가치 기준에 예속하고 복종함으로써 그 감정을 해소하려고 한다.
주위의 모든 사람이 명품 가방을 갖고 있는데 자신만 없는 상황을
상상해 보자. 물론 누군가는 명품 가방은 자신이 정말로 원하는 물
건이 아니며 자신의 라이프스타일과 가치관에는 맞지 않는다고 생
각하겠지만, 실제로는 같은 수준의 명품 가방을 구입함으로써 자신
이 품고 있던 르상티망을 해소하는 사람이 적지 않다. 이는 특별히

명품 가방이나 옷에 한정된 이야기가 아니다. 페라리 같은 고급 자동차나 리처드 밀 같은 명품 시계의 세계에서도 똑같은 현상이 일어난다.

이들 고급 브랜드 상품이 시장에 제공하고 있는 편익을 르상티망의 해소로 볼 수 있다. 르상티망을 품은 개인은 르상티망을 해소하기 위해 상품을 구입하기 때문에 르상티망을 새로 만들어 내면 낼수록 시장의 규모 또한 커진다. 명품 의류 브랜드나 고급 자동차 회사가 매년 새로운 컬렉션과 새로운 모델을 선보이는 이유는 르상티망을 꾸준히 만들어 내기 위해서다. 최신 상품을 끊임없이 시장에 내보냄으로써 오래되거나 유행이 지난 물건을 갖고 있는 사람들에게 새로운 르상티망을 주입하는 것이다. 르상티망에는 제조원가가 없기 때문에 아이디어만 있다면 원하는 만큼 얼마든지 만들어 낼 수 있다. 무한으로 만들어 낼 수 있는 것에 비싼 값을 매기므로 돈을 못 벌 수가 없다. 물건이 넘쳐나 포화 상태임에도 오늘날 명품 시장이 대체로 호조를 보이는 이유는 바로 업계 관계자들이 극히 교묘하게 르상티망을 지속적으로 만들어 내고 있기 때문이다.

'격차'에 관해서는 이 책의 다른 글에서 자세히 살펴보겠지만, 현대인은 유독 '평등'에 민감한 감각을 가지고 있어서 약간의 차이에도 르상티망을 품게 될 가능성이 있다. 그렇게 만들어진 르상티망은 상징을 구입하는 형태로 해소되는데, 그리하여 명품 브랜드의 판매 실적은 경제 저성장 사회에서도 꾸준히 상승세를 그린다.

하지만 당연히 이러한 형태로 르상티망을 계속 해소한다 해도

'자신다운 인생'을 살아가기란 쉽지 않다. 르상티망은 사회적으로 공유된 가치판단에 자신의 가치판단을 예속 또는 종속시킴으로써 이루어진다. 자신이 무언가를 원할 때, 그 욕구가 '진짜' 자신의 순수한 마음에서 비롯된 것인지 혹은 타인이 불러일으킨 르상티망에 의해 가동된 것인지를 판별해야 한다.

지금까지 르상티망에 사로잡힌 사람이 전형적으로 나타내는 반응, 즉 르상티망의 원인이 된 가치 기준에 복종하는 일의 위험성을 지적했다. 이번에는 르상티망의 원인이 된 가치판단을 뒤바꾸는 일의 위험성에 관해 고찰해 보자. 니체가 르상티망 문제를 다룬 것도 바로 이 두 번째 반응 때문이었다. 니체에 의하면 르상티망을 갖고 있는 사람은 대부분 용기와 행동으로 사태를 호전시키려 들지 않기 때문에 르상티망을 발생시키는 근원이 된 가치 기준을 뒤바꾸거나 정반대의 가치판단을 주장해서 르상티망을 해소하려고 한다.

니체는 대표적인 예로 기독교를 들었다. 니체에 따르면 고대 로마 시대에 로마 제국의 지배 아래에 있던 유대인은 줄곧 빈곤에 허덕였고 부와 권력을 거머쥔 로마인, 즉 지배자를 선망하면서도 증오했다. 하지만 현실을 바꾸기도, 로마인보다 우위에 서기도 어려웠던 그들은 복수를 위해 신을 만들어 내 '로마인은 풍요로운데 우리는 가난으로 고통받고 있다. 하지만 천국에 갈 수 있는 것은 우리 쪽이다. 부자와 권력자 들은 신에게 미움받고 있어서 천국에는 갈 수 없다'는 논리를 세웠다. 니체는 신이라는, 로마인보다 상위에 존재하는 가공의 개념을 창조함으로써 현실 세계의 강자와 약자를 반전시켜 심리적인 복수를 꾀한 것이라고 설명한다. 이는 르상티망의 원인이 된 열등감을 노력이나 도전으로 해소하려 하지 않고 열등감을 느끼는 원천인 '강한 타자'를 부정하는 가치관을 끌어내 자신을 긍정하려 한 사고관이다. 오늘날 현대 사회에서도 이런 사고관을 심심치 않게 찾아볼 수 있다.

예를 들어 보자. "고급 프렌치 레스토랑에 갈 필요 없어. 파스타 체인점으로 충분해." 그저 순수하게 별 뜻 없이 한 말이라 생각할지 모르지만 실은 그렇지 않다. 이 주장에는 고급 프렌치 레스토랑은 격이 높고 파스타 체인점은 격이 낮다는 가치관을 일부러 뒤집어 보이려는 의도가 내포되어 있기 때문이다.

우선, 애초에 고급 프렌치 레스토랑 같은 건 존재하지 않는다. 최근에 편찬된『미슐랭가이드 도쿄 2018』을 보면 별 세 개나 별 두 개를 받은 프렌치 레스토랑들이 소개되어 있는데, 실제로 가 보면 바로 알 수 있듯이 레스토랑마다 분위기와 나오는 요리는 서로 '완전히' 다르다. 당연히 "칸테상스Quintessence는 무척 좋아하지만 로뷔숑Joël Robuchon은 좀……" 하고 평가하는 게 가능하며, 고급 프랑스 요리라고 일괄적으로 묶어서 좋고 나쁨을 비교하는 것은 적절치 않다.

고급 프렌치 레스토랑이라고 불리는 가게들은 이미지 세계에만 존재하는 추상적인 상징에 불과하다. 추상적인 상징과 실제의 레스토랑을 비교해 어느 쪽을 좋아하고 싫어하느냐고 논의할 수는 없는 노릇이므로 처음부터 이러한 비교는 무의미하다.

그렇다면 왜 누군가는 "고급 프렌치 레스토랑에 갈 필요 없어.

파스타 체인점으로 충분해” 같은 공허한 주장을 하는 걸까? 마음속 깊은 곳에 고급 프렌치 레스토랑은 격조 높은 음식점이며 그곳에 모인 사람들은 세련된 취미와 미각을 갖고 있다는 일반적인 가치관, 더 노골적으로 표현해서 고급 프렌치 레스토랑에서 식사하는 사람은 성공한 사람이다는 가치판단을 뒤엎고 싶다는 르상티망이 꿈틀거리고 있기 때문이다. 이 같은 주장을 하는 사람들은 자신은 허황된 가치관에 물들어 있지 않으며 시대를 앞서가는 쿨한 사람이라고 도취되어 있을 확률이 큰데, 만약 그렇다면 솔직하게 “나는 고급 프렌치 레스토랑에는 별로 가 본 적이 없지만 파스타 체인점도 아주 맛있어”라고 하면 될 것이고, 더 나아가 단순히 “나는 파스타 체인점을 좋아해”라고 하면 될 일이다. 그런데 왜 그렇게 말하지 않는 걸까? 이유는 간단하다. 그렇게 말해서는 자신의 르상티망이 해소되지 않기 때문이다.

추상적인 상징에 지나지 않는 고급 프렌치 레스토랑이라는 개념을 끌어내 파스타 체인점과 가치를 비교하고 나서 자신은 후자를 좋아한다고 주장하는 것은, 전자를 좋아하는 사람들보다 자신이 우위에 있다는 것을 내세우는 데 중점을 둔 행동이다. 이는 ‘르상티망에 사로잡힌 사람은 르상티망의 원인이 된 가치판단을 뒤바꾸려고 한다’는 니체의 지적과 완전히 일치한다. 니체의 주장을 덧붙이자면, 르상티망을 가진 사람은 르상티망에 기인한 가치판단의 역전을 제시하는 언론 등에 의지하는 경향이 있다.

니체는 마음이 가난한 사람은 행복하다고 설파한 『성서』를 그 전형적인 콘텐츠로 꼽는다. 그 밖에 노동자는 자본가보다 뛰어나다고 주장한 『공산당 선언』도 같은 맥락에 있다. 『성서』와 『공산당 선언』 모두 전 세계에 폭발적으로 보급되었다는 사실을 생각하면 르상티망을 품은 사람에게 가치의 역전을 제안하는 것을 일종의 '킬러 콘셉트killer concept'로 볼 수 있을지도 모른다.

『성서』의 애독자이기도 한 나는 니체의 지적에 모두 수긍하지는 않는다. 그러나 이 책에서 소개하고 있는, 고대 이래 철학자의 저서를 비롯한 수많은 킬러 콘텐츠들에 당시 중요했던 가치판단을 역전한 내용이 포함되어 있다는 점은 부정하지 않는다. 이러한 '가치판단의 역전'이 단순히 르상티망에 기인한 것인지, 더 숭고한 문제의식에 뿌리를 둔 것인지 우리는 잘 판별해야 한다. 그러려면 르상티망이라는 복잡한 감정과 그 감정이 불러일으키는 말과 행동의 유형을 반드시 알고 있어야 한다.

> 부를 경멸하는 것처럼 보이는 사람들을 너무 신용하지 않는 것이 좋다. 부를 얻을 가망이 없는 사람들이 부를 경멸하기 때문이다. 그러한 사람들이 부를 얻게 되면 그들만큼 상대하기 곤란한 사람은 없다.
>
> 프랜시스 베이컨 『베이컨 수상록』

02 우리는 모두 가면을 쓰고 살아간다

페르소나

카를 구스타프 융 (Carl Gustav Jung, 1875~1961)

스위스의 정신과 의사이자 심리학자. 초기에는 프로이트에게 가르침을 받았으나 머지않아 결별했고 그 후 독자적인 연구를 통해 분석 심리학을 창시했다. 카를 구스타프 융의 연구는 심리학뿐만 아니라 인류학, 고고학, 문학, 철학, 종교 연구에도 큰 영향을 미쳤다.

인격^{personality}은 그 자체의 정의로 볼 때 본래 짧은 시간에 크게 변화할 수 없는 것이다. 그러나 우리는 종종 상황이나 주변과의 관계를 위해 인격을 달리 포장해야 할 때가 있다. 이를 심리학적으로 분석한 사람이 심리학자 카를 구스타프 융이다. 그는 인격 가운데서 외부와 접촉하는 외적 인격을 페르소나^{persona}라는 개념으로 설명했다. 페르소나는 원래 고전극에서 배우가 사용하는 '가면'을 뜻하는데, 융은 페르소나를 한 사람의 인간이 어떠한 모습을 밖으로 드러내는가에 관한, 개인과 사회적 집합체 사이에서 맺어지는 일종의 타협이라고 정의했다. 즉, 실제 자신의 모습을 보호하기 위해 만들어 낸 가면이 페르소나라는 것이다. 그러나 현실에서는 실제 타협의 범위가 그다지 명확하게 인식되지 않기 때문에 항상 '어디까지가 가면이고 어디까지가 얼굴인가' 하는 물음이 따라다닌다.

팬터마임을 예술의 영역까지 끌어올려 침묵의 시인이라고 불린 배우 겸 연출가 마르셀 마르소의 퍼포먼스에는 자기가 쓰고 있는 가면이 벗겨지지 않아 애를 먹는 피에로가 등장한다. 마르셀 마르소의 연기 자체가 박진감 넘치기도 하지만, 이 '쓰고 있는 가면이 벗겨지지 않는' 이야기에는 우리의 등줄기를 서늘하게 하는 무언가 본질적인 것이 숨어 있다.

이탈리아의 유명한 작곡가 레온카발로의 〈팔리아치〉는 이탈리아에서 실제로 일어났던 사건을 소재로 한 오페라인데, 극 중의 극에서 주인공은 극과 현실을 분간하지 못해 아내를 죽이고 만다. 이는 마르셀 마르소의 퍼포먼스와는 반대로, 본래 가면을 쓰고 지내야하는데 자신도 모르게 그만 얼굴을 노출시키고 만 상황이 얼마나 큰 위험을 불러올 수 있는가를 보여 준다.

가면과 맨 얼굴의 경계가 애매해진다는 모티브에 우리가 끌리는 이유는, 자기 정체성이나 인격이 실제로는 매우 취약하며 외부 환경에 따라 왜곡되기도 하고 감추고 싶었던 무의식이 표출될 염려가 있다는 사실을 우리가 인식하고 있기 때문이다.

나 역시 소속된 조직의 분위기에 따라 나의 실제 성격과는 다른 가면을 썼던 시절이 있었다. 나중에 돌이켜보니 그다지 행복하지 않았던 시간이었다. 나와 가깝게 지내는 사람들은 내가 매우 중립적이고 계층이나 계급을 싫어하며 합리적인 개인주의자로 근성론과 감정론에 치우친 전체주의를 혐오한다는 사실을 잘 알고 있다. 그런 내가 계층 의식이 매우 강하고 군대처럼 권위주의적인 행동 양식을 요구하는 회사, 또 근성론과 전체주의가 합리성에 앞서는 회사에 소속되어 일하면서 조직의 영향을 받지 않고 계속 나답게 행동하기란 무척 어려웠다.

무서운 것은, 나답지 않은 말과 행동을 하면서도 나 자신은 그 사실을 전혀 깨닫지 못했다는 사실이다. 20대 후반 무렵 본가를 찾아갔을 때 내가 거래처 담당자와 통화하는 소리를 들은 어머니가 "전혀 너 같지 않다"라며 놀란 적이 있다. 그렇게 나 자신이 변하고 있었다는 사실 자체에 나 또한 놀랐다. 지금에 와서는 그 당시 내가 본래 나의 모습과 상당히 다른 가면을 무리해서 쓰고 있었다는 것을 알지만, 당시에는 어머니에게 지적받기 전까지 전혀 깨닫지 못했다.

이렇게 생각하면 자신이 쓰고 있는 가면, 즉 페르소나와 진짜 자신과의 불일치가 부정적으로 느껴지겠지만 사실상 모든 일이 그렇게 단순하지는 않다. 사람의 인격은 다면적이어서 우리는 실제로 어떤 장소에서 걸치고 있던 페르소나를 다른 장소에서는 또 다른 페르소나로 바꿔 쓰면서 어떻게든 인격의 균형을 유지해 살아간다. 인간이 어느 정도 마음 편히 살아가고자 한다면 일종의 다중인격도 필요하지 않을까? 하지만 한 테크놀로지의 등장이 이를 무척 어렵게 만들고 있다. 바로 휴대전화다.

사람은 소속된 회사나 학교, 가정, 친구 관계 또는 동호회나 사교 모임 등과 같은 여러 커뮤니티 속에서 다양한 입장과 역할을 갖고 있게 마련이지만, 그들이 반드시 일관된 정체성을 지니고 있는 것은 아니다. 낮에는 부하들을 강압적으로 밀어붙이는 무서운 임원이 밤에는 친구들과 모여 노래방에서 신나게 놀고 있을지도 모르는 일이다. 어느 곳에서나 똑같은 인격을 유지하는 것은 상당히 어려운 일이지만 그렇기 때문에 사회가 성립되고 유지되어 온 측면도 없지 않다.

이렇게 서로 다른 입장이나 역할을 종적인 사일로silo(기업 내의 어떤 부문이나 부서가 외부와 정보를 공유하거나 연계하지 않고 독자적으로 업무를 수행하는 고립된 상태를 말하는데, 여기서는 개인이 속한 다양한 입장과 소속, 즉 여러 개의 페르소나를 뜻함-옮긴이)라고 생각할 경우, 그 사일로를 횡적으로 연계시키지 않는 것이 좋다. 사일로 자체는 자신이 만들고자 해서 만드는 경우도 있는가 하면, 인생의 자연스러운 흐름에 따라 어느 사이엔가 만들어진 것도 있다. 반드시 모든 사일로를 충분히 납득하고서 갖고 있는 것은 아니다. 하지만 그 사일로들이 전체적으로 균형을 이룸으로써 사람이 인격의 균형을 유지하고 있는 것이다.

그런데 휴대전화가 등장하면서 사일로의 강렬한 횡적 연계가 시작된 듯하다. 가령, 집단 따돌림은 아마도 고대부터 있었을 텐데 요즘에 와서 특히 문제의 심각성이 커진 이유는 아이들이 학교와 가정이라는 두 개의 사일로를 구분해 행동하지 못하게 된 데 있다. 집단 따돌림을 당하는 아이는 학교에서 아무리 심한 일을 당해도 집에 돌아오면 물리적으로나 심리적으로 학교와는 일단 거리를 두어야 한다. 그런데 휴대전화라는 가상의 횡적 연계 매체가, 학교라는 사일로에서 심리적으로 분리되기를 바라는 아이에게 그런 상황을 허용해 주지 않는다.

이는 회사원이 가정과 직장, 그리고 개인이라는 세 가지의 인격 요소(융식으로 말하면 틀림없이 페르소나인데)를 구분해서 생활하기가 어려워진 것과도 같은 현상이다. 물리적으로 어느 장소에 있든, 또한 어떤 사회적 입장에 있든 회사원으로서의 페르소나와 가정의 일원으로서의 페르소나가 따라다닌다. 이렇게 되면 여러 개의 사일로 사이에서 균형을 맞춰 잘 살아가야 할 인류가 고대에서부터 지속해 온 생존 전략 자체의 기능을 잃게 되는데, 사실 이는 생각보다 훨씬 심각한 문제다.

만약 이대로 계속 흘러간다면 다다르게 될 결론은 단순하다. 여러 개로 분산되어 있는 사일로를 균형 있게 유지하던 전략이 더 이상 기능을 못 하고 사일로가 하나하나 쇠퇴해 간다. 따라서 마음에 들지 않는 사일로나 스트레스 수치가 높은 사일로에서부터 차츰 도망치게 된다. '도망친다'는 키워드는 앞으로의 인생 전략을 새로 구상하는 데 중요한 키워드다. 이에 관해서는 프랑스 철학자인 질 들뢰즈가 주장한 개념인 파라노이아와 스키조프레니아를 소개할 때 다시 한번 살펴보겠다.

03 성과급으로
혁신을 유도할 수 있을까?

예고된 대가

에드워드 데시 (Edward Deci, 1942~)

사회 심리학자. 미국 로체스터 대학교 교수. 자발적 동기가 미치는 학습과 창조
성에 관해 큰 업적을 남겼다. 저서로『마음의 작동법』등이 있다.

오늘날 혁신은 많은 기업들의
가장 중요한 과제다. 개인의 창조성과 혁신의 관계는 그리 단순하지
않다. 개인의 창조성이 높아졌다고 해서 당장 혁신이 일어나는 것은
아니지만, 어찌 되었든 개인의 창조성이 혁신의 중요한 필요조건 중
하나라는 사실은 논할 여지가 없다. 그렇다면 외부의 자극으로 개인
의 창조성을 높일 수 있을까?

이 문제를 고찰하기 위해서 1940~1950년대에 독일의 심리학
자 카를 둔커가 제시한 '촛불 문제'를 다루어 보고자 한다. 우선, 다
음 페이지의 첫 번째 그림을 보자. 촛불 문제란 테이블 위에 촛농이
떨어지지 않도록 초를 벽에 붙이는 방법을 생각해 내는 것이다. 이

문제에 도전한 성인의 대부분은 약 7~9분 만에 아래 두 번째 그림과 같은 아이디어를 생각해 냈다.

촛불 문제는 압정이 들어 있는 상자를 압정 상자에서 촛불 받침

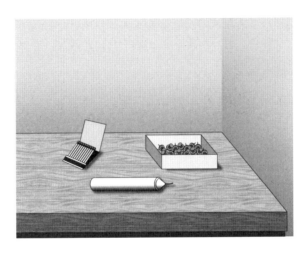

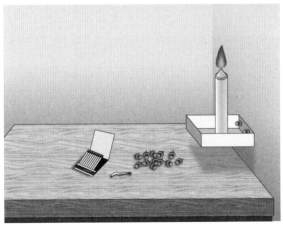

카를 둔커의 촛불 문제 실험

으로 용도를 바꾼다는 착상을 이끌어 내야 풀 수 있다. 이렇게 발상을 전환하기는 상당히 어렵다. 한번 용도를 규정해 놓으면 사람들은 좀처럼 그 인식에서 자유로워지지 못하기 때문이다. 이러한 경향을 카를 둔커는 '기능 인식의 고착'이라고 명명했다. 생각해 보면, 펠트 펜은 유리로 된 병에 들어 있는 펠트에 유색 휘발유가 스며들어 있기 때문에 물성이 알코올램프와 거의 같다. 그래서 실제로는 어둠 속에서 훌륭한 램프로 사용할 수 있지만, 보통 사람들에게는 그러한 발상의 전환이 좀처럼 일어나지 않는다는 사실을 둔커는 이 실험을 통해 증명했다.

둔커의 실험 이후 17년이 지나 프린스턴 대학교의 샘 글럭스버그 교수는 이 촛불 문제를 인간의 약간 다른 측면을 밝혀내기 위한 실험에 이용하여 흥미로운 결과를 얻었다. 그가 피험자들에게 이 문제를 내면서 답을 빨리 찾아낸 사람에게 그에 상응하는 대가를 지급하겠다고 약속했더니 아이디어를 얻기까지 걸리는 시간이 눈에 띄게 늘어났다. 1962년에 실시된 실험에서는 평균 3~4분 정도 시간이 더 걸렸다.

다시 말해, 대가를 지급하기로 약속한 결과 창조적으로 문제를 해결하는 능력이 향상되기는커녕 오히려 저하되었다. 교육 심리학에서는 이외에도 다양한 실험으로 대가, 특히 '예고된' 대가가 인간의 창조적인 문제 해결 능력을 현저히 훼손한다는 사실을 밝혀냈다. 그 가운데 유명한 실험을 하나 예로 들자면 에드워드 데시 교수와 리처드 쾨스트너 교수, 리처드 라이언 교수의 연구를 꼽을 수 있다.

그들은 대가가 학습에 미치는 영향에 대한 128건의 연구에 메타 분석^{meta analysis}(단일 주제를 조사한 많은 연구물의 결과를 객관적으로 종합해 고찰하는 연구 기법-옮긴이)을 실시했다. 이 실험의 결과로 그들은 과정의 어느 단계에서든 대가를 예고하면 이미 재미를 느껴 몰입해 있는 활동에 대한 자발적 동기가 저하된다는 결론을 얻었다.

에드워드 데시 교수의 연구에서는 대가를 약속하면 피험자의 성과가 저하되고, 예상 가능한 정신 측면에서의 손실을 최소한도로 억제하거나 또는 성과급이 기대되는 행동만을 하도록 만든다는 사실이 드러났다. 즉 대가를 약속받으면 높은 성과물을 내려고 최대한 노력하는 것이 아니라 가장 적은 노력으로 가장 많은 대가를 얻기 위해서 무엇이든 하게 된다는 것이다. 더불어 스스로 과제를 선택할 기회가 주어진다면, 자신의 능력과 지식을 향상시킬 수 있는 도전적인 과제가 아니라 가장 많은 대가를 받을 수 있는 과제를 선택하게 된다.

이들 실험 결과는 통상 비즈니스 세계에서 상식적으로 이루어지는 성과급 정책이 큰 의미가 없을 뿐만 아니라 오히려 조직의 창조성을 저해한다는 사실을 시사한다. 성과를 유도하기 위해 제공하는 '당근'이 조직의 창조성을 높이는 데 의미가 없을뿐더러 되레 해악을 끼친다는 것이다. 대가와 학습의 관계를 둘러싼 논의도 아직 결론이 나지 않았다. 가령 로버트 아이젠버거 교수와 J. 캐머런처럼 대가가 자발적 동기를 저하시킨다는 경고는 대부분 틀렸다고 주장하는 사람도 있지만, 적어도 예고된 대가가 자발적 동기를 저하시킨다고 분석한 데시의 논고에 관해서는 1970년대부터 지속적인 논의를 거쳐 거의 결말이 나 있다고 생각해도 좋다. 그런데 신기하게도 경영학 세계에서는 아직도 대가가 개인의 창조성을 자극해 높인다는 견해를 지지하는 사람이 많다. 하버드 비즈니스 스쿨이나 런던 비즈니스 스쿨에서 교편을 잡았던 게리 해멀 교수는 혁신에 관한 논문과 저서에서 자주 '엄청나게 큰' 보상이 가져다주는 효과에 대해 다음과 같이 언급했다.

> 창업가는 눈앞의 돈을 위해 일하지 않는다. 창업가의 목표는 기업 주식의 증대다. (……) 혁신적인 비즈니스 개념과 창업가의 에너지야말로 혁명의 시대에 의지가 되는 '자본'이다. 아이디어 자본가가 주주와 동등한 보수를 기대하는 것도 당연하다. 그들은 확실히 단기간에 큰 성공을 노리지만, 동시에 자신의 공헌도에 합당한 대가를 요구하는 것이다. (……)
> 비즈니스에서 과거의 연장선상에서는 생각할 수 없는 참신한 혁신을 성공시킨 직원에게는 후하게 보상해 주어야 한다. 참신한 혁신을 실행하면 회사가 반드시 충분히 보상한다는 것을 직원들에게 명확히 인지시킬 필요가 있다.
>
> 게리 해멀 『꿀벌과 게릴라』

성과급 정책에 관한 이야기를 할 때 게리 해멀 교수가 본보기로 종종 언급한 사례가 에너지 회사 엔론^{Enron}(2001년에 분식회계가 드러나면서 파산함-옮긴이)이었다. 해멀은 『꿀벌과 게릴라』에서 이렇게 서술했다.

> 연륜을 쌓은 혁명가를 배출하기 위해서 기업은 성과에 대한 대가를 직무, 직위, 상하 관계에 상관없이 결정해야 한다. 실제로 엔론에서는 그렇게 하고 있다. 그 회사 안에는 보조 업무를 맡고 있는 사람이라도 임원보다 많은 성과급을 받는 사람이 있다.
>
> 게리 해멀 『꿀벌과 게릴라』

하지만 엔론이나 투자은행에서 있었던 일, 그리고 현재의 IT 벤처 기업에서 일어나고 있는 일들을 한번 떠올려 보자. 이들의 사례를 보면 분명 에드워드 데시가 지적한 대로, 조직원들 사이에서 정말 가치가 있다고 생각하는 일이 아닌 재빨리 큰 대가를 얻을 수 있는 일을 선택하는 경향이 확산되고 있다는 사실을 잘 알 수 있다.

엔론이 로켓처럼 솟구치는 주가를 구가하던 때는 2000년대 초반으로, 이 같은 해멀의 논고가 등장한 것도 그 무렵의 일이다. 하지만 이미 몇십 년 전부터 그 시점에 이르는 동안 에드워드 데시를 비롯한 학습 심리학자들의 대가에 관한 연구 결과가 발표되어, 적어도 '예고된 대가'가 다양한 측면에서 그 보상 정책의 대상이 되는 사람들의 창조성과 건전한 동기를 파괴한다는 것이 상식이 되었다.

인문과학과 사회과학 영역에서는 기초적인 상식이, 이상적인 사회를 만드는 데 가장 중요한 역할을 하고 있는 기업에 큰 영향을 미치는 경영 과학의 영역에서는 거의 활용되지 않고 있다는 사실에는 아쉬움을 넘어 곤혹스러움을 느끼지 않을 수 없다. 게리 해멀 교수가 교편을 잡고 있던 하버드 비즈니스 스쿨과 런던 비즈니스 스쿨은 고액의 학비를 받는 것으로 알려져 있는데, 비싼 학비를 내 가며 다른 분야에서는 이미 훨씬 전에 오류라는 사실이 밝혀져 있는 잘못된 지식을 배우고 있으니 학생으로서는 참으로 당혹스러운 일이다.

다른 사람에게 창조성을 발휘시키고자 할 때 성과에 대한 대가, 특히 예고된 대가는 효과가 없을 뿐만 아니라 오히려 사람이나 조직의 창조성을 파괴하고 만다. 그럴 때 대가, 즉 당근은 오히려 역효과를 불러온다. 그렇다면 대비 개념인 '채찍'은 어떨까? 결론부터 말하면, 이 또한 심리학적 견해에서는 아무래도 부정적으로 보인다. 원래 뇌에는 확실한 것과 불확실한 것의 균형을 맞춰 주는 일종의 어카운팅 시스템이 있다. 무언가에 도전한다는 것은 불확실한 행위이므로 이에 대한 균형을 잡기 위해서는 '확실한 무언가'가 필요하다. 이때 문제가 되는 것이 '안전기지secure base'다.

유아의 발달 과정에서 유아가 미지의 영역을 탐구하는 데는 심리적인 안전기지가 필요하다고 주장한 사람이 바로 영국의 심리학자 존 볼비다. 그는 유아가 보호자에게 보이는 친근감과 애정, 그리고 보호자에게서 떨어지지 않으려고 하는 감정을 '애착attachment'이라고 명명했다. 그리고 애착 관계를 맺은 보호자가 아이의 심리적인 안전기지가 되고 이 안전기지가 있기에 아이는 미지의 세계를 마음껏 탐색할 수 있다고 주장했다. 이 논리를 적용하여 생각해 보면, 한

번 큰 실패를 해서 낙인이 찍히면 더 이상 회사에서 출세할 수 없다
는 사고가 지배적인 일본보다 이직과 창업이 활발하고 혹시 실패하
더라도 다시 도전하면 된다는 사고가 지배적인 미국이 안전기지가
더 강고하다고 볼 수 있다. 그렇기에 아이와 마찬가지로 어른도 미
지의 세계로 마음껏 도전할 수 있다.

　다시 말해 사람이 창조성을 발휘하여 리스크를 무릅쓰고 나아
가는 데는 당근도 채찍도 효과가 없다. 다만 자유로운 도전이 허용
되는 풍토가 필요하다. 그러한 풍토 속에서 사람이 주저 없이 리스
크를 무릅쓰는 것은 당근을 원해서도 채찍이 두려워서도 아니다. 그
저 단순히 자신이 그렇게 하기를 원하기 때문이다.

04   # 사람은 논리만으로 움직이지 않는다

수사학

....

아리스토텔레스 (Aristoteles, B.C. 384~B.C. 322)

고대 그리스의 철학자. 플라톤의 제자로 소크라테스, 플라톤과 함께 대표적인
고대 철학자로 꼽힌다. 다방면에 걸친 자연 연구로 '만학의 시조'라고도 불린다.
이슬람 철학과 중세 스콜라학, 나아가 근대 철학과 논리학 등에 지대한 영향을
미쳤다. 아리스토텔레스가 남긴 저서의 내용은 형이상학, 윤리학, 논리학의 철
학 관련 저서부터 정치학, 우주론, 천체학, 자연학(물리학), 기상학, 박물지학, 생
물학, 시학, 연극학 및 심리학에 이르기까지 실로 다양하다.

　　　　　　　　　　　　　　다른 사람의 행동을 진정한 의
미에서 바꾸고 싶다면 설득보다는 이해, 이해보다는 공감이 필요하
다. 논리 사고에 뛰어난 컨설턴트가 종종 일반 회사로 옮긴 후 고전
하는 경우가 많은데, 이는 그가 사람이 논리에 의해 움직인다고 잘
못 알고 있어서다.

　사람으로 하여금 정말 상황을 납득해서 움직이게 하려면 무엇
이 필요할까? 아리스토텔레스는 저서 『수사학』에서 진정한 의미에
서 타인을 설득해 행동을 바꾸기 위해서는 '로고스', '에토스', '파토

스'가 필요하다고 주장했다.

로고스^{logos}는 논리를 뜻한다. 논리만으로 사람을 설득하기는 어렵다고 하지만, 한편 논리적으로 말도 안 되는 기획이 사람들의 찬성을 얻기도 어려울 것이다. 다른 사람을 설득하고 싶다면 주장이 이치에 맞아야 하는 것은 당연하고도 중요한 요건이다. 그렇기에 아리스토텔레스도 『수사학』에서 상당한 지면을 할애해 로고스를 설명하고 있다.

물론 논리만으로 사람이 움직이지는 않는다. 논리는 필요조건이지만 충분조건은 아니다. 이는 토론을 떠올려 보면 이해하기 쉽다. 토론에서는 상대를 꺾어 이기면 그만이지만, 실제로 사회에서 이 같은 행동을 하면 꺾인 상대는 겉으로만 따르는 척할 뿐 속으로는 반발심을 품고 전력을 다해 실력을 발휘하지 않는다. 결코 논리만으로는 사람을 움직일 수 없다.

그래서 아리스토텔레스가 두 번째로 꼽은 것이 에토스^{ethos}다. 에토스는 에식스^{ethics}, 즉 윤리를 뜻한다. 아무리 이치에 맞는 말이라 해도 그 말을 하는 화자가 도덕성을 의심받는 사람이라면 사람들의 힘을 이끌어 낼 수 없다. 사람은 도덕적으로 믿을 수 있는 사람, 사회적으로 가치 있는 일을 하는 사람을 위해 자신의 재능과 시간을 투입하고 싶어 하는 존재다. 아리스토텔레스는 바로 그 점에 호소해서 사람의 '마음'을 움직이는 것이 효과적이라고 설파했다.

마지막으로 파토스^{pathos}는 패션^{passion}, 즉 열정을 가리킨다. 본인이 신념을 갖고 열정을 드러내며 말해야 비로소 타인이 공감할 수 있다는 것이다. 만일 일본 에도 시대의 격변기에 근대화를 이끈 사카모토 료마가 아무 감정도 없이 심드렁한 표정으로 유신의 중요성을 호소했다면 개혁 운동이 일어날 수 있었을까? 또 미국의 흑인 해방운동을 이끈 마틴 루서 킹 목사가 의욕이라곤 눈곱만큼도 찾아볼 수 없는 얼굴로 마지못해 차별 철폐의 꿈을 호소했다면 어땠을까? 그의 의지는 절대로 사람들의 마음에 가 닿지 않았을 것이다. 그들은 모두 파토스, 즉 열정을 가슴에 안고 미래를 이야기했기에 세상을 바꿀 수 있었다.

이상이 아리스토텔레스가 강조한 로고스, 에토스, 파토스다. 그런데 이러한 사고관, 즉 말로 사람을 움직인다는 사고방식에 강력하게 반대한 사람이 바로 아리스토텔레스의 스승뻘인 소크라테스다. 아리스토텔레스가 주장한 '수사학'이라는 기법에 빠지는 것이 얼마나 위험한지 나 또한 잘 알기에 여기 소개하고자 한다.

역사상 최초로 리더십에서 '말'의 중요성에 주목한 사람이 아리스토텔레스의 스승인 플라톤이다. 플라톤은 저서 『파이드로스』에서 말이 리더십에 미치는 영향에 관해 철저하게 고찰했다. 책 제목인 '파이드로스'는 소크라테스의 제자 이름이다. 플라톤은 이 저서에서 그의 스승 소크라테스와 제자 파이드로스가 벌이는 가공의 토론으로 리더에게 요구되는 '말의 힘'이 어떤 것인지를 보여 준다. 이 토론에서 아리스토텔레스가 중요시한 레토릭[rhetoric], 즉 변론에 대치되는 것이 바로 대화[dialogue]다. 매우 흥미롭게도 『파이드로스』에서는 리더에게 레토릭이 필요하다는 파이드로스의 주장을 소크라테스가 비판하면서 '진실에 이르는 길은 대화밖에 없다'고 설득하는 구성으로 이루어져 있다. 소크라테스는 교묘한 말솜씨로 사람을 움직이는 기술은 사람 마음을 나쁜 길로 홀리는 것이라며, 레토릭을 '속임수'라고 일갈한다. 이것이 바로 아리스토텔레스가 말하는 『수사학』에 대한 강렬한 역공이었다. 확실히 히틀러의 마술적인 연설의 위력을 알고 있는 현대의 우리에게 이러한 소크라테스의 지적은 상당히 설득력 있다. 그래서 소크라테스는 '리더야말로 레토릭에 의지해서는 안 된다. 진실에 이르는 길은 거기에 없다'고 논파한 것이다. 반면 파이드로스는 교묘한 말로 열변을 토하는 철학자나 정치가가 멋있다고 동경하면서 '역시 레토릭이 중요하다'며 반론하는 식으로 논의가 계속 이어진다.

이 논의는 결국 파이드로스가 밀리는 형국으로 끝나는데, 우리에게 중요한 것은 플라톤 역시 레토릭에 '사람을 매료시켜 움직이는 힘'이 있다는 것을 순순히 인정했다는 점이다.

조직의 리더라면 당연히 자신을 추종하는 이들의 마음을 사로잡아 이끌어 가는 능력이 필요하다. 그렇다면 레토릭의 위험성을 알면서도 이것을 이용할 것인가? 옳고 그름의 문제는 차치하고, 레토릭에 도사리고 있는 위험성에 관해서는 알아 두는 편이 좋다. 아리스토텔레스는 다양한 의미에서 스승 플라톤에게 도전장을 내민 사람이다. 스승이 '위험'하다고 경고한 레토릭에 관해 스승 이상으로 능숙하게 다루며 세 권에 걸쳐 방법론을 써 내려간 것은, 마치 영화 〈스타워즈〉에서 처절한 전투를 벌이는 스승 오비완과 제자 아나킨의 관계를 보는 것 같아 씁쓸하기도 하다.

학교에서 연설이나 발표에 유용한 스피치 기법을 거의 가르치지 않는 일본 같은 사회에서는 아리스토텔레스의『수사학』을 익힐 기회 또한 없다. 그러나 스피치가 중요한 사회적 역할을 담당하고 있는 미국과 유럽 사회의 지식 계층에서는 스피치 기법이 당연히 지녀야 할 교양으로 인식된다. 맹목적으로 그들의 문화를 예찬할 생각은 없다. 그러나 리더의 입장에 서 있는 사람이라면, 다른 사람들의 마음을 움직이기 위해 로고스, 에토스, 파토스가 필요하다는 아리스토텔레스의 주장과 그 과도한 사용이 초래할 수 있는 위험성을 알아두어 손해 볼 일은 없을 것이다.

05

노력하면 구원받을 수 있다고
신은 말하지 않았다

예정설

장 칼뱅 (Jean Calvin, 1509~1564)

프랑스 신학자이자 종교 개혁가. 마르틴 루터, 울리히 츠빙글리와 나란히 평가
받는 신학자로, 기독교 종교 개혁 초기의 지도자이자 '장로파 교회'의 창시자다.

　　　　　　　　　　잘 알려져 있듯이 16세기에 일
어난 종교 개혁은 마르틴 루터로부터 시작되었다. 루터는 가톨릭교
회에서 파문을 당해 신성로마제국에서 추방되었지만, 작센 선제후
의 보호를 받아 신학 연구에 한층 더 몰두했다. 그 후 루터의 가르침
은 독일뿐 아니라 유럽 전역으로 퍼져 나갔고 급기야 프로테스탄트
운동으로 이어졌다.

　'프로테스탄트protestant'는 지금은 무척 흔히 사용되는 단어지만,
원래는 '반대하다'라는 뜻을 가진 말로 이를 의역하면 '싸움을 걸다'
라는 의미다. 루터가 싸움을 건 상대가 당시 유럽 세계를 사상적으
로 지배하고 있던 로마 가톨릭교회였으니 실로 엄청난 일이 아닐 수

없다. 당시 루터의 등장은 굉장히 파격적이었던 셈이다.

로마 가톨릭교회로서는 루터의 문제 제기가 매우 '성가신' 일이었다. 그도 그럴 것이 그들의 큰 재원인 면죄부에 관해 신학적 의미를 꼬투리 잡아 들추어냈기 때문이다. 실은 이 시기에 면죄부를 둘러싸고 로마 가톨릭교회 내부에서도 반발하는 신학자들이 많았다. 의견이 깔끔하게 정리되지 않은 상태로 교황을 비롯한 권력자들이 면죄부 발매를 강행하고 있었던 것이다. 그런 상황에서 루터의 문제 제기는 로마 가톨릭교회의 약점을 찌르는 것이었다.

마르틴 루터의 저돌적인 외침을 이어받아 이를 더욱 명확히 정비해 프로테스탄티즘에 확고한 사상 체계를 심은 이가 바로 장 칼뱅이다. 이 사상 체계가 마침내는 자본주의와 민주주의의 초석이 되어 세계사를 움직일 만큼 큰 영향력을 발휘했다.

장 칼뱅 사상의 핵심은 무엇일까? 칼뱅의 사상 체계를 이해하는 데 가장 중요한 열쇠가 바로 '예정설'이다. 예정설은 다음과 같은 사고관이다.

어떤 사람이 신에게 구원을 받을지 못 받을지는 미리 결정되어 있다. 이 세상을 살면서 선행을 쌓느냐 못 쌓느냐와는 전혀 관계가 없다.

실제로 신자가 아닌 사람의 시각에서 보면 놀랄 만한 사상이다. 이 사상에 따르면 면죄부는 구원을 가져다줄 수 없다. 사실 루터가 최초로 제기한 문제는 그 점을 묻고 있었다. 하지만 칼뱅은 더 나아가 면죄부에 의해 구원받지 못하는 것은 당연한 일이며, 애초에 선행을 베풀었다거나 악행을 거듭 저질렀다는 것 자체가 아무 상관없는 일이라고 주장했다.

이는 칼뱅이 만들어 낸 독자적인 사상일까? 그렇지 않다. 칼뱅은 루터 이상으로 '성서'라는 문헌과 철저하게 마주한 사람이다. 그렇다면 예정설은 성서에 쓰여 있는 내용인가? 그렇진 않다. 다만 성서를 읽다 보면 칼뱅의 예정설로 이해할 수 있는 부분이 등장한다. 『신약성서』의 「로마서」 8장 30절에는 "신은 미리 정해진 자들을 부르고, 부른 자들을 의로 삼으며 의로 삼은 자들에게 영광을 내렸다"라고 쓰여 있다. 성서를 읽다 보면 이렇게 '미리 결정되었다'는 말이 키워드처럼 여기저기 나오는데, 문자 그대로 읽으면 당연히 '예정설'이라는 사고관이 도출된다.

다만 현재 예정설을 인정하는 종파는 소수파이므로 이를 기독교의 보편적인 인식이라고 여기면 안 된다. 최대 교파인 로마 가톨릭교회는 트리엔트 공의회(1545년부터 18년 동안 이탈리아 북부 트렌트에서 개최된 종교 회의. 종교 개혁에 대한 가톨릭교회의 교리와 자세를 명시하여, 가톨릭교회의 쇄신과 자기 개혁의 원동력이 됨-옮긴이)에서 '예정설은 이단'이라고 정식으로 규정했다. 동방정교회(비잔티움 기독교회의 맥을 잇는 교회로 로마가톨릭, 프로테스탄트와 함께 기독교의 3대 분파로 꼽힘-옮긴이)도 예정설을 절대 받아들이지 않으며, 감리교(프로테스탄트의 최대 교파 중 하나로 영국 웨슬리가 창시-옮긴이) 역시 그리스도의 죽음은 선택받은 자들만을 위한 것이 아니라 만인의 구원을 위한 것이라고 설명하는 알

미니안주의^{arminianism}를 채택하고 있다.

그럼에도 다시 한번 생각해 볼 점은, 이 정도까지 '이익'이 없을 것 같은 교의가 진화론적으로 말하자면 '도태'되지 않고 받아들여지고, 마침내는 자본주의와 민주주의의 초석이 될 수 있었던 이유가 어디 있었는가 하는 문제다.

예정설에 따르면 깊은 신앙심이나 많은 선행은 그 사람이 신에게 구원받는 여부와는 관계가 없다. 이러한 사고는 우리가 일반적으로 생각하는 '동기'의 인식과 크게 모순을 일으킨다. 대가와 노력의 관계에서 보면, 대가가 약속되어 있기에 노력하려는 동기가 생겨난다는 사고가 보편적이다. 그런데 예정설에 따르면 노력 여부와 상관없이 대가를 받을 사람과 받지 못할 사람이 미리 결정되어 있다.

이 인과관계를 불교와 비교해 보면 예정설의 이상한 점이 눈에 띈다. 불교에서는 모든 일이 원인에서 발생한 결과이며 원인 없이는 아무 일도 생기지 않는다는 인과율을 중시한다. 전 우주는 인과율에 지배받고 있으며, 석가모니의 큰 깨달음 역시 이 인과율의 인식에서 비롯된 것이다. 석가모니는 전 우주를 지배하는 인과율을 '다르마^{dharma}', 즉 법이라고 명명했다. 당연히 석가모니 이전부터 법은 존재했다. 교조와는 별개로 절대적으로 법이 존재했으므로 이를 '법전불후^{法前仏後}'라고 한다. 반면 예정설은 이를 완전히 뒤엎는다. 신이 모든 것을 미리 정해 놓기 때문에 인과율은 적용되지 않는다. 프로테스탄티즘은 '신전법후^{神前法後}'인 셈이다.

불교의 영향을 받은 동양에서는 인과응보가 익숙하지만, 프로테스탄티즘에서는 그렇지 않다. 그렇다면 노력 여부에 관계없이 구원받을 사람은 미리 정해져 있다는 믿음이 사람을 무기력하게 만들까? 이 물음에 "그 반대다!"라고 외친 사람이 막스 베버다. 그는 『프로테스탄트 윤리와 자본주의 정신』에서 칼뱅파의 예정설이 자본주의를 발달시켰다는 논리를 펼쳤다.

구원 여부도 불확실하고 현세에서의 선행도 의미가 없다면 사람들이 쉽게 허무 사상에 빠져들 수 있다. 혹은 현세에서 어떤 삶을 살아가든 구원받을 자가 이미 결정되어 있다면 쾌락을 좇으며 사는 과감한 선택을 내리기 쉬울지 모른다. 하지만 실제로는, 물론 그런 사람도 있었겠지만 대다수는 그렇지 않았다. 오히려 전능한 신에게 구원받기로 미리 정해진 사람이라면 금욕적으로 천명(독일어로 beruf, 이 단어는 '직업'이라는 뜻으로도 사용됨-옮긴이)을 다해 성공하는 인간일 거라 생각하고 '자신이야말로 구원받기로 선택된 인간'이라는 증거를 얻기 위해 금욕적으로 자신의 일에 몰두했다는 것이 막스 베버의 논리다.

천박한 합리주의로 인해 피해를 입은 사람에게는 베버의 주장이 궤변으로 들릴지도 모른다. 하지만 학습 심리학에서 이미 '예고된 대가'가 오히려 동기 부여를 감퇴시킨다는 것이 밝혀졌다는 사실을 상기한다면, 인간의 동기라는 것이 '노력 → 대가'라는 단순한 인과관계로 유발되지 않는다는 것을 짐작할 수 있다.

또한 이 논리는 현재의 인사 제도가 대부분의 기업에서 제대로 작동되고 있지 않으며, 오히려 얼토당토않은 일에 얽매여 있는 상황임을 깨닫게 하는 중요한 계기가 되어 준다. '노력 → 결과 → 평가 → 대가'는 기업의 인사 평가가 전제하고 있는 기본 구조다. 얼핏 매우 합리적이고 단순해 보이는 이 인과관계가 왜 수십 년이 지난 지금까지도 여전히 불협화음을 만들고 성숙하게 정착하지 못했을까?

인사 평가 제도를 설계할 때는 노력한 사람과 성과를 낸 사람이 그에 걸맞은 대가를 받아야 한다는 사고, 즉 인과응보의 가치를 추구한다. 하지만 실제로는 어떤가? 추구했던 대로 잘 실현되고 있는가? 아마도 많은 사람이 부정할 것이다. 오히려 인사 평가의 결과를 기대하고 희망을 가지는 사람보다 승진하거나 출세하는 사람은 '미리 정해져 있다'고 느끼는 사람이 더 많을 것이다. 심지어 인과응보를 부정하는 예정설이 자본주의의 폭발적인 발전에 기여했다고 한다면, 우리는 무얼 위해서 막대한 시간과 노력, 그리고 비용을 들여 인과응보를 실현하려는 인사 평가 제도를 설계하고 운용하고 있는 것인지 다시 한번 돌아봐야 할지도 모른다.

현대 일본을 대표하는 사상가인 우치다 다쓰루가 지적한 내용을 소개하며 글을 끝맺고자 한다.

자신의 노력이 정확히 평가되고 그에 상응하는 대가를 받을 수 있다. 이렇게 알기 쉬운 체계라면 인간은 열심히 일한다. 그렇게 믿고 있는 사람이 무척이나 많다. 고용 문제를 다룬 책을 읽어 보면 대개 그렇게 쓰여 있다. 하지만 나는 그 말이 틀렸다고 생각한다. 노동과 대가가 정확하게 수직적 상관관계를 보인다면 인간은 아마도 일하지 않을 것이다. 아무런 설렘도 기쁨도 없을 테니까.

우치다 다쓰루 · 나카자와 신이치 『일본의 배경과 상황日本の文脈』

06

타고난 능력이란 없다,
경험을 통해 인간은 무엇이든 될 수 있다

타불라 라사

존 로크 (John Locke, 1632~1704)

영국의 철학자. 영국 경험론의 아버지로 불리며 정치 철학자로서도 매우 유명하다. 『통치론』 등의 저서에서 드러나는 로크의 자유주의적인 정치사상은 명예혁명을 이론적으로 정당화하고 있으며, 그 가운데에서 드러나는 사회 계약과 저항권에 관한 사고는 미국 독립선언과 프랑스 인권선언에도 큰 영향을 미쳤다. 또한 정치학·법학 분야에서는 자연권론과 사회 계약의 형성에, 경제학 분야에서는 고전파 경제학의 형성에 지대한 영향을 주었다.

타불라 라사tabula rasa는 라틴어로 '아무것도 쓰여 있지 않은 석판'이라는 의미로 타불라는 태블릿tablet, 즉 판板이라는 단어의 어원이다. 존 로크는 영국 경험론을 창시한 철학자로 널리 알려져 있지만 대학에서는 의학을 공부하여 해부학에 관한 저서도 남긴 인물이다. 로크는 그가 주장한 경험론처럼 실제로 의사로서 많은 영유아를 접해 본 경험을 통해, 태어날 때 사람의 심성은 아무것도 쓰여 있지 않은 석판, 즉 타불라 라사와 같다고 생각했다.

　로크가 도달한 결론을 정리하면 다음과 같다. 어떤 일이든 실제로 존재하는 것에 대한 우리의 생각, 즉 현실 세계에 관한 이해는 직접 감각을 통해 얻은 경험에 의해 이끌리든가 아니면 간접 경험으로부터 도출된 요소가 바탕이 된다. 하지만 이러한 주장은 현대를 살아가는 우리에게는 아주 당연하게 들린다. 그 사람이 무엇을 말하려고 하는지를 더욱 정확하게 이해하려면 그 사람이 무엇을 긍정하고 있는지보다 무엇을 부정하고 있는지를 아는 것이 더 중요할 때가 있다. 철학에서도 이러한 사고방식은 유용하다. 과연 로크는 무엇을 부정했을까? 로크는 두 위대한 철학자의 사고를 부정했다.

　한 사람은 데카르트다. 세상을 단순한 사고와 연역으로 이해할 수 있다는, 즉 경험에 의지하지 않고 세상을 정확하게 인식할 수 있다는 데카르트의 주장을 로크는 단호하게 부정했다.

　로크가 부정한 또 한 사람은 플라톤이다. 로크는 이데아와 관련해서, 사람은 태어나면서부터 전생에서 얻은 지식을 갖고 있다는 플라톤의 주장을 강하게 부정했다. 그는 사람이 태어날 때는 백지 상태이며 그 위에 경험이 채색되면서 점차 현실에 관한 지식과 이해가 구축된다고 믿었다.

　지금이라면 당연하게 여겨지는 사고관이지만 로크가 살던 당시 사회에서는 획기적인 것이었다. 누구나 태어날 때 마음 상태가 백지라는 것은 인간에게 타고난 우열이 없다는 것을 뜻하기 때문이다. 귀족과 왕족의 자손이든 장인이나 백성의 자식이든 타고난 우열은 없다. 개인의 소양은 모두 태어난 후에 어떠한 경험을 하느냐에 따라 결정되고, 이는 교육에 의해 인간이 만들어진다는 것을 의미한다. 특히 이 사고관은 프랑스에서 대중도 교육을 받게 됨으로써 사회적인 예속 상태에서 해방되어 모두가 평등한 입장에 선다는 신념을 형성하는 밑거름이 되었다.

조금 더 덧붙여 보자. 로크가 주장하는 핵심 주제가 '사람은 경험과 학습에 의해 얼마든지 배울 수 있다'라면 이 주제는 인생의 어느 시점에나 적용해 볼 수 있다. 인간의 수명이 100세에 이르는 시대에는 '다시 새롭게 배우는 일'이 매우 중요한 논점이다. 특히 오늘날처럼 기술의 발달이 두드러지는 사회에서는 한번 배운 지식이 금세 진부해지고 마는 경향이 있다. 이 사실을 생각할 때 자신의 경험을 초기화시킬 수 있느냐가 관건이다. 머릿속을 새하얀 석판, 즉 타불라 라사 상태로 되돌릴 수 있을까? 그리고 되돌렸을 때 거기에 의미 있는 경험과 지식을 새겨 넣을 수 있을까? 이 명제는 앞으로도 중요한 논점이 될 것이다.

07   자유는 견디기 어려운 고독과 통렬한 책임을 동반한다

자유로부터의 도피

에리히 프롬 (Erich Fromm, 1900~1980)

독일 출신의 사회 심리학자, 정신 분석학자. 히틀러가 정권을 장악한 1933년 이후부터는 주로 미국에서 활동했다. 프로이트 이후의 정신 분석에 관한 식견을 사회 정세 전반에 걸쳐 분석해 적용시켰다. 대표 저서 『자유로부터의 도피』에서 파시즘의 심리학적 기원을 밝혀 민주주의 사회가 취해야 할 처방전을 제시했다.

현대를 살아가는 우리는 자유를 무조건 좋은 것으로 생각한다. 하지만 자유라는 것이 정말 그렇게 좋기만 한 것일까? 에리히 프롬은 저서 『자유로부터의 도피』를 통해 자유에 관한 우리의 일반적인 인식을 크게 뒤흔들었다. 철학과 사상에 관한 명저 중에는 제목 자체가 책의 중심 개념을 드러내는 책이 여러 권 있는데, 프롬의 『자유로부터의 도피』와 이 책의 다른 글에서 다루고 있는 한나 아렌트의 『예루살렘의 아이히만』은 그중 백미로 꼽을 만하다.

새삼 생각해 보면 자유로부터의 도피라니, 기묘한 표현이다. 우리는 대개 제약과 속박에서 도피해 자유를 획득하는 것을 자연스럽게 떠올린다. 피터 폰다와 데니스 호퍼 주연의 영화 〈이지 라이더〉는 바로 그러한 이미지의 상징으로서 손목시계를 도로에 내던지는 전설적인 장면으로 시작된다. 하지만 프롬의 책 제목은『자유로부터의 도피』다. 왜 자유로부터 도피해야만 하는 걸까? 프롬은 이에 관해 다음과 같이 고찰했다.

시민이 중세 이후 지속된 봉건제도의 예속에서 해방된 시기는 유럽은 16세기에서 18세기에 걸친 르네상스와 종교 개혁 후, 일본은 메이지 유신을 거치고 난 뒤다. 시민이 자유를 획득하기까지는 수많은 희생이 따랐다. 소위 자유라는 것을 얻기 위해 매우 비싼 값을 치른 셈이다. 그렇다면 그 값비싼 자유를 손에 넣은 사람들은 과연 행복해졌을까?

프롬은 나치 독일에서 발생한 파시즘fascism에 주목했다. 왜 비싼 대가를 치르고 획득한 '자유의 과실'을 맛본 근대인이 그것을 내던져 버리고 파시즘의 전체주의에 그토록 열광했을까? 날카로운 고찰은 언제나 예리한 질문에서 탄생한다. 이 의문에 대한 프롬의 대답 또한 우리의 가슴을 찌를 듯이 날카롭다.

프롬의 분석을 정리하면 다음과 같다. 자유에는 견디기 어려운 고독과 통렬한 책임이 따른다. 이 고독과 책임을 감당하고 견디면서, 더욱이 진정한 인간성의 발로라고 할 수 있는 자유를 끊임없이 갈구함으로써 비로소 인류에게 바람직한 사회가 탄생하는 법이다.

하지만 자유의 대가로서 필연적으로 만들어지는, 폐부를 찌르는 듯한 고독과 책임의 무게에 몹시 지친 나머지 그들은 비싼 대가를 치르고 손에 넣은 자유를 내던지고 나치의 전체주의를 택한다. 특히 나치즘을 지지하는 세력의 중심에 소상인, 장인, 사무직 근로자들로 이루어진 하층 및 중산 계급이 있었다는 점에 주목해야 한다.

또한 프롬은 자유로부터 벗어나 권위에 맹종하는 길을 선택한 사람들에게서 공통적으로 발견되는 성격 특성에 관해서도 언급했다. 프롬은 하층 및 중산계급 중에서 나치즘을 반기며 맞이한 이들이 자유로부터 도피하기 쉬운 성격이며 자유의 무게에서 벗어나 새로운 의존과 종속을 추구하는 성향임을 밝히고 이를 '권위주의적 성격'이라고 명명했다. 프롬에 의하면, 이러한 성격을 가진 사람은 권위를 따르기 좋아하는 한편, 스스로 권위를 갖고 싶어 하고 동시에 다른 사람을 복종시키고 싶어 한다. 한마디로 '자신보다 위에 있는 사람에게는 아첨하고 아랫사람에게는 거만하게 구는 인간'이다. 이 권위주의적 성격이 파시즘 지지의 기반이 된 것이라고 프롬은 강조했다.

그렇다면 어떻게 해야 할까? 프롬은 『자유로부터의 도피』의 마지막 부분에서 다음과 같이 말했다.

인간이 이상으로 여기는 개인의 성장과 행복을 실현하기 위해서는 자신을 분리할 것이 아니라, 스스로 매사를 생각하고 느끼고 이야기하는 것이 중요하다. 더욱이 무엇보다도 꼭 필요한 것은 자신 그대로

의 모습으로 살아가는 데 용기와 강인함을 지니고 자아를 철저하게
긍정하는 일이다.

에리히 프롬 『자유로부터의 도피』

프롬의 고찰과 지적은 현대를 살아가는 우리에게 무엇을 시사
하는가? 현대인은 기업이나 지역, 가족 등의 속박에서 벗어나 자유
롭게 살아가는 것을 절대선으로 숭상하며 이 생각에 의심을 품지 않
는다. 그리고 이를 전제로 다양한 정책과 구조 개선이 이루어지고
있다. 투잡two jobs, 업무 방식의 개혁, 제4차 산업혁명 등은 모두 중세
에서 근대, 근대에서 현대로 이어지고 있는 자유와 해방으로의 발전
흐름 속에 있다.

그러나 정말로 조직이나 커뮤니티에 속박되지 않고 더없이 자
유로워지면 보다 행복하고 풍요로운 삶을 살 수 있을까? 프롬의 분
석을 토대로 생각해 보면, 이는 개인의 자아와 교양의 강도에 달려
있다. 하지만 우리 사회의 구성원들은 아직 자유가 들이미는 책임에
제대로 훈련되어 있지 않다.

그렇다면 앞으로 어떻게 해야 할까? 자유를 추구하는 것을 단
념하고 전체주의의 어리석은 무리 속으로 빠져들어야 할까? 직업이
대대로 세습되고 신분이 정해져 있던 중세 같은 세상으로 돌아가는
것은 어떨까? 어쩌면 그런 사회가 더 마음 편하다고 생각하는 사람
도 적지 않을 것이다. 아니면 자유가 들이대는 고독과 책임을 받아
들이면서, 더욱 자신다운 삶을 살기 위해 정신력과 지식을 갈고닦는

사람들을 꿋꿋이 키워 갈 수도 있다. 선택지는 다양하다. 그 선택지 중에서 어느 것을 선택할지는 과거도 미래도 아닌, 오직 현재를 살고 있는 우리에게 달려 있다.

불확실한 것에 매력을 느끼는
인간의 본성

대가

버러스 프레더릭 스키너 (Burrhus Frederic Skinner, 1904~1990)

미국의 심리학자. 행동 심리학의 창시자로, 자유의지는 환상이며 사람의 행동
은 과거의 행동 결과에 의존한다는 강화이론을 주장했다.

전철을 타면 눈에 들어오는 사
람들의 약 절반 가까이는 스마트폰을 들여다보고 있다. 나의 경험으
로 어림잡아 볼 때 그 가운데 절반은 소셜미디어를 접하고 있을 것
이다. 이런 상황이니 책이 팔리지 않는 것도 당연하다는 생각과 함
께, 사람들이 왜 그토록 소셜미디어에 빠져드는 걸까 하는 의문이
퍼뜩 머릿속을 파고든다. 다양한 답을 생각할 수 있겠지만 여기서는
'뇌의 대가代價'라는 측면에서 고찰해 보려 한다.

대가에 관한 연구의 효시로 버러스 프레더릭 스키너라는 인물
이 있다. 대학에서 심리학 수업을 들어 본 적이 있다면 스키너라는
이름이 낯설지 않을 것이다. 그 유명한 손잡이를 누르면 먹이가 나

오는 '스키너 상자'를 만들어 쥐가 어떠한 행동을 하는지 연구한 인물이 바로 그다.

스키너는 다음 네 가지 조건을 설정하고 쥐가 어떤 조건에서 손잡이를 더 많이 누르는지 실험했다.

① **고정간격 스케줄:** 손잡이를 누르는 것과 관계없이 일정한 시간 간격으로 먹이가 나온다.

② **변동간격 스케줄:** 손잡이를 누르는 것과 관계없이 불규칙적인 간격으로 먹이가 나온다.

③ **고정비율 스케줄:** 손잡이를 누르면 반드시 먹이가 나온다.

④ **변동비율 스케줄:** 손잡이를 누르면 불확실하게 먹이가 나온다.

스키너의 실험에 따르면 손잡이를 누르는 횟수는 ④ → ③ → ② → ① 순으로 감소한다. 이 결과에서 특히 주목해야 할 점은 손잡이를 누르면 반드시 먹이가 나온다(③)는 조건보다 손잡이를 누르면 불규칙하게 먹이가 나온다(④)는 조건이 쥐에게는 더 큰 동기 부여가 되었다는 사실이다. 이 결과는 우리가 평소 생각하던 대가의 의미를 생각하면 상당히 의아할지도 모른다. 이는 '행동 강화'에 관한 실험으로, 행위는 그 행위로 인한 대가가 반드시 주어진다는 것을 알고 있을 때보다도 대가가 불확실하게 주어질 때 더욱 효과적으로 강화된다는 것을 밝히고 있다.

한편 이 실험 결과를 인간에게 적용해 생각해 보면, 불확실한 것일수록 빠져들기 쉽다는 생리적 경향이 사회의 다양한 측면에서 적용되고 있다는 사실을 알 수 있다.

우선 알기 쉬운 예가 바로 도박이다. 라스베이거스의 슬롯머신도 일본의 파친코도 확률을 변동시키면서 대가를 주는 구조로, 이 도박에 빠져드는 사람이 끊이질 않는다. 수년 전에 사회 문제가 된 컴플리트 가차(게임 안에서 유료 뽑기 형태인 가차로 획득한 아이템을 정해진 조합대로 완성하면 희귀 아이템을 얻을 수 있는 시스템-옮긴이)도 바로 변동 비율 스케줄에 의해 희귀한 아이템이 나오는 구조로 되어 있다. 나는 이러한 영역에서 다양한 서비스를 개발하는 사람들의 '인간성에 관한 예리한 통찰력'에 매번 진한 전율을 느끼곤 한다.

만일 트위터나 페이스북 등 소셜미디어도 대가를 얻는 시스템이라고 말한다면 누군가는 거부감을 느낄지도 모른다. 슬롯머신과 파친코에서는 돈이나 경품이라는 대가가 주어지지만, 소셜미디어에는 대체 어떤 대가가 있냐는 의문도 들 것이다.

소셜미디어가 사람에게 주는 대가는 바로 도파민이다. 정신 차려 보면 어느새 트위터나 페이스북을 들여다보고 있다. 메시지 수신을 알리는 표시가 뜨면 내용을 확인하지 않고는 견딜 수가 없다. 이러한 행위를 '도파민의 조화'라고 한다.

도파민은 스웨덴 왕립 과학원의 아르비드 칼손과 과학자 닐스 오케 힐라르프가 1958년에 발견한 물질이다. 오랫동안 도파민은 쾌락 물질로 알려져 왔지만 최근 연구를 통해 도파민의 효과는 사람에게 쾌락을 느끼게 하기보다는 무언가를 추구하고 찾게 한다는 사실이 밝혀졌다. 도파민은 각성, 의욕, 목표 지향 행동 등을 유발하며, 그 대상에는 물질적 욕구만이 아니라 음식이나 이성 등 추상적인 개념, 즉 근사한 아이디어와 새로운 식견도 포함된다. 한 가지 덧붙이면 최근 실시된 연구에서 쾌락에 관여하는 물질은 도파민보다 오피오이드opioid라는 사실이 밝혀졌다. 미국 미시간 대학교의 생물 심리학자 켄트 베리지 교수의 연구에 따르면, 욕구계 도파민과 쾌락계 오피오이드는 상호보완적으로 작용하여 사람을 제어하는 엔진과 브레이크 역할을 한다. 욕구계인 도파민이 특정 행동을 촉진시키는 반면 쾌락계인 오피오이드는 만족을 느끼게 함으로써 추구 행동을 정지시킨다.

중요한 점은, 일반적으로 욕구계가 쾌락계보다 강하게 작용하기 때문에 대부분 사람들이 항상 무언가 느끼고 추구하는 행동을 하게 된다는 사실이다. 도파민 시스템은 예측하지 못한 일에 직면하면 자극을 받는다. 예측하지 못한 일이란 스키너 상자 실험에서 네 번째 조건이었던 변동비율 스케줄에 해당한다. 트위터나 페이스북, 문자 메시지는 예측할 수 없다. 이들 미디어는 변동비율 스케줄로 움직이기 때문에 사람의 행동을 강화하는, 즉 반복해서 행동하게 하는 효과가 매우 크다.

왜 사람들은 소셜미디어에 빠지는 것일까? 다름 아니라 예측이 불가능하기 때문이라는 것이 최근의 연구가 제시하는 해답이다.

09 인생을 예술 작품으로 대한다면

앙가주망

장 폴 사르트르 (Jean Paul Sartre, 1905~1980)

프랑스의 철학자이자 소설가, 극작가. 시몬 드 보부아르와 계약 결혼을 한 것으로도 유명하다. 오른쪽 눈에 심한 사시가 있었는데, 1973년에는 그때까지 읽고 쓰는 데 사용하던 왼쪽 눈의 시력마저 상실했다. 자신의 의지로 노벨상을 거부한 최초의 인물이다.

사르트르는 대표적인 실존주의 사상가다. 실존주의는 무엇인가? 이 책의 앞부분에서, 철학자들은 어떻게 살아가야 하는가라는 'How의 물음'과 세상은 무엇으로 이루어져 있는가라는 'What의 물음', 이 두 가지 명제에 몰두해 왔다고 언급했다. 실존주의는 이 중에서 '나는 어떻게 살아야 하는가?', 즉 'How의 물음'을 중시한 입장이다.

이 물음에 사르트르는 "앙가주망engagement하라"라는 답을 제시했다. 앙가주망이라 하면 뭔가 고상한 철학 용어로 들릴 수도 있지만, 결국은 주체적으로 관계한 일에 참여commit한다는 뜻이다. 그렇다면 무엇에 참여하는 것일까? 사르트르는 두 가지로 정리했다.

첫 번째는 우리 자신의 행동이다. 현대 민주주의 사회를 살아가는 우리에게는 자신의 행동을 주체적으로 선택할 권리가 있다. 민주주의 사회에서 살아가는 이상 우리의 행동과 선택은 자유이며, 따라서 '무엇을 할까?'라든지 '무엇을 하지 않을 것인가?'라는 의사 결정에 스스로 책임을 질 필요가 있다. 앞서 에리히 프롬의 자유로부터의 도피를 다룰 때 자유의 괴로움에 관해 고찰했는데, 사르트르 또한 자유를 매우 무거운 것으로 인지해 "인간은 자유의 형벌에 처해 있다"라고 말하기도 했다.

또한 사르트르는 우리가 스스로의 행동뿐만 아니라 이 세계에도 책임이 있다고 주장했다. 이것이 바로 앙가주망에 따라 참여하는 두 번째 대상인 '세계'다. 그에 의하면 우리는 자신의 능력과 시간, 즉 인생 자체를 사용해 어떤 계획을 실현하는데, 이때 우리에게 일어나는 일은 모두 그 계획의 일부로 받아들여야 한다. 사르트르는 "사람의 일생에서 '우발 사건' 같은 것은 존재하지 않는다"라고까지 이야기했다. 그 예로 들었던 것이 전쟁이다.

사르트르는 전쟁을 인생의 외부에서 닥쳐온 사건으로 여기는 것을 잘못이라 보았다. 전쟁은 '나의' 전쟁이 되어야 한다. 왜냐하면 '나'는 반전 운동에 몸을 던지거나 병역을 거부하고 도망칠 수도 있었고, 아니면 자살함으로써 전쟁에 항의할 수도 있었지만 그렇게 하지 않았기 때문이다. 남들의 이목을 생각하거나 단지 겁이 많아서, 혹은 가족과 나라를 지키고 싶다는 주체적인 의지로 이 전쟁을 받아들인 것이다. 다른 선택도 할 수 있었지만 그렇게 하지 않고 받아들인 이상, 그것은 자신의 선택이다. 실로 냉정한 지적이지만 이것이 바로 사르트르가 강조한 '자유의 형벌'에 처해 있다는 말의 진정한 의미다.

우리는 외부의 현실과 자신을 각각 별개로 생각하는 습관이 있다. 그러나 사르트르는 이를 부정했다. 외부의 현실은 우리가 어떤 시도를 하느냐에 따라, 혹은 하지 않느냐에 따라 '그러한 현실'이 된 것이므로 외부의 현실은 곧 '나의 일부'이고 나는 '외부 현실의 일부'다. 즉 외부의 현실과 나는 결코 끊으려야 끊을 수 없는 관계다. 그렇기에 더더욱 그 현실을 자신의 일로 주체적으로 받아들여 더 좋은 방향으로 이끌고자 하는 태도, 즉 앙가주망이 중요하다.

그런데 실제 상황은 어떤가? 사르트르의 직언은 현대 사회를 살아가는 우리에게 매우 엄격한 지적으로 들린다. 사르트르는 우리의 목표가 자신의 존재와 자유(선택 가능한 범위 내)를 명확히 인식하고 그 가치를 인정하는 것인데도 많은 사람이 그 자유를 누리지 못하고 사회와 조직이 지시한 대로 행동하는 고지식한 사고에 갇혀 있다고 지적했다. 그의 말대로 직업 같은 건 자유롭게 선택하면 될 텐데도 그 자유를 견디지 못하고 취직 인기 순위의 상위에 올라 있는 회사만 원하는 것은 전형적인 '융통성 없는' 사고다.

소위 성공은 사회나 조직이 명령하는 대로 행동하고 기대받은 성과를 올리는 것을 의미하지만 사르트르는 그런 건 조금도 중요하지 않다고 단정했다. 그리고 자유롭다는 것은 사회나 조직이 바람직하다고 여기는 가치를 손에 넣는 게 아니라, 자신이 스스로 선택하고 결정하는 일이라고 말했다.

　사르트르의 이러한 주장은 내가 『세계의 리더들은 왜 직감을 단련하는가』에서 소개한 현대 미술가 요제프 보이스의 '사회적 조각'과도 일맥상통한다. 우리는 세계라는 작품을 제작하는 데 공동으로 관여하는 아티스트며, 그렇기에 이 세계를 어떻게 만들고 싶은가에 대한 비전을 가지고 하루하루 생활해야 한다는 것이 요제프 보이스의 메시지다. 사르트르 또한 조직과 사회가 들이대는 척도를 보며 자기기만에 빠지지 않고 완전한 자유 속에서 자신의 인생을 예술 작품처럼 창조해 내야만 자신의 가능성을 깨달을 수 있다고 역설했다.

10 악의가 없어도 누구나 악인이 될 수 있다

악의 평범성

한나 아렌트 (Hannah Arendt, 1906~1975)

미국의 정치학자이자 평론가, 철학자. 독일에서 태어났지만 유대인이었기 때문에 나치 정권 성립 후에 파리로 망명했다가 나중에 다시 미국으로 망명해 시카고 대학교 교수를 역임했다. 나치즘, 스탈리즘 등 전체주의 국가의 역사적 위치와 의미를 분석하고 현대 사회의 정신적 위기를 고찰했다. 저서로『전체주의의 기원』,『인간의 조건』,『예루살렘의 아이히만』등이 있다.

나치 독일이 유대인 학살 계획을 꾸밀 때 600만 명을 '처리'하기 위한 효율적인 시스템 구축과 운영에 주도적 역할을 한 아돌프 아이히만은, 아르헨티나에서 망명 생활을 하다가 1960년 이스라엘 정보기관인 모사드^{Mossad}에 체포되어 예루살렘에서 재판을 받고 처형되었다. 그때 연행된 아이히만의 풍모를 본 관계자들은 큰 충격을 받았다. 그가 너무나도 '평범한' 사람이었기 때문이다. 아이히만을 연행한 모사드의 스파이는 나치 친위대 중령으로 유대인 학살 계획을 지휘하던 최고 권위자 아이히만이 냉철하고 건장한 게르만의 전사 모습을 하고 있을 것으로 상상했던 모양이지만, 실제로 마주한 그는 무척 왜소하고 기가 약해 보이는, 지극히 평범한 인물이었다. 하지만 재판은 기가 약해 보이는 이 인물이 저지른 수많은 죄들을 낱낱이 밝혀 나갔다.

아이히만의 재판을 방청한 철학자 한나 아렌트는 이러한 그의 모습을 책에 기록했다. 책의 제목 『예루살렘의 아이히만』에 주제가 그대로 드러나 이해하기 쉽지만, 문제는 부제다. 아렌트는 이 책의 부제를 '악의 평범성에 관한 보고서'라고 붙였다. 악의 평범성이라니! 기묘한 부제가 아닌가? 보통 '악'은 '선'에 대치되는 개념으로 이 둘은 모두 정규분포에서 최대치와 최소치에 해당하는 양쪽 끝에 자리하고 있다. 그런데 아렌트는 여기에 '평범'이라는 단어를 사용했다. 평범하다는 것은 넘칠 정도로 많아서 시시하다는 의미이므로 정규분포의 개념을 적용시키면 최빈치最頻値 혹은 중앙치中央値를 뜻한다. 이는 우리가 일반적으로 생각하는 '악'의 위치와는 완전히 다른 것이다.

아렌트가 의도한 것은 우리가 흔히 '악'에 대해 갖고 있는 인식, 즉 악은 평범한 것이 아니라 무언가 이상한 점이 있는 특별한 것이라는 고정관념을 뒤흔드는 일이었다. 아렌트는 아이히만이 유대 민족에 대한 증오나 유럽 대륙에 대한 공격심이 아니라, 그저 단순히 출세하기 위해서 자신에게 주어진 임무를 충실히 수행하고자 그 무서운 범죄를 저지른 경위를 방청하고 나서 최종적으로 이렇게 정의했다.

악이란 시스템을 무비판적으로 받아들이는 것이다.

게다가 아렌트는 '평범'이라는 말을 사용하여 우리도 누구나 시스템을 무비판적으로 받아들이는 악을 저지를 수 있다고 경종을 울렸다. 다른 말로 바꾸면 보통 악이라는 것은 악을 의도한 주체가 능동적으로 저지르는 행동이라고 생각할 수 있지만, 아렌트는 오히려 악을 의도하지 않고 수동적으로 저지르는 데에 악의 본질이 있다고 보았다.

물론 우리는 부여된 시스템에 따라 일상생활을 영위하면서 그 안에서 일하고 놀며 생각한다. 그런데 우리 가운데 과연 얼마나 되는 사람이 시스템에 내재된 위험에 비판적인 태도를 갖고 있는지, 적어도 약간의 거리를 두고 시스템 자체를 바라보고 있는지를 생각해 보면 매우 걱정스럽다.

우리는 대부분 현행 시스템이 초래하는 악폐에 생각이 미치기보다는 그 규칙을 간파하여 제도 안에서 능숙하게 살아 나갈 수 있는 방법을 무의식중에 먼저 생각한다. 하지만 과거의 역사를 돌아보면 각 시대마다 그 시대를 지배하던 시스템이 더 발전된 형태로 대체됨으로써 세계가 진화해 온 측면도 있기 때문에, 현재 우리가 효율적으로 활용하고 있는 시스템도 언젠가는 더 나은 시스템으로 대체되어야 할 것이다. 이렇게 보면 궁극적으로 세상에는 두 가지 삶의 방식이 존재한다.

① 현행 제도를 부여된 대로 받아들이고 그 속에서 어떻게 잘해 나갈까에 사고와 행동을 집중하는 방식

② 현행 제도를 부여된 대로 받아들이지 않고 제도 자체를 더 나은 것으로 바꾸어 가는 데 사고와 행동을 집중하는 방식

안타깝게도 많은 사람이 ①을 선택하는 것 같다. 서점에 즐비한 비즈니스 도서 코너를 가 보면 알겠지만, 베스트셀러로 불리는 서적은 대부분 ①의 논점에 따라 쓰였다.

이러한 베스트셀러는 대개 현행 시스템에 잘 적응해 큰돈을 번 사람이 쓴 것이기 때문에, 이 책을 읽은 사람이 같은 사고방식과 행동 양식을 택함으로써 시스템 자체가 자기 증식 또는 자기 강화를 이루게 된다. 하지만 시스템이 지속적으로 유지되는 현상은 정말로 바람직한 일일까?

이야기를 다시 되돌리면, 한나 아렌트가 주장한 '악의 평범성'은 20세기의 정치 철학을 논하는 데도 매우 중요하다. 인류 역사상 어디에서도 유례를 찾아볼 수 없는 악행은 그 잔인함에 어울릴 만한 괴물이 저지른 것이 아니라 생각하기를 멈추고 그저 시스템에 올라타 그것을 햄스터처럼 뱅글뱅글 돌리는 데만 열심이었던 하급 관리에 의해 일어났다는 주장은 당시 큰 충격을 주었다.

평범한 인간이야말로 극도의 악이 될 수 있다. 스스로 생각하기를 포기한 사람은 누구나 아이히만처럼 될 가능성이 있다. 그 가능성에 관해 생각하는 것은 두려운 일일지 모르지만, 그렇기에 더더욱

그 가능성을 분명히 인식하고 사고하기를 멈추면 안 된다고 아렌트는 호소했다. 우리는 인간도 악마도 될 수 있다. 그리고 인간이 되느냐 악마가 되느냐는 시스템을 비판적으로 사고할 수 있는 능력에 달려 있다.

11 자아실현을 이룬 사람일수록 인맥이 넓지 않다

자아실현적 인간

에이브러햄 매슬로 (Abraham Harold Maslow, 1908~1970)

미국의 심리학자. 인간의 욕구에는 단계가 있다는 '욕구 5단계설'로 잘 알려져 있다. 정신 병리의 이해를 목적으로 의식을 분석하는 정신 분석과 객관적으로 관찰 가능한 행동을 중심으로 하는 행동주의 심리학 사이에 존재하는 '제3의 세력'으로서의 인본주의 심리학을 주장했다.

매슬로의 욕구 5단계설에 관해서는 이미 많은 사람이 잘 알고 있을 것이다. 매슬로는 인간의 욕구를 다음 5단계 구조로 설명했다.

1단계 : 생리적 욕구 physiological needs

2단계 : 안전의 욕구 safety needs

3단계 : 소속과 애정의 욕구 belonging & love needs

4단계 : 존중의 욕구 esteem needs

5단계 : 자아실현의 욕구 self-actualization needs

매슬로의 욕구 5단계설은 이해하기도 쉽고 일반인도 자연스럽게 접할 수 있을 정도로 널리 알려져 있지만, 실증 실험에서는 이 가설을 설명할 수 있는 결과가 나오지 않아 아직도 학술적인 심리학 세계에서는 다루기 어려운 개념이다. 매슬로는 이들 욕구가 단계적이라 저차원적 욕구가 만족되면 다음 단계의 욕구가 생겨난다고 주장했지만, 나중에는 스스로 말을 바꾸기도 하는 등 제창자 자신도 상당한 혼란을 느꼈다.

우리 역시 성공한 사람들이 업적을 이루고 명예를 얻은 후에 섹스나 마약에 빠져든 사례들을 많이 알고 있다. 섹스를 이 테두리 안에서 평범하게 해석하면 1단계의 생리적 욕구에 해당하므로 조금만 생각해 보면 매슬로가 당초 주장한 "욕구의 단계가 순차적이고 비가역적으로 상승해 나간다"라는 가설에 오류가 있다는 것을 알 수 있다. 이렇게 말하면 "아니, 그건 매슬로가 말하는 의미의 '생리적 욕구'와 다른 거지" 하고 반론할지도 모르지만, 원래 매슬로가 주장한 욕구의 정의는 처음부터 애매한 데다 시간축에서 흔들리는 측면이 있으므로 이러한 논의에는 별 의미가 없다. 어쨌든 우리에겐 매슬로의 욕구 5단계설의 올바른 해석보다는 그것이 자신의 인생에 어떤 도움을 줄지를 생각하는 것이 훨씬 더 중요하다. 아마도 이 책을 읽고 있는 사람이라면 욕구 5단계설의 개요에 관해서는 이미 알고 있을 테니, 여기서는 더 이상 파고들지 않고 자아실현에 관한 매슬로의 다른 연구를 언급하고자 한다.

매슬로는 인간의 욕구 중 최고 우위에 있는 자아실현을 이루었다고 판단한 많은 역사 인물을 비롯해 당시 생존해 있던 아인슈타인과 그 밖의 인물들에 대한 사례 연구를 통해 자아실현을 이룬 사람들의 공통적인 특징 15가지를 밝혔다.

① **현실을 더욱 효과적으로 지각하고 쾌적한 관계를 유지** 소망, 욕망, 불안, 낙관주의, 비관주의에 기인해 예견하지 않는다. 미지의 것이나 애매한 것에 겁먹거나 놀라지 않고 오히려 흥미로워한다.

② **자연을 비롯해 자신과 타자를 수용** 마치 자연을 자연 그대로 무조건 받아들이듯이 인간성의 약점, 죄책감, 유약함, 사악함을 받아들일 수 있다.

③ **자발성, 단순함, 자연스러움** 행동, 사상, 욕구에 자발적이다. 행동의 특징은 단순하고 자연스러우며, 거짓을 꾸미거나 결과를 노리느라 긴장하는 일이 없다.

④ **과제 중심적** 철학적, 윤리적인 기본 문제에 관심이 있으며 넓은 준거기준frame of reference 속에서 살아간다. 나무만 보고 숲을 보지 못하는 일이 없다. 폭넓고 보편적인 가치관을 가지고 거시적인 안목으로 일을 한다.

⑤ **초월성 – 프라이버시의 욕구** 혼자 있어도 상처받거나 불안해하지 않는다. 고독과 혼자만의 생활을 즐긴다. 이러한 초월성은 일

부 사람들에게 냉정함, 애정의 결여, 우정의 부재, 적의로 해석되기도 한다.

⑥ **자율성 - 문화와 환경으로부터의 독립 · 능동적 인간** 비교적 생리적 환경과 사회적 환경에서 독립해 있다. 외부에서 얻을 수 있는 사랑과 안전에 의한 만족을 필요로 하지 않으며 자기 발전과 성장을 위해 자신의 가능성과 잠재 능력을 믿는다.

⑦ **언제나 새로운 인식** 인생에서 일어나는 일들을 항상 신선하고 천진하게 인식하고 경외와 기쁨, 경이로움과 황홀감을 느낀다.

⑧ **신비로운 경험 - 최고의 체험** 신비로운 체험을 갖고 있다. 황홀감과 경이로움과 외경심을 동시에 가져오는 굉장히 중요하고 가치 있는 일이 일어났다고 확신한다.

⑨ **공동체 의식** 때로는 인류에게 화가 나거나 조바심이 나거나 싫증이 날 때도 있지만 그들에게 동정과 애정을 느끼며 도움을 주고자 한다.

⑩ **대인 관계** 마음이 넓고 깊은 대인 관계를 유지한다. 소수의 사람들과 특별히 깊은 유대 관계를 맺고 있다. 이는 자아실현적으로 매우 친밀해지는 데는 상당한 시간이 필요하기 때문이다.

⑪ **민주적인 성격 구조** 가장 심원한 의미에서 민주적이다. 계급이나 교육제도, 정치적 신념, 인종과 피부색 등에 관계없이 자신과 잘 맞는 성격의 사람과는 누구와도 잘 지낸다.

⑫ **수단과 목적의 구별, 선악의 구별** 매우 윤리적이고 확실한 도덕 기준을 갖고 있어 올바른 일을 행하고 옳지 않은 일은 하지 않는다. 수단과 목적을 명확히 구별할 줄 알고 수단보다 목적에 마음이 끌린다.

⑬ **철학적이고 악의 없는 유머 감각** 악의 있는 유머, 우월감에 의한 유머, 권위에 대항하는 유머에는 웃지 않는다. 그들이 유머라고 인정하는 것은 철학적이다.

⑭ **창조성** 특수한 창조성, 독창성 등 발명의 재능을 갖고 있다. 그 창조성은 건강한 아이의 천진난만하고 보편적인 창조성과 같은 종류다.

⑮ **문화에 편승하기를 거부** 자아실현적 인간은 다양한 방법으로 문화 속에서 잘해 나가지만, 아주 깊은 의미로는 문화에 편승하는 데 저항한다. 사회의 규제가 아니라 스스로의 규제에 따른다.

지적 하나하나에 깊은 울림이 있어 가히 자기 자신을 돌아보는 계기로 삼을 만하다. 이들 특징을 하나씩 꼽아 가며 고찰하는 것만으로도 한 권의 책이 완성될 텐데, 여기서 특히 살펴보고 싶은 조항은 초월성-프라이버시의 욕구(⑤)와 대인 관계(⑩)다.

이 특징을 보면, 매슬로가 자아실현적 인간이라고 인정한 사람들은 고립적인 성향을 띠고 있으며 소위 인맥이 넓지 않다. 이는 우리가 흔히 생각하는 성공한 사람의 이미지와는 상당히 다르다. 우리는 대개 지인이나 친구가 많으면 많을수록 좋다고 여기는 경향이 있다. 확실히 친구나 지인이 많으면 일을 소개받을 때나 힘든 일이 있을 때 도움을 얻기가 수월하다. 그렇기에 페이스북의 친구 수나 트위터의 팔로어 수도 많으면 많을수록 좋다고 생각하겠지만, 매슬로의 고찰에 의하면 성공한 인물들 가운데서도 두드러지는 자아실현형 인간은 오히려 고립 성향이 있고, 극소수 사람들과만 깊은 관계를 유지한다. 이 매슬로의 지적은 소셜미디어를 통해 점점 '얇고 넓어지는' 우리의 인간관계를 다시 한번 되돌아보게 한다.

실은 매슬로와 같은 지적을 한 사람이 과거의 현인 중에도 있었다. 바로 장자다. 『장자』의 「산목」 편에 다음과 같은 말이 있다. "군자의 교제는 물과 같이 담백하여 영원히 변함이 없고, 소인배의 교제는 단 술과 같아 오래가지 못한다."

장자는 매사를 제대로 판별하지 못하는 소인배의 교제는 단 술처럼 끈적끈적해서 산뜻하지 못하며, 반대로 군자의 교제는 물처럼 맑고 담백하다고 설파하였다. 이어 조금 더 설명이 이어지는데, 그 내용을 조금 의역해 소개하자면 이렇다. "군자의 벗은 담백하기에 오래 지속되고 소인배의 벗은 달콤하기에 금세 끝난다. 필연성도 없이 그저 함께 있기 위해 함께 있을 뿐인 교제는 오래지 않아 끝나고 만다."

소인의 교제는 까닭 없이 이루어지므로 자립성이 없다. 서로가 서로에게 의존하는 상황이 되어 그 관계에서 빠져나오지 못하고 질척거리며 사귀는 것이다. 심리학에서는 이를 '공의존共依存'이라고 표현한다. 공의존은 원래 알코올 의존증 환자가 그를 간호하는 파트너에게 의존하는 동시에 파트너도 환자를 돌보는 행위에서 자신의 존재 가치를 찾아내는 상태가 오랫동안 관찰된 데서 생겨난 개념이다. 이때 주목해야 할 점이 있다. 이 관계에 있는 알코올 의존증 환자와 그의 파트너는 알코올 의존증 자체가 서로의 관계를 유지하는 데 중요한 동력이라는 사실을 무의식중에 이해하고 있다. 그렇기 때문에 치유를 바라면서도 문제 행동을 할 수 있도록 도와준다. 결과적으로 환자가 자립할 기회를 방해하는 자기중심성을 감추고 있다.

표면적으로는 타인을 위한다는 명목 아래, 자신도 머릿속으로는 그 사실을 분명히 자각하면서도 실제로 내면에는 자신의 존재를 확인하고 싶은 진짜 욕구를 숨기고 있다. 이것이 의존 관계다. 인간관계 이야기로 되돌아가서, 우리의 '넓고 얕은' 인간관계도 그러하지 않은가? 자아실현을 이룬 사람들은 극소수 사람들과 깊은 관계를 구축하고 있다는 매슬로의 지적은, 이제 우리가 이상적인 인간관계에 관해 진지하게 고민해야 할 때가 되었음을 알려 준다.

12 행동을 정당화하기 위해
기꺼이 생각을 바꾸는 사람들

인지 부조화

리언 페스팅어 (Leon Festinger, 1919~1989)

미국의 심리학자. 사회 심리학의 아버지로 불리는 쿠르트 레빈에게 가르침을
받았다. 인지 부조화 이론과 사회적 비교이론의 제창자로 유명하다. 아이오와
대학교, 로체스터 대학교, 매사추세츠 공과대학교, 미네소타 대학교, 미시간 대
학교, 스탠퍼드 대학교의 교단에 섰다.

세뇌라는 단어는 영어 brain-
washing을 중국어 洗腦(시나오)로 직역한 말이다. 이 용어는 한국
6 · 25 전쟁 당시 포로수용소에서 시행된 사상 개조에 관해 미국 첩
보기관CIA이 작성한 보고서에 처음 소개되었으며, 그 후 저널리스트
인 에드워드 헌터가 중국 공산당의 세뇌 기법에 관해 쓴 저서를 통
해 세상에 널리 알려졌다.

6 · 25 전쟁 당시 미국은 포로가 된 수많은 미군 병사들이 단기
간 내 공산주의에 세뇌당하는 사태에 당황했다. 이때 중국 공산당이
실시한 세뇌 기법이 어떤 것이었는지 오늘날에는 전부 밝혀져 있다.

누군가의 사상과 신조, 또는 이데올로기를 바꾸고자 할 때, 우리는 일반적으로 반론을 강하게 호소하여 설득하거나 고문을 가하지 않고서는 어렵다고 생각한다. 하지만 중국이 실제로 행한 방법은 전혀 달랐다. 그들은 포로가 된 미군에게 '공산주의에도 좋은 점은 있다'는 간단한 메모를 적게 하고 그 포상으로 담배나 과자 같은 아주 사소한 것을 주었다. 단지 이것만으로도 미군 포로는 착착 공산주의로 돌아섰다.

이 세뇌 기법은 우리의 상식선에서 크게 벗어나 있다. 사상이나 신조를 바꾸기 위해 주는 포상은 이를 사들이기 위한 뇌물이므로 대가가 아주 크지 않다면 효과가 없을 것으로 생각한다. 괴테의 희곡 『파우스트』에서 파우스트 박사는 악마 메피스토펠레스와 사후 영혼의 복종을 조건으로 현세에서 인생의 모든 쾌락을 얻는 계약을 맺는다. 영혼의 복종은 결국 사상과 신조를 팔아넘기는 것이므로 그만한 가치를 얻기 위해서는 현세의 온갖 쾌락 정도의 포상이어야 적합한 것이다. 그런데 미군 포로는 사상과 신조를 바꾸는 대가로 담배나 과자밖에 받지 않았다. 대체 어찌 된 일일까?

이해하기 힘든 이 사태를 인지 부조화 이론으로는 설명 가능하다. 인지 부조화 이론의 틀에서 미군 포로들의 심리 변화 과정을 알아보자. 우선 자신은 미국에서 나고 자라 공산주의는 적이라고 생각해 왔다. 그런데 포로가 되어 공산주의를 옹호하는 메모를 적었다. 이때 호화로운 포상이 나왔다면 포상을 위해 어쩔 수 없이 메모를 적었다는 명분이 성립되므로 사상과 신조에 반하는 메모를 적었다는 심리적 압박감이 해소된다. 하지만 실제로 받은 것은 담배와 과자 정도의 소소한 포상일 뿐이다. 이래서는 사상과 신조에 반하는 메모를 적었다는 심리적 압박에서 벗어나지 못한다. 이 죄책감의 원인은 '공산주의는 적'이라는 신조와 '공산주의를 옹호하는 메모를 적었다'는 행위 사이에 발생하는 부조화이므로, 이 부조화를 해소하려면 어느 한쪽을 변경해야만 한다. 이때 공산주의를 옹호하는 메모를 적은 것은 사실이기에 이를 바꿀 수는 없다. 그렇다면 변경할 수 있는 것은 공산주의는 적이라는 신조 쪽이다. 그리하여 이 신조를 공산주의는 적이긴 하지만 몇 가지 좋은 점도 있다고 수정함으로써 자신의 행위와 신조 사이에서 발생하는 부조화의 강도를 낮추는 것이다. 여기까지가 미군 포로의 뇌 안에서 일어난 세뇌 과정이다. 덧붙이자면 리언 페스팅어가 인지 부조화 이론을 정리한 것은 6·25 전쟁 이후의 일이므로, 중국 공산당은 이 세뇌 기법을 독자적으로 고안했다는 말이 된다. 인간의 본성을 통찰하는 능력에 그저 놀랄 뿐이다.

　우리는 신념이 행동을 결정한다고 생각하지만 실제로 인과관계는 그 반대라는 사실을 인지 부조화 이론은 시사한다. 외부 환경의 영향을 받아 행동이 일어나고, 나중에 그 행동에 합치되도록 의사가 형성된다. 다시 말해 인간은 합리적인 생물이 아니라 나중에 합리화를 도모하는 생물이라는 것이 페스팅어가 내놓은 답이다.

　페스팅어는 인지 부조화 이론에 관해 후속 실험을 실시했다. 오랜 시간에 걸쳐 지루하고 시시한 작업을 시킨 후에 피실험자에게

"실험은 끝났지만 오늘은 조수가 휴가이므로 당신이 다음 참가자를 불러 주시겠습니까? 그리고 이 실험이 매우 재미있었다고 전해 주십시오"라고 말한다. 거짓말을 하라고 시킨 것이다. 다음 피험자는 연구진이 미리 섭외해 둔 사람으로, 피험자가 지시받은 대로 거짓말을 하는지 안 하는지 확인하는 역할을 맡는다. 마지막으로 피험자가 자신이 참가한 작업에 대한 소감을 질문 용지에 기입하는 것으로 실험은 끝난다.

이때 제1그룹의 피험자에게는 참가의 대가로 20달러를, 제2그룹의 피험자에게는 1달러를 주었다. 과연 어떤 결과가 나왔을까?

'지루한 작업'이었다는 인지와 '매우 재미있었다'는 거짓말이 대립하여 인지 부조화가 발생한다. 이미 거짓말을 한 사실은 부정할 수 없으므로 부조화를 경감하려면 지루한 작업이었다는 인지를 바꾸는 수밖에 없다.

이 경우 대가가 고액이면 부조화는 작아진다. 싫은 일이라도 대가를 위해서 했을 뿐이라는 명분이 생겨서다. 하지만 대가가 작으면 거짓말을 정당화하기가 어려워지므로 지루한 작업이었다는 인지를 바꾸려는 동기가 강해진다.

과연 결과는 페스팅어의 가설대로였다. 대가가 적었던 제2그룹에서 작업이 즐거웠다고 답한 비율이 더 높았던 것이다. 우리는 일반적으로 무언가를 타인에게 의뢰할 때 더 높은 대가를 지급해야 즐거운 마음으로 해 줄 거라고 생각한다. 하지만 페스팅어의 인지 부조화 실험의 결과를 보면 그렇지 않았다.

사실과 인지 사이에 발생한 부조화를 해소하기 위해서 인지를 바꾸는 일은 인간관계에서도 자주 볼 수 있다. 좋아하지도 않는 이성이 이것저것 염치 좋게 부탁하는 바람에 마지못해 도와주다가 좋아하게 되는 경우도 인지 부조화가 빚은 결과로 생각할 수 있다. 좋아하지 않는다는 인지와 이것저것 도와주고 있다는 사실은 부조화를 발생시킨다. 자신이 도와주고 있다는 사실은 변경할 수 없으니 대신에 부조화를 해소하고자 좋아하지 않는 감정을 '조금은 호의가 있을지도'로 바꿔 버린다. 처음에는 내키지 않는 상대에게 이것저것 부탁받아 성가셔 하던 사람이 그 상대와 사랑에 빠지고 만다.

우리는 주위의 영향을 받아 생각이 바뀌고, 그 결과 행동에도 변화가 생긴다고 믿는다. 인간은 주체적인 존재로서 의식으로 행동을 다스리는 자율적 이상형으로 그려진다. 하지만 페스팅어는 인간에 대한 이러한 관념을 뒤엎었다. 그에 따르면 사회의 압력이 행동을 일으키고 행동을 정당화, 합리화하기 위해 의식과 감정을 적응시키는 것이 바로 인간이다.

13 개인의 양심은 아무런 힘이 없다

권위에의 복종

스탠리 밀그램 (Stanley Milgram, 1933~1984)

미국의 사회 심리학자. 권위에의 복종에 관한 '아이히만 실험'으로 유명하다. 사회 심리학의 역사에서 가장 중요한 인물로 널리 인식되고 있다.

우리는 일반적으로 인간에게 자유의사가 있어 각자 자신의 의지에 따라 행동한다고 믿는다. 하지만 미국 예일 대학교의 밀그램 교수는 이에 의심을 품었다.

이 문제를 연구하기 위해 밀그램 교수는 사회 심리학상 아마도 가장 유명한 실험일 '아이히만 실험'을 실시했다. 교양 과정으로 심리학 과목을 이수한 사람이라면 설사 수업 내용을 거의 잊었다 하더라도 이 실험만큼은 기억하고 있을 것이다. 구체적인 실험 내용은 다음과 같다.

신문 광고를 내서 '학습과 기억에 관한 실험'에 참가하고자 하는 희망자를 널리 모집한다. 실험에는 광고를 보고 응모한 사람들 중에서 선택된 피험자 두 사람과 흰 가운을 입은 실험 담당자(밀그램 교수의 조수)가 참가한다. 피험자 두 명에게는 제비뽑기로 한 사람이 '선생' 역할을, 그리고 다른 한 사람이 '학생' 역할을 맡게 한다. 학생역은 단어의 조합을 암기하여 시험을 본다. 선생 역은 학생이 답을 틀릴 때마다 학생에게 전기 충격을 가한다.

제비뽑기로 역할이 결정되면 전원이 함께 실험실로 들어간다. 그리고 학생을 전기의자에 앉히고 묶는다. 학생의 양손을 전극에 고정시키고 몸을 움직일 수 없다는 것을 확인한 뒤 선생 역할을 맡은 사람은 옆방으로 돌아가 전기 충격 발생 장치 앞에 앉는다. 이 장치에는 버튼이 30개 달려 있는데 버튼은 15볼트로 시작해서 15볼트씩 높은 전압을 발생시킨다. 즉 마지막 버튼을 누르면 450볼트의 고압 전류가 흐르게 된다. 흰 가운을 입은 실험 담당자는 선생 역의 피험자에게 학생이 오답을 말할 때마다 15볼트씩 전압을 올리라고 지시한다.

실험이 시작되면 학생과 선생은 인터폰을 통해 대화를 나눈다. 학생이 가끔씩 틀린 대답을 말할 때마다 전기 충격의 전압이 서서히 올라간다. 전압이 75볼트에 달하면 그때까지 아무렇지도 않게 앉아 있던 학생이 신음 소리를 내기 시작하고, 120볼트가 되면 "아파요. 충격이 너무 세요"라고 호소하기 시작한다. 하지만 실험은 계속된다. 마침내 전압이 150볼트까지 올라가면 학생은 "더는 못 견디겠어! 내보내 줘, 실험을 그만둘 거야! 더 이상 못 하겠어. 실험을 거부한다니까, 살려 주세요!"라고 비명을 지른다. 전압이 270볼트에 이르면 학생 역은 단말마의 비명을 질러 대기 시작하고 300볼트에 이르면 "질문해도 이젠 대답하지 않을 거야! 일단 빨리 좀 내보내 줘! 심장이 멈출 것 같아!" 하고 비명을 지르느라 더는 질문에 대답하지 못한다.

이 상황을 보면서도 흰 가운을 입은 실험 담당자는 태연스럽게 지시를 계속한다. "몇 초 동안 기다려도 대답이 없으면 오답으로 간주하고 충격을 가하세요."

실험은 계속 진행되고 전압은 자꾸만 올라간다. 전압이 345볼트에 이르면 학생의 목소리는 더 이상 들리지 않는다. 그때까지 계속 비명을 지르고 있었는데 갑자기 반응이 없어진 것이다. 기절한 것일까, 아니면……. 하지만 실험 담당자는 가차 없이 더욱 높은 전압 충격을 가하라고 지시한다.

사실은 이 실험에서 학생 역을 맡은 사람은 미리 짜 놓고 투입된 사람이다. 항상 이렇게 미리 짠 사람에게 학생 역을 맡게 하고 응모한 일반인 지원자가 선생 역을 맡도록 제비뽑기를 조작해 놓는다. 그리고 실제로는 전기 충격을 가하지 않고 미리 녹음해 둔 학생 역의 목소리가 인터폰에서 들려오도록 장치해 놓는다. 하지만 이런 상황을 전혀 알 리 없는 피험자에게 이 실험 과정은 현실 그 자체다. 처음 만나 알게 된 죄 없는 사람에게 사실상 고문을 가하고 자칫하면 죽음에 이르게 할 수도 있는 가혹한 현실 말이다.

여러분이 이 실험의 '선생' 입장이었다면 어느 단계에서 실험에 협력하기를 거부했을까? 밀그램 교수의 실험에서는 40명의 피험자 가운데 65퍼센트에 해당하는 26명이, 고통으로 절규한 끝에 결국은 기절한(것처럼 보이는) 학생 역에게 최고 단계인 450볼트까지 전기 충격을 가했다. 아무리 생각해도 비인도적이고 가혹한 행위에 이렇게나 많은 사람이, 갈등이나 저항감을 보이면서도 분명 생명의 위험이 우려되는 단계까지 실험을 지속했다.

이 정도로 많은 사람이 실험을 끝까지 계속한 이유는 무엇일까? 떠올릴 수 있는 가설은 '난 단지 명령 집행자에 지나지 않는다'라고 생각하면서 명령을 내리는 흰 가운의 실험 담당자에게 책임을 전가했을 거란 것이다. 실제로 선생 역의 피험자 중 많은 사람이 실험 도중에 주저하거나 갈등을 보였지만, 실험 담당자에게 뭔가 문제가 발생하면 모든 책임은 대학 측에서 질 것이라는 말을 듣고 납득하는 표정으로 실험을 계속했다.

그렇다면 비인도적인 행동에 관여할 때 '권한을 가지고 자신의 의사로 직접 실행하는 감각'의 정도가 결정적으로 영향을 미치는 것은 아닐까? 밀그램 교수는 가설을 증명하기 위해 이번에는 선생 역을 두 명으로 늘리고 한 사람에게는 버튼을 누르는 역할을, 또 한 사람에게는 대답이 맞는지 틀린지를 판단하여 전압 수치를 큰 소리로 읽는 역할을 맡기고 실험을 실시했다. 이들 중에서 버튼을 누르는 역할은 미리 섭외된 사람이므로, 진짜 피험자 역할은 대답이 맞는지 틀린지를 판단하여 전기 충격을 가할 전압 수치를 큰 소리로 읽는 것뿐이다. 실험에 관련된 역할이 최초 실험 때보다 축소되어 죄책감도 덜하다. 아니나 다를까, 450볼트까지 실험을 계속한 피험자는 40명 가운데 37명으로 93퍼센트나 되었고, 이로써 밀그램 교수의 가설이 검증되었다.

이 결과는, 반대로 책임 전가를 어렵게 하면 복종률이 낮아진다는 것을 의미한다. 예를 들어 흰 가운을 입은 실험 담당자를 두 사람으로 하고 도중에 각자 다른 지시를 내리도록 한다. 150볼트에 달한 시점에서 실험 담당자 중 한 사람이 "학생이 괴로워하고 있어. 더 이상은 위험해, 중지하자"라고 말을 꺼내는 한편, 다른 한 명은 "괜찮으니까 계속하자"라며 피험자를 재촉한다. 이러한 상황에서 더 높은 전압을 가하며 밀어붙인 피험자는 한 사람도 없었다. 실험을 계속할지 말지의 의사 결정은 진짜 피험자인(미리 짠 사람이 아닌) 선생 역에게 큰 압력으로 다가와 다른 사람에게 책임을 전가할 수 없게 만들었기 때문이다.

밀그램 교수의 '아이히만 실험'이 실시된 것은 1960년대 전반 미국에서였다. 이 실험은 그 후 1980년대 중반에 이를 때까지 여러 국가에서 추가로 실시되었는데, 대부분의 실험에서 밀그램 교수의 실험에서보다 높은 복종률을 나타냈다. 그러므로 이 실험 결과는 미국 고유의 국민성이나 특수한 시대 상황에서 비롯된 것이 아니라 인간의 보편적인 성질이 반영된 것이라고 볼 수 있다.

밀그램 교수가 실시한 아이히만 실험의 결과는 우리에게 다양한 암시를 던져 준다. 우선 관료제에 관해서다. 관료제라 하면 관청 등의 기관에서 채택한 조직 제도라고 생각하기 쉬운데, 상급자 아래에 트리형으로 인원을 배치하고 권한과 규칙에 따라 실무를 집행하는 것이 관료제라 정의한다면 오늘날 대부분의 사회 조직이 관료제에 의해 운영된다고 할 수 있다. 밀그램의 실험은 악한 행동을 하는 주체자의 책임 소재가 애매하면 애매할수록 사람은 타인에게 책임을 전가하며 자제심과 양심의 작용이 약해진다는 사실을 시사하고 있다. 이러한 심리 현상은 아주 위험하다. 조직이 커지면 커질수록 양심이나 자제심이 작동하기 어려워진다면, 조직이 비대한 만큼 악행의 규모 또한 비대화되기 때문이다.

전형적인 사례가 바로 나치가 자행한 유대인 대학살, 즉 홀로코스트^{Holocaust}다. 앞서 소개한 정치 철학자 한나 아렌트는 나치에 의한 홀로코스트가 관료제의 특징인 '과도한 분업 체제' 덕에 가능했다는 분석을 내놓았다. 아렌트가 이러한 가설을 제시한 1960년대 무렵까지는 주로 유대인 학살의 원인을 독일의 국민성과 나치의 이데올로기에서 찾는 해석이 일반적이었다. 하지만 아렌트는 그 해석이 틀렸다고 지적했다. 홀로코스트가 나치의 이데올로기로 인해 가능했다는 논조는 히틀러를 비롯한 나치 지도자들에게 책임을 전가하려는 사고관이다. 한나 아렌트는 이를 부정하고 독일 아닌 다른 국가의 국민에게도, 그리고 나치 이외의 다른 조직에도 그러한 비극이 다시 일어날 수 있다고 주장했다.

히틀러 같은 광신적인 지도자가 중추가 되어 깃발을 흔드는 것만으로 사람이 죽지는 않는다. 실제로 총이나 독가스를 이용해 자신의 손으로 죄도 없는 사람들을 벌레처럼 죽인 사람들은 나치의 지도자가 아니라 우리와 똑같은 일반 시민이었다. 이때 그들의 자제심과 양심은 왜 작동하지 않았을까? 아렌트는 '분업'에 주목한다. 유대인 명부 작성을 비롯해 검거, 구류, 이송, 처형에 이르기까지의 과정을 많은 사람이 분담하기 때문에 시스템 전체의 책임 소재는 애매해지고 책임을 전가하기에 아주 수월한 환경이 조성되었다. "저는 명부를 작성했을 뿐입니다", "그 당시엔 누구나 협력했지요", "제가 어떻게 하든 결과는 마찬가지였을 겁니다", "죽이지 않았어요. 단지 이송열차를 운전했을 뿐이에요" 등 빠져나갈 구멍은 얼마든지 있었다. 이러한 체제 구축에 주도적 역할을 한 아돌프 아이히만은 구성원들이 양심의 가책을 느끼지 않도록, 될 수 있는 한 책임 소재가 애매하게 분단된 체계를 구축하는 데 힘을 기울였다고 술회했다. 그 악마 같은 통찰력에 전율을 느끼지 않을 수 없다. 밀그램 교수의 실험 결과는 사람이 집단 내에서 어떤 일을 할 때야말로 그 집단이 지닌 양심이나 자제심이 가동되기 어렵다는 사실을 시사한다. 컴플라이언스compliance(조직 구성원 모두가 제반 법규를 철저하게 준수하도록 사전적, 상시적으로 통제하고 감독하는 체제-옮긴이) 위반이 속출하고 있는 오늘날, 우리는 밀그램의 실험 결과가 시사하는 바를 더욱 숙고해 볼 필요가 있다.

한편 밀그램 교수가 실시한 아이히만 실험은 우리에게 희망의 빛도 함께 가져다준다. 권위의 상징인 흰 가운을 입은 실험 담당자들 사이에서 의견이 엇갈렸을 때 피험자 100퍼센트가 150볼트라는 상당히 낮은 단계에서 실험을 중지했다는 실험 결과를 떠올려 보자. 이 사실은 자신의 양심과 자제심을 자각시키는 아주 조그마한 지지라도 받으면, 사람은 누구나 권위에 대한 복종을 멈추고 양심과 자제심에 근거한 행동을 취한다는 걸 말해 준다. 밀그램 교수가 실시한 '아이히만 실험'의 결과에서 인간은 권위에 놀랄 정도로 취약한 본성을 지니고 있지만, 한편으로 권위에 대항하는 약간의 반대 의견 또는 양심과 자제심을 부추기는 작은 도움만 있다면 얼마든지 자신의 인간성에 근거해 판단을 내릴 수 있다는 사실도 함께 드러났다. 이는 조직 전체가 잘못된 방향으로 움직이고 있을 때 "이것은 잘못된 게 아닌가!"라고 맨 먼저 목소리를 내는 사람의 존재가 얼마나 중요한지 분명하게 보여 준다.

정리해 보자. 현대와 같이 분업이 표준화된 사회에서는 악행을 저지르고 있다는 자각조차 못 한 채 거대한 악행에 가담하고 있기 쉽다. 수많은 기업에서 행하고 있는 은폐와 위장은 바로 분업에 의해 가능했다. 이러한 행위를 막기 위해서는 자신이 어떠한 체계에 속해 있는지, 자신이 하고 있는 눈앞의 일이 사회에 어떠한 영향을 끼치고 있는지를 짚어 보고 공간적, 혹은 시간적으로 큰 테두리 안에서 생각할 줄 알아야 한다. 그런 후에 무언가 개혁이 더 필요하다고 여겨지면 용기를 내어 "이건 이상하지 않은가? 잘못된 게 아닌가!"라고 자기 의견을 적극 주장할 수 있어야 한다.

14 언제 일에서
만족감을 느낄 수 있을까?

몰입

미하이 칙센트미하이 (Mihaly Csikszentmihalyi, 1934~)

헝가리 출신의 미국 심리학자. 심리학에서 '행복', '창조성', '즐거움' 등을 연구하는, 이른바 긍정 심리학을 확립하는 데 핵심적인 역할을 했다. 과제의 난이도와 기량이 고도로 균형을 이룬 상태에서 찾아오는 황홀한 상태를 '몰입'이라는 개념으로 정리하고 제창한 것으로 유명하다.

　　　　　　　　　　사람은 어떤 상황에서 자신이 갖고 있는 능력을 최대한으로 발휘하고 만족감을 느낄 수 있을까? 이것이 미하이 칙센트미하이의 연구 주제였다. 오늘날 자신의 능력 발휘나 만족감에 대해, 혹은 조직의 리더로서 어떻게 구성원들의 역량을 끌어올려 일에서 만족감을 갖게 할 것인지 고민하는 사람이라면 항상 품고 있는 질문일 것이다.

　칙센트미하이는 이 물음에 답하기 위해 아주 단순한 접근법을 선택했다. 즉, 미술가나 음악가 같은 창조적인 전문가, 외과의나 사업가, 스포츠 선수, 또는 체스 등의 세계에서 일을 사랑하고 활약하고 있는 사람들과 인터뷰를 한 것이다. 이들 중에는 더바디샵 창업자인 애니타 로딕과 소니의 공동 창업자인 이부카 마사루도 포함되어 있었다.

수없이 많은 인터뷰를 마친 칙센트미하이는 어떤 사실을 깨달았다. 각자 분야가 다른 고도의 전문가들이 일에 흠뻑 빠져 있는 상태를 표현하는 말로 종종 '몰입flow'이라는 용어를 사용한다는 것이었다. 칙센트미하이는 그들 전문가가 사용한 이 용어를 그대로 가져와 나중에 '몰입 이론'으로 널리 알려진 가설을 정리했다. 칙센트미하이는 절대적 몰입의 상태에 들어가면 다음과 같은 상황이 발생한다고 말했다.

① **과정의 모든 단계에 명확한 목표가 있다** 목적이 불명확한 일상생활에서 생긴 일과는 대조적으로, 몰입 상태에서는 항상 해야 할 일을 확실히 알고 있다.

② **행동에 대해 즉시 피드백한다** 몰입 상태에 있는 사람은 자신이 어느 정도 잘하고 있는지를 자각하고 있다.

③ **도전과 능력이 균형을 이룬다** 자신의 능력에 맞는 도전을 하고 있으며 너무 쉬워서 지루한 일도, 너무 어려워서 도망치고 싶은 일도 없이 절묘한 균형을 이루고 있다.

④ **행위와 의식이 융합한다** 지금 하고 있는 일에 완전히 집중하고 있다.

⑤ **집중을 흐트러뜨리는 일은 의식에서 배제한다** 완전히 몰입해서 일상생활의 사소한 일이나 고민이 의식에서 배제되어 있다.

⑥ **실패를 두려워하지 않는다** 완전히 몰입해 있어서 집중력과 능력이 조화를 이루고 있기 때문에 실패에 대해 불안을 느끼지 않는다. 만약 마음속에서 불안이 밀려오면 몰입 상태가 중단되어 조절 감각을 잃고 만다.

⑦ **자의식이 소멸된다** 자신의 행위에 상당히 몰입해 있기 때문에 다른 사람의 평가에 신경을 쓰거나 걱정하지 않는다. 몰입이 끝나면, 반대로 자신이 크게 성장했다는 만족감을 느낀다.

⑧ **시간 감각이 왜곡된다** 시간이 흐르는 것도 잊은 채 몰입하기 때문에 몇 시간이 몇 분처럼 느껴진다. 혹은 정반대로 스포츠 선수 같은 경우는 어느 한순간이 늘어나 긴 시간처럼 느낄 때도 있다.

⑨ **활동이 자기 목적이 된다** 몰입 상태로 이끄는 체험을, 의미가 있든 없든 단지 몰입 체험에서 오는 충족감을 위해 즐길 수 있다. 예술이나 음악, 스포츠는 생활에 꼭 필요하지 않아도 자체의 만족감을 위해서 즐긴다.

칙센트미하이는 특히 도전과 능력이 균형을 이루는(③) 상황을 아래와 같은 도표로 상세하게 설명했다. 몰입 상태에 들어가기 위해서는 과제 수준과 능력 수준이 높은 수준에서 균형을 이루어야 한다. 높은 능력을 지닌 사람은 자신이 할 수 있는 수준의 과제에 도전하고 난 뒤 외부의 방해 없이 몰입 상태를 지속할 수 있다. 이런 식으로 여러 개의 조건이 갖춰졌을 때 비로소 사람은 몰입 상태로 들어갈 수 있다.

칙센트미하이가 설명한 도표를 살펴보면 시간의 경과에 따라 과제 수준과 능력 수준의 관계가 달라진다는 점이 흥미롭다.

처음에는 '불안'의 영역에 있었다 해도 계속해 나가는 동안에

과제와 능력의 관계

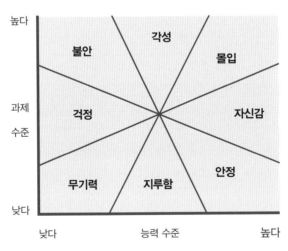

『몰입의 즐거움』에서 인용

능력이 향상되어 결국은 '각성'의 영역을 거쳐 '몰입'의 영역으로 들어간다. 그리고 몰입 영역에서 같은 일을 계속하면 결국은 많은 기술을 습득하게 되어 몰입에서 '자신감' 영역으로 옮겨간다. 그렇게 되면 이른바 '안정' 영역에 들어가 편안한 상태가 되기는 하지만, 당연히 그 이상의 성장은 기대할 수 없다. 즉, 자신의 능력과 업무의 난이도는 역동적인 관계이며 몰입을 계속 체험하기 위해서는 그 관계를 주체적으로 바꿔 가야만 한다.

칙센트미하이는 '행복한 인생은 어떤 것일까'라는 문제의식에서 출발하여 심리학의 길로 나아갔고, 그렇게 해서 다다른 것이 몰입의 개념이다. 그에 따르면 몰입의 상태에 있는 것이 행복의 조건이다. 하지만 실제로는 상당히 많은 사람이 '무기력'의 영역에서 살아가고 있다고 칙센트미하이는 한탄했다. 물론 무기력의 영역에서 빠져나와 몰입 영역을 목표로 나아간다 해도 능력 수준과 과제 수준을 결코 단번에 높일 수는 없다. 우선 과제 수준을 높이고 일에 몰입함으로써 능력 단계를 올려 나가는 수밖에 없다. 행복한 몰입의 영역에 다다르기 위해서는 마음 편하지 않은 걱정이나 불안의 영역을 반드시 통과해야 하는 게 아닐까.

⌘

2장

'조직'에 관한 핵심 콘셉트

왜 이 조직은 바뀌지 않을까?

15 뛰어난 리더의 조건

마키아벨리즘

니콜로 마키아벨리 (Niccolò Machiavelli, 1469~1527)

이탈리아 르네상스 시대의 정치사상가이자 피렌체 공화국의 외교관. 이상주의 경향이 강했던 르네상스 시대에 정치는 종교나 도덕과 별개로 생각해야 한다는 현실주의 정치 이론을 펼쳤다.

부하에게 사랑받는 리더와 부하가 두려워하는 리더 중 어느 쪽이 더 뛰어난 리더일까? 이는 인류의 역사가 시작된 이래 끊임없이 논의되어 온 문제다. 마키아벨리는 『군주론』에서 부하가 두려워하는 리더가 되어야 한다고 단호하게 주장했다. 마키아벨리즘은 마키아벨리가 군주로서 갖춰야 할 행동과 사고를 표현한 용어로 『군주론』에 서술되어 있다. 그 내용을 알기 쉽게 정리하면, 어떠한 수단과 비도덕적인 행위라도 결과적으로 국가의 이익을 증진시킨다면 그것은 허용된다는 것이다. 이 책이 당시는 물론 지금의 우리에게도 충격을 주는 이유는 그 정도까지 노골적으로 본심을 꺼내 들어 리더의 이상적인 모습을 설명한 전례가 거의 없기 때문이다. 거짓인지 진실인지 몰라도 나폴레옹, 히틀러, 스탈린이 매일 잠들기 전에 『군주론』을 읽었다고 하니, 이상을 실현하기 위해서라면 희생은 어쩔 수 없다고 생각한 독재자에게는 이 책이 바이블과도 같았을 것이다.

이렇게 말하고 보니 매우 극단적인 내용이기는 하지만, 마키아벨리가 이러한 지론을 전개한 데는 그 시대라서 가능했던 특수한 배경이 있었다. 어떠한 리더십이 가장 올바른가는 그 시대의 고유한 상황이나 배경에 따라 다르므로, 마키아벨리의 주장 또한 피렌체의 당시 상황을 알지 못하고서 섣불리 판단하는 것은 위험하다.

당시 피렌체는 주변의 여러 강국으로부터 간섭을 받고 있었다. 1494년 프랑스의 샤를 8세가 이탈리아를 침공한 것을 시작으로 피렌체는 이탈리아의 중심부에 위치해 있다는 이유만으로 스페인이나 신성로마제국 같은 외국 군대의 침략을 받아 전쟁이 빈번했다. 피렌체의 군사력은 강국들에 비해 훨씬 취약했기에, 당시 외교관이었던 마키아벨리는 10년 이상에 걸쳐 이들 국가와 도시 들을 방문하여 어떻게든 공화국을 지키려 있는 힘을 다해 노력했다. 그런 가운데 마키아벨리는 교황 알렉산데르 6세의 서자인 체사레 보르자에게 큰 감명을 받았던 듯하다.

교황 알렉산데르 6세는 이탈리아에서 압도적인 권력을 쥐고 있었기 때문에 피렌체 입장에서는 가장 위험한 적이었다. 이런 입장에서 보면 보르자 가문과는 거리를 두어야 마땅했지만, 마키아벨리는 체사레의 용기와 지성, 능력, 특히 결과를 위해 비정한 수단도 불사하는 자세에 큰 감명을 받았다. 그는 오직 도덕적이고 인간적이었기 때문에 전쟁에는 약했던 피렌체의 지도자들이 체사레의 사고방식과 행동 양식을 배우길 바랐다. 이 염원이 바로 『군주론』의 집필 동기가 되었던 것이다.

아니나 다를까, 『군주론』은 당시 피렌체를 실질적으로 지배하고 있던 메디치가의 로렌초 데 메디치에게 헌정된다. 요즘에는 컨설팅 회사나 비즈니스 스쿨이 전 세계의 대기업에 경영자의 인재 요건을 제안하는 것을 심심치 않게 볼 수 있는데, 아마도 마키아벨리의 『군주론』이 세계 최초의 '최고 지도자의 인재 요건에 관한 제안서'라고 할 수 있을지도 모른다.

한 가지 주의해야 할 것이 있다. 마키아벨리는 어떠한 비도덕적인 행위도 권력자에게는 허용된다고 주장한 게 아니라는 사실이다. 이 점은 마키아벨리즘이 자주 오해받고 있는 부분이므로 기억해 둬야 한다. 마키아벨리는 더 나은 통치를 위해서는 비도덕적인 행위도 허용된다고, 즉 그 행위가 더 나은 통치라는 목적에 부합한다면 인정받을 수 있다고 한 것일 뿐이다. 그도 미움을 사고 권력 기반을 위태롭게 하는 부도덕성은 어리석은 행위라고 비판했다.

구체적으로 예를 들자면 마키아벨리는 군주가 다른 국가를 정복할 때는 "필요한 개혁을 단번에 과감히 단행하여 날마다 계속해서 원망을 받지 않도록 하라"라고 주의를 주었다. 이 지적은 구조조정을 할 때 초기 단계에서 대규모로 단행해 버리는 편이, 여러 번에 걸쳐 조금씩 고통을 주는 소규모 구조조정보다 순조롭게 진행된다는 기업 재생의 철칙에도 부합한다. 즉 마키아벨리는 부도덕하라고 한 것이 아니라 냉철한 합리자가 되라고 조언한 것뿐이며, 때때로 합리성과 도덕성이 부딪힐 때 합리를 우선으로 할 것을 강조했다.

현대 사회를 살아가는 대부분의 사람들은 마키아벨리즘에 거부 반응을 보이는 경향이 있다. 하지만 마키아벨리의 주장은 분명 국가 존망의 위기에서 요구되는 지도자의 자질과 행동 방향에 관해 쓴 것이라는 점을 잊어서는 안 된다. 이를 뒤집어 보면 '우리가 일상에서 추구하는 이상형의 지도자는 국가 위기의 순간에 우리를 이끌어 줄 수 있는 인물인가' 하는 점에 의문을 던질 수 있다.

앞서 언급했듯 시대 상황이나 배경에 따라 요구되는 리더십의 모습은 다르다. 어떤 상황에서 훌륭히 역량을 발휘한 리더십이 전혀 다른 국면에서도 제대로 기능할 것이라고는 장담할 수 없다. 『삼국지』에 나오는 조조가 전형적인 예다. 조조는 젊을 때부터 기지와 권모에 뛰어났지만, 방탕하기를 좋아하고 자신의 행실을 다스리지 못했기에 세상 사람들에게 좋은 평가를 받지 못했다. 후한後漢 시대의 관상가인 허자장許子將은 조조에 대해 "당신은 평화로운 세상에서는 대도둑이지만 난세에는 영웅이다"라고 평했다. 조조는 평화로운 세상에서는 지도자로 활약할 수 없지만 난세를 만나면 리더십을 발휘할 인물이었던 것이다. 후세 사람들에게 조조는 냉철한 합리주의자라는 인상이 강하지만 그의 리더십 유형이 결과적으로 빛을 발한 것은 도덕이니 인간성이니 따지고 있을 때가 아닌, 난세라는 당시의 시대 상황 때문이었다고 볼 수 있다.

마키아벨리즘도 마찬가지다. 500여 년 전 피렌체의 상황에서 제안되었던 지도자의 인재 요건이 시공을 초월해 이렇게까지 폭넓게 공유되고 있는 것은 마키아벨리의 주장이 특정한 진실이라고 여길 만한 내용을 담고 있어서다.

리더의 자리에 서 있는 사람이라면 누구나 상황에 따라 환영받지 못하는 결정이나 부하에게 상처를 주는 결단을 내릴 수밖에 없다. 마키아벨리는 비즈니스든 사회 조직이든, 혹은 가족 안에서든 장기적인 번영과 행복에 책임감을 갖고 있는 리더는 과감히 결단을 내리고 행동해야 할 때가 있다는 사실을 가르쳐 준다. 리더의 입장에 선다는 것은 때때로 고독하고, 암흑의 책임을 떠안는 일이다. 한편으로는 그것이 권력의 본질일지도 모른다.

16 끝까지 이의를 제기하는 사람이 있는가?

악마의 대변인

존 스튜어트 밀 (John Stuart Mill, 1806~1873)

영국의 정치 철학자 · 경제사상가. 정치 철학에 있어 자유주의, 자유지상주의 뿐만 아니라 사회민주주의 사조에도 지대한 영향을 미쳤다. 옥스퍼드 대학교와 케임브리지 대학교에서 연구를 제안했으나 종교적인 이유로 이를 거절하고 동인도회사에 근무하면서 연구와 집필 활동에 전념했다. 이 책에서 언급하는 다른 많은 철학자와 마찬가지로 밀은 일생 아마추어 철학자였으며 전문직으로서 '학자'였던 적은 한 번도 없다.

악마의 대변인이란 다수파를 향해 의도적으로 비판과 반론을 제기하는 사람을 뜻한다. 여기서 '의도적'이라는 말은 원래 청개구리 기질이 있어 다수파의 의견에 반대한다는 뜻이 아니라, 의식적으로 이 같은 '역할'을 맡는다는 의미다.

악마의 대변인은 존 스튜어트 밀이 만든 용어는 아니고 원래 가톨릭 교회에서 사용하는 말이었다. 가톨릭에서 사후에 모범적인 신앙인을 복자福者로 인정하는 시복諡福과 복자를 성인聖人으로 인정하는 시성諡聖을 심의할 때 일부러 후보자의 결점이나 미심쩍은 점을 지적하는 역할이 있는데 이것이 바로 '악마의 대변인'이 하는 일이었다. 이 역할은 1983년에 교황 요한 바오로 2세에 의해 폐지되었다.

그렇다면 악마의 대변인이라는 용어가 왜 존 스튜어트 밀과 연관되어 있는 것일까? 존 스튜어트 밀은 저서 『자유론』에서 건전한 사회를 실현하는 데 '반론의 자유'가 중요하다고 거듭 지적했다.

> 어떤 의견이 어떠한 반론에도 논박당하지 않았다는 이유로 옳다고 상정되는 경우와, 애초에 비판을 허용하지 않을 목적으로 미리 옳다고 상정되는 경우는 상당히 큰 차이가 있다.
>
> 자신의 의견에 반박하고 반증할 자유를 완전히 인정해 주는 것이야말로 자신의 의견이 자신의 행동 지침으로서 옳다고 내세울 수 있는 절대적인 조건이다. 전지전능하지 못한 인간은 이것 외의 방법으로는 자신이 옳다고 내세울 수 있는 합리적인 보증을 얻을 수 없다.
>
> 존 스튜어트 밀 『자유론』

존 스튜어트 밀이 지적한 이 글을 읽고 애덤 스미스의 '보이지 않는 손'을 떠올린 사람도 있을 것이다. 실제로 그러하다. 밀이 『자유론』을 집필하며 계획했던 것은, 애덤 스미스가 『국부론』에서 지적한 경제 분야에서의 과도한 통제 거부를 정치와 언론 분야에서 똑같이 적용하는 일이었다.

시장 원리에 의해 가격이 결국 적절한 수준으로 수렴되듯 의견이나 언론도 다수의 반론과 반박을 헤쳐 나옴으로써 마침내 뛰어난 것만이 남는다는 사고관은, 탁월한 의견을 보호하고 열등한 의견을 배제한다는 통제의 사고관과 정면으로 부딪친다.

오늘날 조직에서 의견 교환이 기탄없이 오가면 오갈수록 의사 결정의 질이 높아진다는 사실이 수많은 실증 연구에서 밝혀졌는데, 밀은 무려 150년 전에 그 사실을 확신했다. 이 지적은 또한 반론을 억제하는 일, 즉 과도하게 사상이나 신조를 억압하는 데 따르는 위험성과도 연결된다. 많은 반론을 견뎌 낸 언론이 뛰어난 것이라고 한다면, 반론을 봉쇄함으로써 언론의 시장 원리는 기능 부전에 빠지게 된다.

밀은 『자유론』에서 처형된 소크라테스나 예수가 현재는 위인으로 칭송받고 그들이 남긴 사상과 신조가 광범위한 분야에서 받아들여지고 있다는 사실을 거론하면서 어느 시대의 '악'은 시대를 거치며 '선'이 되기도 한다고 지적한다. 이는 다시 말해 어떤 아이디어의 옳고 그름은 그 시대의 엘리트가 통제하는 대로 결정되지 않고, 오랜 세월 동안 많은 사람들의 다면적인 사고를 거쳐 결정된다는 사실을 시사한다.

같은 관점에서 밀은, 이 책의 곳곳에서 우리가 한창 논의하고 있는 다양성의 중요함에 대해서도 곰곰이 생각할 만한 거리를 남겼다.

어떤 사람의 판단을 정말로 신뢰할 수 있는 경우, 그 사람이 신뢰를 받게 된 것은 자신의 의견과 행동에 대한 비판을 항상 거리낌 없이 받아들이기 때문이다. 어떤 반대 의견에도 귀를 기울이고 옳다고 생각되는 부분은 가능한 한 받아들였으며, 잘못된 부분은 어디가 잘못되었는지를 스스로도 되짚어 보고 가능하면 다른 사람에게도 설명하기를 습관으로 실천해 왔기 때문이다. 한 가지 주제라도 그것을 완전히 이해하려면 다양한 의견을 두루 듣고 사물을 모든 관점에서 살펴보는 방법밖에 없다고 느껴 왔기 때문이다. 실제로 이 이외의 방법으로 진리를 얻은 현인은 없으며 지성의 특성을 보더라도 인간은 이 이외의 방법으로는 현명해질 수 없다.

존 스튜어트 밀 『자유론』

집단의 문제 해결 능력은 동질성과 이율배반의 관계^{trade off}에 있다. 심리학자 어빙 재니스 예일대 교수가 '피그스만 침공 사건(1961년 4월 미국이 훈련시킨 1,400명의 쿠바 망명자들이 피델 카스트로가 이끄는 쿠바 정부를 전복하기 위해 쿠바 남부를 공격하다 실패한 사건-옮긴이)', '워터게이트 사건(1972년 6월 리처드 닉슨 대통령의 측근이 닉슨의 재선을 위해 워터게이트 빌딩에 있는 민주당 본부에 침입하여 도청 장치를 설치하려 했던 정치 스캔들-옮긴이)', '베트남 전쟁' 등 고학력 엘리트가 모여 극히 어리석은 결정을 한 다수의 사례들을 연구한 결과, 아무리 개인의 지적 수준이 높아도 동질성이 높은 사람이 모이면 의사 결정의 질이 현저히 저하된다는 게 밝혀졌다.

재니스 교수의 연구 외에도 조직론에 관한 수많은 연구에서 다양한 의견에 따른 인지 부조화가 질 높은 의사 결정으로 이어진다는 사실이 나타났다. 요컨대 아무리 지적 수준이 높은 사람이라도 비슷한 의견이나 지향성을 가진 사람들이 모이면 지적 생산의 질은 더 낮아진다.

이때 필요한 존재가 바로 '악마의 대변인'이다. 악마의 대변인은 다수파의 의견이 통합되어 가는 과정에서 대수롭지 않은 일을 세세하게 캐내어 결점을 찾는다. 이 결점을 통해 그때까지 간과했던 문제를 깨달음으로써 빈약한 의사 결정으로 흘러가지 않도록 막는다. 이 악마의 대변인이 극히 중대한 국면에서 효과적으로 기능을 발휘한 사례로 쿠바 사태를 꼽을 수 있다.

임기 2년차를 맞이한 존 F. 케네디 미국 대통령이 동생인 로버트 케네디 법무부 장관으로부터 '그 연락'을 받은 것은 1962년 10월 16일 아침 9시가 조금 넘은 시각이었다. 연락의 내용은 '미 중앙정보국CIA의 첩보 활동으로 소련이 쿠바에 핵미사일 기지를 건설 중이라는 사실이 밝혀졌다'는 것이었다.

그날 오전 11시 46분, CIA는 긴급 소집된 다수의 미 정부 고관에게 정식으로 상황을 설명했다. 지도와 지시봉을 손에 든 정보 전문가들은 많은 사진들을 보여 주면서 쿠바에 미사일 기지가 건설되고 있다는 사실을 보고했다. 상상도 못 한 일이었을 것이다. 당시 회의에 참석했던 관계자는 "너무나도 놀란 나머지 모두 망연자실해 있었다"라고 술회하기도 했다. 소련이 미국과 지척에 있는 쿠바에 핵미사일을 배치하려고 했다니!

케네디 대통령은 대응책을 검토하기 위해 외교와 군사 전문가뿐만 아니라 쿠바의 상황에 정통한 상사원 등 다양한 분야의 인재를 소집해 나중에 엑스콤^{ExComm}이라고 불리게 된 국가안전보장회의 집행위원회^{Executive Committee of the National Security Council}를 결성했다. 이 회의에 참가한 인원은 이후 12일 동안 거의 잠도 못 자고 회의를 계속했다.

사태는 매우 심각했으며, 더군다나 시간도 무한정 유예할 수 없는 상황이었다. 미국으로서는 쿠바에서 벌어지고 있는 사태를 모른 척한다는 것은 있을 수 없는 일이었지만, 어떻게 대응해야 할지는 그리 쉽게 결정할 수 있는 일이 아니었다. 쿠바의 핵미사일 공격은 최소 8000만 명의 미국인을 죽음으로 몰아넣게 될 것이 확실했다. 역사상 이 정도로 비싼 대가를 건 게임은 없었다.

케네디 대통령은 회의에 관한 몇 가지 규칙을 만들었다. 제일 먼저 세운 항목은 바로 케네디 대통령 자신은 회의에 출석하지 않는다는 것이었다. 안전 보장에 관해 심도 있는 지식과 경험을 지닌 전문가들의 논의에 내가 영향을 미치지 않도록, 또 그들이 특별히 나에게 신경 쓰지 않도록 하겠다는 것이 그 이유였다. 이는 결과적으로 매우 현명한 판단이었다. 평소에는 자기주장이 강한 사람도 케네디 대통령이 참석하면 태도를 바꿔 대통령을 의식해 발언하고 대통령이 듣기에 좋은 말을 전제로 논의를 하는 일이 종종 있었기 때문이다.

그다음으로는 회의 중에는 통상의 행정조직 서열이나 절차를 잊을 것을 지시했다. 케네디 대통령은 참가자들이 각자 관장 부문의 대변자로서 회의에 참가하지 말고, 미국의 국익을 가장 먼저 생각하는 제너럴리스트로서 회의에 참여할 것을 명했다. 각자 자신의 전문 분야에만 발언하고 자신보다 전문 지식을 갖췄다고 생각하는 사람에게는 반론을 하지 않는 관료적인 태도로 이 문제를 다루지 말고 '미국의 안전 보장'이라는 궁극적인 문제에 모두 적극 대응하라고 지시했다.

또한 자신이 가장 가깝게 생각하는 심복인 법무부 장관 로버트 케네디와 대통령 고문인 테드 소런슨에게 회의에서 '악마의 대변인' 역할을 맡을 것을 명했다. 케네디는 이 두 사람에게 회의 중에 나온 제안들의 약점과 위험 요소를 찾아내 그 내용을 자신과 제안자에게 철저히 규명하라고 했다. 이와 같이 케네디 대통령이 정한 규칙들은 결과적으로 위원회에서 제기된 의사 결정의 질을 더할 나위 없이 끌어올렸다.

논의를 시작했을 당초에는 미사일로 선제공격을 하는 방법밖에 없다는 데 의견이 모이는 듯했지만, 논의 개시 후 하루가 지난 저녁에 격리 또는 해상 봉쇄 아이디어가 나왔다. 다음 날인 17일(수요일)에 로버트 맥나마라 국방장관이 해상 봉쇄에 찬성하는 쪽으로 돌아서자 참가 위원들은 '선제공격' 지지파와 '해상 봉쇄' 지지파로 완전히 나뉘었다.

해상 봉쇄 지지파의 논거는 이랬다. 최종적으로 무력적인 수단을 강구해야만 한다 하더라도 처음부터 착수할 필요는 없다. 또한 합동참모본부에 의하면 설령 '미사일 기지'만 선제공격으로 파괴한들 군사적으로는 무의미하며, 결국 쿠바의 전 군사 시설을 공격하기 위해서 침공 작전까지 펼쳐야 하는 상황이 온다. 그렇게 되면 전면전을 피할 수 없다. 만약 쿠바(또는 소련)와의 사이에서 이러한 무력 충돌을 피할 수 있는 가망이 남아 있다면, 먼저 공격을 감행해서는 안 된다.

반면 선제공격 지지파의 논거는 이러했다. 이미 미사일이 쿠바로 이동한 이상 해상 봉쇄를 실시해도 미사일 철거가 실현된다고는 생각할 수 없으며 미사일 기지 설치 작업이 중지될 거라고 믿기도 어렵다. 더구나 해상을 봉쇄하여 소련의 배를 정지시킨다면 쿠바와 미국 사이에 소련을 직접 끌어들이게 된다.

합동참모본부의 구성원은 일치단결하여 즉시 군사 행동을 할 것을 대통령에게 진언했다. 그들은 해상 봉쇄는 무의미하다고 반복해서 주장했다. 그들이 생각하는 효과적인 해결책은 선제공격뿐이었으므로 선제공격을 해야 한다고 몰아붙였다. 반면 로버트 케네디와 맥나마라 장관은 해상 봉쇄를 지지했다. 이 방안이 최선이라고 확신한 것은 아니었지만 봉쇄 쪽이 무력 공격보다 유연성이 있으므로 돌이킬 수 없는 사태를 피할 가능성이 높다고 판단했기 때문이다. 무엇보다도 쿠바에 미사일이 빗발쳐 몇천만 명의 시민이 죽게 될 방안을 도저히 수용할 수 없었다.

19일 아침, 대통령은 '선제공격 지지파'와 '해상 봉쇄 지지파'의 두 그룹으로 구성원들을 나누고 각각의 권고를 대통령에게 제안하도록 지시했다. 권고는 작전의 내용뿐만 아니라 대통령이 전 국민에게 할 연설의 개요, 그 후 취해야 할 작전 내용, 그리고 발생할 수 있는 사태에 대한 대응책까지 포함되어 있었다. 그날 오후부터 두 그룹이 권고안을 교환하여 상대방의 계획안을 정밀하게 심사한 뒤에 서로 비판하는 자리가 마련되었다. 이 토론회 후, 각각의 그룹은 상대 그룹의 비판을 수용하여 방안을 다시 점검하고 수정하는 작업에 들어갔다.

20일 오후, 지금까지의 검토 경과를 보고받은 케네디 대통령은 해상 봉쇄 작전을 실시하기로 결단을 내렸다. 이 결단 후에도 각료와 의회 지도자들은 종종 감정적으로 격앙되어 케네디 대통령에게 선제공격의 필요성을 끈질기게 호소했다. 하지만 케네디 대통령은 다음과 같은 말을 남기고 반대 의견을 모두 물리쳤다.

"나는 미합중국의 안전을 지키기 위해서 필요하다면 어떠한 조치도 취할 계획이지만, 처음부터 해상 봉쇄 이상의 군사 행동으로 나설 정당한 이유가 있다고는 생각하지 않는다. 미국이 공격을 시작한다면 상대측은 미사일을 일제히 사격하며 반격해 올 것이고, 그러면 몇백만 명이나 되는 미국인이 죽게 된다. 이는 매우 큰 도박으로, 나는 다른 모든 가능성을 철저히 검증하지 않은 채 이 도박에 뛰어들 생각이 없다."

케네디 대통령이 이때 악마의 대변인을 투입하기로 결정하지 않았다면 오늘날과 같은 세계의 번영은 어쩌면 없었을지도 모른다. 두뇌가 우수한 인재들이 모여 있을 거라고 기대되는 대기업에서 어처구니없는 불상사가 발생하는 일이 종종 있다. 기업들이 중대한 의

사 결정 국면을 맞이했을 때 악마의 대변인을 활용하는 방안을 적극
검토해 보는 것은 어떨까?

17 붕괴된 가족과 공동체의 새로운 대안

게마인샤프트와 게젤샤프트

페르디난트 퇴니에스 (Ferdinand Tönnies, 1855~1936)

독일의 사회학자. 공동체에서 게마인샤프트(공동사회)와 게젤샤프트(이익사회)의 사회 진화론을 주장한 것으로 유명하다. 노동조합과 협동조합운동에 참가하고, 핀란드와 아일랜드의 독립운동을 지원하는 등 사회개혁운동에도 적극 관여했다. 독일의 킬Kiel 대학교에서 철학과 사회학 교수를 역임했으나, 나치즘과 반유대주의를 공공연히 비난했다는 이유로 직위를 박탈당했다.

게마인샤프트gemeinschaft는 지연이나 혈연 등으로 깊이 연결되어 있는 자연 발생적인 커뮤니티를, 게젤샤프트gesellschaft는 이익이나 기능, 역할에 의해 연결된 인위적인 커뮤니티를 뜻한다. 원래 독일어로 게마인샤프트는 '공동체', 게젤샤프트는 '사회'를 의미한다.

페르디난트 퇴니에스에 의하면 인간 사회는 근대화 과정에서 지연이나 혈연, 우정으로 깊이 연결된 자연 발생적인 게마인샤프트가 이익이나 기능을 우선으로 추구하는 게젤샤프트로 점차 옮겨간다. 더불어 퇴니에스는 이 과정에서 인간관계 자체는 소원해진다고 생각했다. 기능을 중시하는 게젤샤프트에서는 사회나 조직이 일종의 시스템으로 기능하게 된다. 게젤샤프트에 소속된 개인의 권리와 의무는 '명확'해지며, 그때까지 인정에 약하고 감정적인 인간관계는 이해관계에 기초한 이성적인 인간관계로 바뀌어 간다.

정말 그럴까? 퇴니에스는 헤겔보다 조금 뒤의 시대, 그리고 마르크스와는 거의 동시대를 살았던 인물이다. 그 영향 때문인지 그의 사상에는 전반적으로 역사는 어딘가의 종착점을 향해 불가역적으로 진전한다는 전제가 암묵적으로 깔려 있다.

확실히 근대 이후의 일본 역사를 돌아보면 과연 퇴니에스의 예언대로다. 전쟁 전 일본에서 많은 국민의 아이덴티티를 형성하는 데 기반이 된 것은 '촌락 공동체', 즉 게마인샤프트였다. 대부분의 사람들이 태어난 장소에서 이동하지 않고 부모의 직업(대부분 농업)을 이어받았고, 태어날 때부터 소속된 지연과 혈연으로 맺어진 커뮤니티에서 이탈하는 일 없이 그곳에서 제약과 감시, 도움과 지원을 받으면서 일생을 보냈던 것이다. 하지만 전쟁이 끝난 후, 특히 고도의 경제 성장기에 들어서면서 도시의 기업이나 점포가 대규모의 인원을 필요로 하게 되었고, 이에 따라 사람들은 이른바 집단 취직과 같은 형태로 나고 자란 게마인샤프트를 떠나 기업이라는 커뮤니티에 속하게 되었다.

그렇다면 이 기업이라는 커뮤니티를 퇴니에스가 정의한 의미의 게젤샤프트로 볼 수 있을까? 기업을 게젤샤프트라고 말하기는 애매하다. 기업에는 종신고용, 연공서열, 노동조합이라는 세 가지의 특수한 제도가 있기 때문이다. 이 세 가지 제도가 있으면 왜 게젤샤프트라고 말할 수 없는 것일까?

　종신고용은 평생 돌봐 주는 대신 충성을 다할 것을 약속하는 것이다. 연공서열은 커뮤니티 내에서는 연장자가 상대적으로 존경받고 중용되는 것을, 노동조합은 동료의 고용을 함께 지키고 누군가가 해고되지 않도록 단결할 것을 약속하는 것이다. 이 세 가지 제도는 각각 '평생 돌봐 드리겠습니다', '연장자를 소중히 대하겠습니다', '단결해서 개인을 지키겠습니다'라는 뜻이며, 이는 곧 촌락 공동체에서 암묵적으로 전제되었던 약속인 셈이다. 이 밖에도 기업에서 실시하는 체육대회와 같은 행사나 서로의 경조사를 챙기는 상부상조 문화 역시 붕괴되기 시작한 촌락 공동체를 다른 형태의 게마인샤프트인 기업이 계승한 것으로 볼 수 있다.

　게젤샤프트를 역할과 기능에 기초한 결속 관계로, 게마인샤프트를 우애와 혈연에 기초한 결속 관계로 생각하면, 이 두 커뮤니티가 함께 보장되지 않는 한 생산성과 건전성이 양립된 사회를 만들기는 어려울 것이다. 오늘날에는 최소한 대기업에서는 게마인샤프트적인 요소가 이미 완전히 붕괴되었으며 머지않아 미국에 등장하리라 예상되는 '완전한' 게젤샤프트로 옮겨갈 것이다. 그렇다면 전쟁 전에는 촌락 공동체가, 이후 고도의 경제 성장기부터 거품 경제 시기까지는 기업이 담당하던 게마인샤프트의 역할은 무엇이 담당하게 될 것인가? 열쇠는 '소셜미디어'와 '두 번째 명함'에 있다. 너무 낙천

적이고 순진한 생각 아니냐고 물을지 모르겠지만, 만약 회사나 가족의 해체가 불가역적 흐름이라고 한다면 인류에게는 그에 맞는 새로운 구조가 필요하다. 철학자 프리드리히 텐부르크는 사회 전체를 이루는 구조가 해체되면 그 아래 단계에 있는 구조 단위의 자립성이 높아진다고 주장했다. 그에 따르면 회사나 가족의 해체에 대응해서 이른바 역사의 필연으로 새로운 사회적 유대의 형성이 요구된다. 낙관적인 관점이지만 소셜미디어가 그 역할을 해낼 수 있을지도 모른다는 기대를 걸어 본다.

18 혁신은 새로운 시도가 아닌 과거와의 작별에서 시작한다

변화 과정

쿠르트 레빈 (Kurt Lewin, 1890~1947)

독일 출신의 미국 심리학자. 사회 심리학의 창시자로, 그룹다이내믹스와 조직 개발 영역에 큰 공적을 남겼다. 2002년에 발표된 조사에서 20세기 동안 논문의 인용 횟수가 가장 많은 심리학자로 꼽히기도 했다.

조직 내에서 사람의 행동은 어떻게 결정될까? 쿠르트 레빈 이전의 심리학자들, 그중에서도 특히 행동주의자들에 의하면 사람의 행동은 환경에 의해 결정된다. 하지만 레빈은 조직 내에서 '개인과 환경의 상호 작용'에 의해 사람의 행동이 규정된다는 가설을 세웠고, 오늘날 그룹다이내믹스group dynamics(집단생활에서 구성원들의 행동 특성을 규정하는 법칙과 요인을 과학적으로 분석, 연구하는 분야-옮긴이)로 알려진 광범위한 영역에서 연구를 실시했다.

레빈은 심리학과 조직 개발에 관련해 다양한 키워드를 남겼는

데, 그중 이번 글에서는 '해동-혼란-재동결' 모델에 대해 알아보고 자 한다. 레빈이 제창한 이 모델은 개인 또는 조직의 변화가 어떻게 실현되는지 세 단계로 보여 준다.

제1단계 '해동unfreezing'은 지금까지의 사고방식이나 행동 양식을 바꿔야 한다는 현실을 자각하고 변화를 준비하는 과정이다. 당연한 말이지만, 사람들은 원래 자신의 내면에 확립된 관점이나 사고를 바꾸는 데 저항감을 느낀다. 따라서 이 단계에서 꼼꼼하게 준비해야한다. 구체적으로는 '왜 지금까지 하던 방식으로는 안 되는 걸까?', '새로운 방식으로 바꾸면 무엇이 달라질까?'라는 두 가지 물음에 대해 설득이 아닌 공감하는 커뮤니케이션이 필요하다.

제2단계 '혼란moving'에서는 예전에 갖고 있던 견해와 사고, 또는 제도와 프로세스가 불필요해지면서 혼란과 고통이 생긴다. 예정대로 원활히 진행되지 않는 경우가 많다. "역시 예전 방식이 좋았어"라는 소리가 나오는 것도 이 단계다. 이 단계를 잘 극복하려면 변화를 주도하는 측에서 구성원들을 실무적으로나 정신적으로 충분히 지원해 주려는 노력이 필요하다.

제3단계 '재동결refreezing'은 새로운 관점과 사고가 결실을 이뤄 새로운 시스템에 적응하는 단계로, 이전보다 나아졌다고 느끼게 되어 변화를 받아들이고 유지하려는 항상성 감각이 되살아난다. 이 단계에서는 자리를 잡기 시작한 새로운 관점과 사고가 실제로 성과를 일궈 내고 있음을 실감하게 해 주는 것이 중요하다. 그렇기에 변화를 주도하는 측은 새로운 관점과 사고에 의한 실제 성과를 발표하고 더 나아가 새로운 기능이나 프로세스 획득에 포상을 주는 등, 긍정적인 모멘텀^{momentum}을 만들어 내야 한다.

레빈에 의하면 어떤 사고방식이나 행동 양식이 정착되어 있는 조직은 '해동-혼란-재동결'의 과정을 거쳐 변화한다. 여기서 이 프로세스가 '해동'에서 시작된다는 점에 주목해야 한다. 해동이라는 것은 바로 '끝낸다'라는 의미를 담고 있기 때문이다. 우리는 무언가 새로운 것을 하려고 할 때 앞으로의 일을 '시작'하는 데만 초점을 맞춘다. 당연한 일이다. 하지만 쿠르트 레빈의 지적은 새로운 것을 시작할 때 가장 먼저 해야 할 일은 오히려 지금까지의 방식을 '잊는' 것, 즉 이전 방식에 '종지부를 찍는 일'이라는 점을 상기시켜 준다.

개인 경력의 문제에서 이와 똑같은 이론을 주장한 인물이 미국의 윌리엄 브리지스다. 임상 심리학자였던 그는 인생의 전환기와 고비를 극복하는 데 어려움을 겪고 있는 사람들을 집단 요법으로 치료해 왔는데, 임상에서 만난 환자들의 전환기 체험이 저마다 매우 특이해서 일반화하기가 쉽지 않았다. 그러나 위기를 잘 극복하지 못한 환자들의 사례를 나열해 살펴보니 일종의 패턴과 반복적으로 나타나는 프로세스가 발견되었다. 그는 이를 토대로 전환기를 현명하게 극복하기 위한 단계를 '끝(지금까지 계속되어 온 무언가가 끝남) → 중립 지대(혼란스러운 고뇌의 단계) → 새로운 시작(무언가가 시작됨)'의 세 단계로 나누어 설명했다. 여기서 브리지스 또한 변혁을 '새로운 시작'이 아니라 '무언가가 끝남'에서 출발한다고 보았다는 점을 눈여겨보길 바란다.

브리지스의 말에 의하면 경력이나 인생의 전환기는 무언가가 시작되는 시기가 아니라 오히려 어떤 일이 끝나는 시기다. 거꾸로 말하면 무언가가 끝남으로써 비로소 새로운 무언가가 시작된다는 것인데, 사람들은 대부분 후자의 '새로운 시작'에만 주목해 대체 무엇이 끝났는지, 무엇을 끝내야 하는지 '끝'에 관한 물음에 진지하게 맞서지 못한다.

수많은 조직의 혁신이 어중간한 상태에서 흐지부지 좌절되고 마는 이유가 바로 여기에 있다. 경영자, 간부, 실무자를 나란히 놓고 보면 환경 변화의 전망을 바라보는 사정거리가 경영자, 간부, 실무자의 순서로 점점 짧아진다. 경영자는 적어도 10년 앞의 일을 내다보지만 간부는 기껏해야 5년, 실무자는 1년 후의 일만 내다볼 뿐이다. 그러니 10년 앞을 내다보는 경영자라면 머지않아 다가올 위기에 대응하기 위해 변혁의 필요성을 늘 의식하겠지만, 눈앞에 닥친 일에만 매진하는 간부나 현장 책임자는 자세한 설명 없이 이대로는 위험하니 방식과 방향을 바꾸라는 지적을 받으면 충분한 해동 시간을 확보하지 못한 채 바로 혼란기로 돌입하게 된다.

사회 변화도 마찬가지다. 헤이세이^{平成}(1989년부터 현재까지 일본 연호-옮긴이) 시대에 관한 평가는 앞으로 세상에 쏟아져 나오겠지만, 나는 '쇼와^{昭和}(1926~1989) 시대를 끝내지 못한 시대'라고 말할 것이다. 우리는 '산 정상'에 서서 쇼와 시대에서 헤이세이 시대로의 이행을 경험했다. 헤이세이 시대가 시작된 것은 1989년 1월 8일로, 닛케이 평균 주가가 역사상 최고치를 기록한 것도 같은 해 12월 29일이었다. 당시의 시가 총액 세계 순위를 확인해 보면 1위인 일본흥업 은행(2000년까지 존재했던 일본 은행으로 현 미즈호 은행의 전신 중 하나-옮긴이)을 필두로 상위 5위를 모두 일본 기업이 차지하고 있다. 물론 현재는 세계 순위 10위 안에 일본 기업이 하나도 없다. 세계 경제 패권을 쥐고 있던 쇼와 시대에서 헤이세이 시대로 배턴이 넘어온 이후, 일본은 여전히 1989년에 기록한 사상 최고치를 넘어서지 못한 채 내내 하강 추세를 이어 가고 있다.

이 현상을 등산에 비유해 보면 고도 경제 성장기 이래 계속 올라가 산 정상에 이르는 과정이 쇼와 시대, 이후 30년에 걸쳐 같은 산을 계속해서 내려오고 있는 과정이 헤이세이 시대라고 할 수 있다. 시대가 쇼와에서 헤이세이로 바뀌었지만 같은 산에서 '올라가기'와 '내려가기'만 하고 있는 꼴이다. 많은 사람들이 이 시대가 '내려가기'만 하는 상황을 문제 삼고 있는데, 내가 말하고 싶은 핵심은 올라가고 내려가고의 문제가 아니다. 애초에 '같은 산'으로 만족해도 좋은가 하는 점이다.

인간성을 마비시키는 거품 경제 시기를 두고 진지한 얼굴로 건전한 것이었다고 말할 수 있는 사람은 거의 없을 것이다. 하지만 이 시기를 정말로 '끝낸' 사람이 얼마나 될까? 우리는 '거품 경기의 종말'이라는 적절한 표현으로써 마침표를 찍을 명분을 얻었는데도 산의 정상을 뒤돌아보면서 '그 시대가 참 좋았지!' 아쉬워하며 하산해 온 것은 아닐까? 쇼와라는 시대에 올라갔던 산을 못내 그리워하며 '언젠가 다시 그곳으로 돌아갈 수 있지 않을까'라는 헛된 기대마저 가슴에 품고서, 비전도 없는 채로 미련스럽게 뒤를 돌아보며 같은 산을 내려가고만 있었던 것이 아닌가 말이다.

　오늘날 청년층에서는 경제, 돈, 물욕에 치우친 척도를 부정하는 자성의 목소리가 거대한 물결을 일으키며 지각 변동을 일으키고 있다. 아이러니하게도 '거품 경제 시기를 끝낼 필요가 없는' 세대에 의해 견인되고 있는 셈이다. 이제 일본은 또 한 번 하나의 시대를 마감하고 새로운 미래로 나아가려 하고 있다. 지금이야말로 경제가 아닌 다른 산을 올라야 할 절호의 기회다. 그러기 위해서는 무엇보다 본질적인 의미에서 지난 시절에 대한 노스탤지어를 끝내야 한다.

19 　권위를 만드는 세 가지 요소

카리스마

막스 베버 (Max Weber, 1864~1920)

독일의 정치학자, 사회학자, 경제학자. 사회학 여명기의 오귀스트 콩트와 허버트 스펜서에 이어, 제2세대 사회학자로서 에밀 뒤르켐, 게오르크 지멜 등과 어깨를 견준다. 카를 마르크스의 역사적인 물질주의에 대해 베버는 자본주의의 기원을 이해하기 위한 수단으로서 종교에 담겨 있는 문화적 영향의 중요성을 강조했다.

　　　　　　　　　　　우리가 흔히 사용하는 '카리스마'라는 말을 맨 처음 사용한 사람이 막스 베버다. 막스 베버는 무엇보다도 『프로테스탄트 윤리와 자본주의 정신』이라는 책으로 유명한데, 이에 대해서는 칼뱅의 '예정설'에서 이미 언급했다. 그러므로 여기서는 베버가 자신의 다른 책인 『직업으로서의 정치』에서 중요하게 다루었던 카리스마에 관해 이야기해 보려 한다.

　베버에 의하면 국가나 정치 단체는 정당한 폭력 행사가 지지하는 지배 관계에 의해 질서가 잡혀 있다. 그때 지배자가 주장하는 권위에 피지배자가 복종하는 현상에는 어떤 근거가 있는 것일까? 베

버는 그 근거 요소를 세 가지로 꼽았다. 이해하기에 어려운 내용은
아니니 원서에서 그대로 발췌해 보겠다.

> 우선 지배의 내적인 정당화, 즉 정당성의 근거 문제부터 살펴보면 여
> 기에는 세 가지 원칙이 있다. 첫째는 '영원한 과거'가 갖고 있는 권위
> 다. 이는 먼 옛날부터 통용되어 온 어떤 풍속을 계속 지키려는 습관
> 적인 태도로 인해 신성화된 경우다. 낡은 형태의 가부장이나 세습 군
> 주가 행한 '전통적 지배'를 가리킨다. 둘째는 어떤 개인의 비일상적
> 인 천부적 자질(카리스마)이 갖고 있는 권위다. 개인의 계시나 영웅적
> 인 행위 또는 그 외의 지도자적 자질에 대해 인격적으로 완전히 의지
> 하고 신뢰하는 것에 기초하는 지배, 즉 '카리스마적 지배'다. 예언자
> 나 정치 영역에서 선거로 선출된 지도자 또는 국민투표에 의한 지배
> 자, 위대한 데마고그demagogue(군중 심리를 이용하여 대중을 선동하는 정
> 치가-옮긴이) 또는 정당 지도자가 행사하는 지배가 이에 해당한다. 마
> 지막으로 '합법성'에 의한 지배다. 이는 제정 법규의 타당성에 대한
> 신념과 합리적으로 이루어진 규칙에 의거한 객관적인 권한을 기초
> 로 한 지배로, 오히려 이때의 복종은 법규가 명하는 의무 이행의 형
> 태로 실행된다. 근대적인 국가 공무원이나 그와 유사한 권력자들이
> 행하는 지배가 모두 이에 속한다.
>
> 막스 베버 『직업으로서의 정치』

막스 베버는 사람이 어떤 조직이나 집단을 지배하고자 할 때,

그 지배의 정당성을 보증하는 요소는 '역사적 정당성', '카리스마', '합법성', 이 세 가지밖에 없다고 주장했다. 이러한 베버의 주장은 기본적으로 국가 운영을 문제로 삼고 있는데, 이를 조직 운영에 적용하면 상당히 성가신 문제가 발생한다.

만약 카리스마를 지닌 리더가 있다면, 조직의 방향을 설정하고 구동의 원동력이 되는 것은 대가나 벌칙을 정한 규칙이 아니라 피지배자들의 자발적인 동기, 즉 지배자를 따르고자 하는 마음이다. 그러한 리더가 지배하는 조직이라면 세세히 규칙을 정할 필요가 없다. 사람들은 카리스마 있는 리더의 일거수일투족에 주목하고 그의 말에 귀를 기울이며 나아가야 할 방향성을 이해하여 적극적으로 행동하게 되므로 번거로운 규칙 따위는 오히려 없는 편이 좋다. 그런 규칙이 있다면 리더 자신이 규칙에 속박될지도 모른다.

하지만 베버가 '비일상적인 타고난 자질'이라고 카리스마를 정의하고 있듯이, 카리스마 있는 리더는 그리 많이 존재하지 않는다. 따라서 어느 조직에서나 카리스마 있는 리더에서 카리스마 없는 리더로의 교체가 반드시 일어나게 마련이다. 그렇다면 이때 지배의 정당성은 어떻게 보증될 것인가?

베버에 의하면 이 정당성은 역사적 정당성이나 합법성 중 하나밖에 없다. 만약 안성맞춤으로 창업가의 피를 이어받은 우수한 인재가 있다면 그 인물에 맡겨 역사적인 정당성에 의해 지배의 정당성을 회복할 수 있을지도 모른다. 현재 일본에서도 이른바 창업가의 혈통에게 경영의 배턴을 넘김으로써 구심력을 회복하려는 사례를 많이 볼 수 있다.

하지만 역사적 정당성을 갖춘 리더가 없다면 어떻겠는가? 베버는 만약 그런 상황이 된다면 지배의 정당성은 합법성에 의지할 수밖에 없다고 주장한다. 그것은 요컨대 상의하달식 의사 결정을 규칙화하고 명령에 따르지 않으면 벌칙을 주는 관료 기구가 지배의 정당성을 보증하도록 하자는 의미다. 이는 현재의 조직 운영 추세와 전혀 맞지 않는다.

사람으로 하여금 주체적으로 '지배되도록' 하려면 역사적 정당성이나 카리스마가 필요하다는 것이 베버의 주장인데, 안타깝게도 그러한 속성을 갖춘 리더가 무척 드물기 때문에 조직의 수, 즉 수요에 비해 공급이 압도적으로 부족하다. 따라서 지배의 정당성을 보증하려면 대부분 합법성에 의지할 수밖에 없다. 하지만 앞서 서술한 대로 합법성이라는 것은 권한 규정과 그것을 어길 경우의 벌칙 규정 시스템, 쉽게 말하면 관료 기구에 지배의 정당성을 의존하는 구조이므로 '권한 이양'이라는 큰 흐름의 추세와는 완전히 모순된다.

그러면 대체 어떻게 해야 할까? 이럴 때 저지르기 쉬운 행동이 지배의 정당성을 '날조'하는 일이다. 알기 쉬운 예가 바로 광신도 컬트 집단이다. '53명 신도들의 집단 자살'이라는 충격적인 결말을 맞이한 컬트 교단 태양사원에 관해 작가 쓰지 유미는 다음과 같이 지적했다.

태양사원은 중세의 템플 기사단의 계승자를 지칭한다. (……) 유럽의 역사에서 템플 기사만큼 많은 전설과 일화를 탄생시킨 집단은 흔치 않다. 왕권을 위협할 정도의 세력을 자랑하면서 프랑스 국왕의 탄압에 의해 파멸된, 이른바 역사적 비극의 주인공이었던 탓이리라.

《르 몽드》에 의하면 템플 기사를 계승한다고 칭하는 교단이 백여 군데는 있다고 한다. (……) 컬트뿐만이 아니라, 사람은 자신들의 정통성의 근거를 흔히 그 계보에서 찾고 싶어 한다. 권위에는 고귀한 혈통이 필요하다.

쓰지 유미 『컬트 교단 태양사원 사건^{カルト教団太陽寺院事件}』

새로운 조직이 그 권위를 역사적 정당성에서 구한다고 했는데, 『신약성서』도 마찬가지다. 『신약성서』의 첫머리에 나오는 「마태복음」은 아브라함에서 예수에 이르는 계보로 시작된다. 즉 『신약성서』는 예수에 의한 지배의 정당성을 역사적 정당성에서 구하고 있다.

문제는 역사적 정당성이나 카리스마를 갖춘 리더가 흔하지 않기 때문에 많은 조직에서 역사적 정당성을 날조하는 일이 발생한다는 것이다. 하지만 날조될 정도의 역사적 정당성이 과연 중장기적으로 지배의 정당성을 보증할 수 있을까 하는 의문이 남는다. 그렇다면 합법성은? 규정과 벌칙에 얽매인 관료 기구가 현대 사회의 우수한 인재를 끌어들여 동기를 불러일으킬 수는 없을 것이다.

결론은 하나밖에 없다. 과거를 바꿀 수 없는 이상, 역사적 정당성은 어차피 날조된 것이므로 추구해 봐야 아무런 의미가 없다. 또 합법성이 관료 기구에 의한 지배를 전제로 했다 해도 현재 우수한 인재를 발탁해 동기를 부여하기는 어려우며 애당초 바람직하지 않은 발상이다. 그러면 기대할 수 있는 것은 카리스마를 갖춘 지도자에 의한 지배밖에 없는데, 베버의 정의에 따르면 카리스마 있는 지도자는 비일상적인 천부적 자질을 지닌 인물이므로 흔하지가 않다. 결국, 우리는 이 흔치 않은 '카리스마 있는 지도자'를 인위적으로 키워 내는 일에 도전하는 수밖에 없지 않을까? 사람을 끌어모으는 자질을 타고난 인물을 얼마만큼 리버스 엔지니어링reverse engineering(이미 만들어진 시스템을 역으로 추적하여 기본적인 설계 개념과 적용 기술을 파악하고 재현하는 일-옮긴이)해서 더욱 폭넓은 범위에서 공유하고 실천할 수 있느냐가 핵심이 될 것이다.

20 이해할 수 없는 사람과 함께 일해야만 하는 이유

타자의 얼굴

에마뉘엘 레비나스 (Emmanuel Levinas, 1906~1995)

프랑스 철학자. 유소년기부터 유대교의 경전 『탈무드』를 가까이했으며 성인이 되고 나서는 독자적인 윤리학, 그리고 에드문트 후설과 마르틴 하이데거의 현상학에 관한 연구를 남겼다.

레비나스가 말하는 '타자(他者)'는 글자 그대로 자신 이외의 사람이 아니라 '소통이 안 되는 사람, 이해할 수 없는 사람'을 뜻한다. 해부학자 요로 다케시 교수가 쓴 『바보의 벽』이라는 책이 엄청난 베스트셀러였던 적이 있는데, 레비나스의 타자를 알기 쉽게 표현하면 바로 '바보의 벽이 가로막고 있어 말이 통하지 않는 상대'라고 할 수 있겠다. 레비나스가 남긴 문헌은 어느 것이나 극히 난해한데 책을 읽어 보면 타자라는 개념을 아무래도 사람 이외의 개념으로도 확대해서 사용하고 있는 듯하지만, 정확히 그 뜻을 이해하기가 어렵다.

철학 연구자도 아닌 우리 같은 평범한 인간이 레비나스의 문헌에서 무언가를 알아내고자 한다면, 우선은 알기 쉽게 타자를 '좀처럼 알 수 없는 상대'라고 이해하면 될 것이다.

20세기 후반에 '타자론他者論'이 철학의 중요한 논점으로 부상한 것에는 필연성이 있다. 철학은 세계와 인간의 본성을 고찰하는 행위다. 하지만 고대 그리스 시대 이후, 막대한 에너지를 쏟아 넣으며 고찰을 거듭해 왔는데도 불구하고 아직도 '이것이다!'라고 확정되지 않은 것은 어째서일까? 답은 명백하다. 어떤 사람에게는 정답인 것이 다른 누군가에게는 정답이 아니기 때문이다. 끊임없이 제안과 부정이 되풀이되고 영원히 완전한 합의에 다다르지 못할 것 같은 이 행위가, 서로를 이해하지 못하는 타자라는 존재의 부상과 연결된다. 이렇게 레비나스가 말하는 '타자'는 우리가 평소에 사용하는 '타인'이라는 말보다 훨씬 더 부정적인 뜻을 품고 있지만, 그럼에도 레비나스는 끊임없이 타자의 중요성과 가능성에 대해 논했다. 서먹한 상대, 소통이 안 되는 타자가 왜 중요한 것일까? 레비나스는 이에 대해 간단히 답했다. "타자는 깨달음의 계기다."

자기 시점에서 세상을 이해한다 해도 그것은 타자에 의한 세상의 이해와는 다르다. 물론 타자의 견해를 '네 생각은 틀렸어'라며 부정할 수도 있다. 실제로 인류에게 일어난 비극의 대부분이 자신은 옳고 자신의 말을 이해하지 못하는 타자는 틀렸다고 단정한 데서 야기되었다. 그러나 나와 세상을 보는 관점이 다른 타자를 배움과 깨달음의 계기로 삼는다면 우리는 지금까지와 다른 관점의 가치관을 획득할 수 있게 된다.

레비나스 역시 자신의 스승인 슈샤니 옹과 제자인 자신과의 관계에서 세계를 보는 다른 시각을 얻을 수 있었다. 스승에게 무언가를 배운 경험이 있는 사람은 아마 이해할 것이다. 내 경우에는 학생 시절에 오랫동안 공부한 작곡이 그러했다. 작곡을 배우기 시작할 무렵에는 스승이 "음을 밖으로 찾으러 가서는 안 된다"라고 주의를 줘도 무슨 말인지 잘 몰랐다. 여기서 몰랐다는 것은 말 자체는 알 듯했으나 진정 스승이 말하는 속뜻은 이해할 수 없었다는 의미다.

그런데 이 몰랐던 것을 어느새 문득 알게 된다. 물론 한번 지나간 일은 다시 체험할 수가 없다. 하지만 어쨌든 어제까지 '알지 못했던' 것을 왠지 모르지만 오늘은 '알게 되고' 이해하게 된다. 아마 이러한 체험을 해 본 사람이 많을 것이다. 이때 '나'라는 단어로 규정되는 개인은, '알게 된' 후 예전과는 다른 사람이 된다. 오늘의 자신이 어제의 자신에게 똑같은 물음을 던질지라도 그것은 '바보의 벽'에 부딪혀 전달되지 않는다.

즉 안다거나 이해한다는 것은 '바뀐다'는 뜻이다. 히토쓰바시대학교의 학장을 지낸 역사학자 아베 긴야 교수는 그의 책『내 안에서 역사를 읽다自分のなかに歴史をよむ』를 통해 지도교수였던 우에하라 센로쿠 교수의 가르침에 대한 일화를 소개했다.

우에하라 교수님의 연구 모임에서 배운 중요한 내용이 또 하나 있다.
교수님은 항상 학생이 보고를 하면 "그래서 과연 무엇을 알게 되었나요?"라고 물으셨다. (……)

'안다는 것은 대체 무엇인가'에 관해서도 교수님은 언젠가 "안다는 것은 그것에 의해 자신이 달라진다는 것이지요"라고 말씀하셨다. 이 또한 내게는 인상적이었다.

아베 긴야 『내 안에서 역사를 읽다』

미지의 것을 알기 위해서는 지금은 알지 못하는 일을 접할 필요가 있다. 지금 알지 못하는 일을 알지 못한다는 이유로 거절하면 알게 될 기회를 잃게 되고, 알게 됨으로써 변화할 수 있는 기회 또한 잃고 만다. 그러므로 알지 못하는 사람, 즉 타자와의 만남은 자신을 바꿀 수 있는 계기가 된다. 이것이 바로 레비나스가 말하는 타자와의 해후가 가져다주는 가능성이다. 레비나스는 자칫 서로 이해하지 못해 적대적인 관계가 될 가능성이 있는 타자와의 해후에 있어 그의 철학의 핵심 개념인 '얼굴'의 중요성을 누차 강조했다. 다음과 같은 문단이 대표적이다.

인간에게 '사람을 죽이지 말지어다!' 하고 표현하는 '얼굴'의 개념만은 자기만족을 느끼는 동안에도, 혹은 우리의 능력을 시험하는 장애를 겪는 동안에도 회귀하지 않는다. 이는 현실적으로 죽이는 일이 가능하기 때문이다. 단지 죽일 수 있는 것은 타자의 얼굴을 응시하지 않는 경우뿐이다.

에마뉘엘 레비나스 『곤란한 자유^{Difficile liberté}』

이렇게까지 뭔지 잘 모르겠지만 무언가 무척 중요한 이야기가 쓰여 있는 것 같다고 느끼게 하는 문장도 드물지 않을까? 레비나스의 문장은 전반적으로 난해하기는 하지만, 그의 말이 주는 폭넓은 이미지를 순순히 받아들이면 읽는 사람 나름으로는 의미를 깨달을 수 있다.

위의 글을 통해 레비나스가 말하고자 하는 바는 서로 이해하지 못하는 타자와의 관계라 하더라도 얼굴을 마주함으로써 이해의 가능성을 교환하고 이로써 관계성을 파괴하는 사태는 막을 수 있다는 것이다. 읽어 봐도 좀처럼 와닿지 않을지도 모르지만, 이 같은 메시지를 넌지시 전하는 영화나 만화는 많이 있다. 그 한 예로, 지구 밖에서 사는 생명체(이하 간단히 외계인이라고 쓰겠다)와 어린이의 교류를 그린 스티븐 스필버그 감독의 걸작 〈이티〉를 들 수 있다. 이 영화는 지구를 탐사하러 왔다가 홀로 지구에 남겨진 외계인과 그를 몰래 숨겨 주고 어떻게든 우주로 돌려보내려는 아이들의 우정을 그린다. 그들의 적으로 그려진 지구인 어른들은 이 외계인을 어떻게 해서든 붙잡아 연구 소재로 이용하려고 아이들을 뒤쫓지만, 아이들은 어른의 포위망을 벗어나고 외계인은 자신을 데리러 온 우주선을 무사히 찾아 지구를 떠나간다.

실은 〈이티〉라는 영화에는 이상한 점이 하나 있다. 바로 어른의 얼굴이 나오지 않는다는 사실이다. 영화가 클라이맥스에 이를 때까지 화면에 나오는 모습은 철저하게 아이들과 외계인의 얼굴뿐이고 어른의 얼굴은 주인공인 엘리엇의 어머니를 제외하고는 거의 화면에 나오지 않는다. 즉 이 영화에서는 어른들이 아이들의 '타자'로 그려져 있다. 물론 등장인물이 어린이들뿐이라면 그럴 수 있다. 하지만 이 영화에서는 외계인을 어떻게든 자신의 별로 되돌려 보내 주려는 아이들과 외계인을 포획해 연구 대상으로 삼으려는 어른들의 대결이 이야기의 중심을 이루기 때문에 당연히 많은 어른이 등장한다. 그런데도 적인 어른들의 얼굴은 화면에 거의 나타나지 않는다. 어른의 얼굴이 화면에 비치는가 싶으면 부자연스럽게도 허리부터 상체가 화면에서 잘려 있거나 역광으로 실루엣 처리가 되어 있기도 하고, 때로는 방사능을 막기 위해(서라고 생각되는) 헬멧을 쓰고 있어서 항상 표정을 읽을 수 없다. 이처럼 〈이티〉에서는 레비나스가 말하는 얼굴이라는 이해 가능성의 매개체가 교환되지 않는다.

　어른의 얼굴은 영화 후반의 클라이맥스에 가서야 등장한다. 거의 죽게 된 외계인을 구하기 위해 어른들과 아이들이 협력하는 장면에 이르러 비로소 어른들은 헬멧을 벗고 주인공 엘리엇 남매들과 서로 '얼굴'을 마주한다.

　레비나스가 주장한 '타자'의 개념은 오늘날 그 중요성이 점점 더 커지고 있다. 일본의 상황을 생각해 보면, 북한이나 이슬람 국가 등 대화 자체가 어려운 국가들 간의 관계성이 바로 떠오르고, 국내 사회를 전망해 보면 인터넷에 의한 섬우주島宇宙화(사회학자 미야다이 신지 교수가 정의한 개념으로, 같은 가치관을 가진 사람들끼리 집단을 만들어 그 내부에서만 소통하는 현상-옮긴이)가 진행됨으로써 연봉이나 직업, 정치적 경향에 의해 형성된 사회적인 그룹마다 원리주의적인 순수배양(저자가 섬우주화 현상을 한 가지의 생물만을 순수하게 분리하여 다른 생물이 섞이지 아니하도록 배양하는 것에 비유하고 있음-옮긴이)이 진척되어 '대화 불가'라 할 정도로 서로 의견을 나누지 못하는 어려운 상황에 놓여 있다. 그러나 이러한 상황에서도 서로 얼굴을 마주 보고 대화를 계속해 나가려는 노력이 필요하다.

가난한 사람은 더 가난해지고 부유한 사람은 더 부유해진다

마태 효과

로버트 킹 머튼 (Robert King Merton, 1910~2003)

미국의 사회학자. 과학 사회학의 발달에 큰 업적을 남겼다. '마태 효과'와 '예언의 자기 성취' 등 오늘날 널리 이용되는 이론들을 제안했다.

　　　　　　　　　　　어떻게 하면 머리가 좋고 운동을 잘하는 아이를 낳을 수 있을까? 또는 어떻게 그런 아이로 기를 수 있을까? 이 문제는 모든 부모에게 매우 중요한 관심사라서 세상에는 이에 대한 방대한 양의 정보들이 흘러넘친다. 가령 임신 중에는 철분을 많이 섭취해야 한다거나 등 푸른 생선에 함유된 DHA가 뇌의 발육에 효과가 좋다거나 하는 등 난무하는 정보들 때문에 많은 사람, 특히 여성들이 무척 어려움을 겪는다. 그러나 실은 대부분이 실천하고 있지 않지만 확실히 아이의 성적이나 운동 능력이 높아지는 출산법이 있다. 바로 4월에 아이를 낳는 것이다.

　　이는 잘 알려져 있는 사실인데, 일본의 프로야구와 프로축구 선수 중에는 통계적인 분포도로 설명할 수 없을 정도로 4월과 5월에 태어난 선수들이 많다. 구체적으로 프로야구 선수의 경우, 12개 구단에 등록된 선수 809명(외국인 선수 제외) 가운데 4~6월생 선수가 248명으로 전체의 약 31퍼센트, 1~3월생은 131명으로 약 16퍼센트다. 프로축구에서도 마찬가지로, J1리그의 18개 팀에 등록되어 있는 선수 454명이 태어난 달을 살펴보면 4~6월생은 149명으로 전체의 약 33퍼센트, 1~3월생은 71명으로 4~6월생의 약 절반인 16퍼센트를 차지한다.

전체 인구 통계상, 탄생 월에 따른 인구수의 차이는 거의 없다고 하니 월별 탄생률은 8.3퍼센트, 분기별로는 평균 25퍼센트 정도다. 따라서 프로야구와 J리그 모두 4~6월생인 선수가 31~33퍼센트를 차지한다는 통계는 확실히 '뭔가가 있다'는 사실을 시사한다.

그렇다면 운동 말고 공부 측면에서는 어떨까? 공부 역시 통계적으로 공부 잘하는 아이 중에 4~6월생이 많다는 사실이 알려져 있다. 당시 히토쓰바시 대학교의 가와구치 다이지 부교수가 국제 학력 테스트의 결과를 분석해 보니 확실히 4~6월생들의 학력이 다른 시기에 태어난 아이들보다 높았다. 가와구치 교수에 의하면 약 9,500여 명의 중학교 2학년 학생과 약 5,000여 명의 초등학교 4학년 학생의 수학과 이과의 평균 편차치(일본 입시 제도의 상대 평가 지표-옮긴이)를 태어난 달마다 산출한 결과, 4월부터 순서대로 낮아져서 다음 해 3월까지 평균 편차치는 꾸준하게 하향선을 나타낸다. 그리고 4~6월생의 평균 편차치와 1~3월생의 평균 편차치 사이에는 약

5~7 정도의 차이가 있다는 사실을 알 수 있다. 5~7의 편차치는 지원 학교의 순위가 한 등급 다른 정도의 차이이므로, 이는 자칫 인생에 큰 영향을 미칠 수 있는 정도의 차이다(일본은 매년 4월에 신학년이 시작되므로 '한 해의 4월생부터 다음 해 3월생'까지가 같은 학년이 됨. 저자는 이 사실에 근거해 탄생월에 따른 기량 차이를 설명하고 있음-옮긴이).

초등학교 1~2학년이라면 4월생과 다음 해 3월생 간에는 학력 차이가 상당히 벌어진다는 것을 쉽게 이해할 수 있다. 초등학교 1학년생은 만 7세이므로 4월생 아이는 개월 수로 따지면 태어난 이후 84개월 동안 학습을 해 온 반면, 다음 해 3월생 아이는 73개월에 불과하기 때문에 약 13퍼센트 정도 학습 기간이 짧은 셈이다. 학습량의 누계가 10퍼센트 이상 차이가 난다면 그야말로 상당한 차이다.

그런데 가와구치 교수의 연구에서는 중학교 2학년생과 초등학교 4학년생도 마찬가지로 4월생과 3월생 사이에 차이가 있다는 사실이 밝혀졌다. 하지만 중학교 2학년은 만 14세이므로 태어난 후의 누적 학습 개월 수를 계산해 보면 4월생은 168개월, 3월생은 157개월이니, 그 차이가 7퍼센트밖에 되지 않는다. 학습 이론의 범위에서는 이 7퍼센트의 차이가 평균 편차치에서 아까 설명한 만큼의 차이로 이어진다고는 해석하기 어렵다. 이 차이는 과학 사회학의 '마태 효과'로 설명 가능하다. 과학 사회학의 창시자인 로버트 킹 머튼은 좋은 조건의 환경에서 일하고 있는 연구자는 뛰어난 연구 실적을 올림으로써 한층 더 좋은 조건을 얻게 된다는 '이익-우위성의 누적' 메커니즘을 지적한다. 머튼은 『신약성서』의 「마태복음」에 나오는

"부유한 사람은 점점 더 부유해지고, 가난한 사람은 점점 더 가난해진다"라는 문장을 차용해 이 메커니즘을 '마태 효과'라고 명명했다.

저명한 과학자의 글은 성과가 실제보다 부풀려지거나 확대된 형태로 승인되는 한편, 무명 과학자에게는 그런 혜택이 주어지지 않는다. 가령 노벨상 수상자는 평생 노벨상 수상자로 살게 되는데 수상자가 되면 학계에서 유리한 지위가 부여되어 과학 자원의 배분, 공동연구, 후계자 양성에서 점점 더 큰 역할을 하게 된다. 반면 무명인 신인 과학자의 논문은 학술지에 실리기도 힘들고 실적을 발표하는 데 있어 저명한 과학자에 비해 조건이 불리한 것이 사실이다.

이러한 마태 효과가 아이들에게도 작용하는 것은 아닌가 하는 가설이 예전부터 교육 관계자들 사이에서 논의되어 왔다. 같은 학년에서 야구 팀을 만들 경우 4월생 쪽이 체력뿐만 아니라 정신 면에서도 발육이 빨라 아무래도 유리한 경우가 많다. 결과적으로 팀의 주전 선수로 뽑히고 더 질 높은 경험과 지도를 받을 가능성이 높아진다. 사람은 일단 성장의 기회를 얻게 되면 의욕이 상승해 연습에 매진하게 되므로 차이는 점점 더 벌어진다.

마태 효과에 관한 옳고 그름의 논의는 제쳐두고, 4월생은 3월생보다 운동도 공부도 더 뛰어나다는 통계적 사실과 그 요인에 대해서 머튼이 주장한 가설은 조직에서 '학습 기회의 이상적 방향성'에 관해 우리에게 소중한 반성의 기회를 가져다준다.

우리는 항상 이해력이 빠른 아이를 사랑하는 한편, 좀처럼 실력이 늘지 않는 아이는 아주 짧은 기간 내에 포기하는 나쁜 습성을 갖고 있다. 이런 일이 일어나는 까닭은 교육을 위한 비용이 무한하지 않기 때문이다. 회사에서의 교육 투자든 사회 자본으로서의 교육 기회든 모두 마찬가지다. 우리는 비용 대비 효과가 더 높은 아이에게 교육 투자를 몰아주는 경향이 있다. 초기의 성적 결과에 따라 잘하는 아이에게는 더 좋은 기회가 주어지고, 그 결과 한층 더 성적이 높아진다. 반면 첫 타석에서 좋은 성적을 내지 못한 아이는 점점 더 힘든 여건으로 내몰리기 십상이다. 이러한 일이 계속되다 보면 세상 물정에 밝은 쓸모 있는 아이만 조직 내에 받아들이게 되고, 어느 정도 능숙해지는 데 시간은 걸리지만 본질적으로 사물을 이해하려고 애쓰는 아이 즉 혁신의 종자가 될 아이디어를 낼 수 있는 사람은 소외시키게 될 가능성이 있다. 그러나 성적이 좋은 아이들로만 이루어진 조직은 중장기적 관점에서 보면 위태롭기 그지없다.

4월생 아이는 성적도 좋고 스포츠도 잘한다는, 발생학 측면에서 생각하면 매우 부자연스러운 이 사실은 우리에게 인재를 키우기 위해서는 초기의 실적 차이를 그다지 의식하지 말고 조금 더 여유롭고 긴 안목으로 사람의 가능성과 성장을 내다보아야 한다는 가르침을 준다.

22 협조할 것인가, 배신할 것인가

내시 균형

존 내시 (John Nash, 1928~2015)

철학자. 게임 이론, 미분기하학, 편미분방정식의 연구에 큰 공적을 남겼다. 내시가 제창한 내시 균형이 매우 유명하기 때문에 게임 이론이 내시의 필생의 업적으로 여겨지기도 하지만, 내시가 게임 이론 연구에 몰두한 기간은 박사 과정 때와 그 후 몇 년 동안뿐으로, 경력의 후반생은 프린스턴 대학교에서 수학자로 연구에 몰두했다. 1994년에 노벨 경제학상을 수상했다.

내시 균형은 게임 이론에서 사용되는 용어다. 게임에 참가한 어떤 참가자가 다른 선택지를 고른다 해도 기대치가 올라가지 않는 상태, 즉 '균형'을 이룬 상태를 가리킨다. 내시 균형을 설명하기 위한 사고 실험으로 가장 유명한 것이 '죄수의 딜레마prisoner's dilemma'다. 죄수의 딜레마는 원래 1950년 수학자이자 프린스턴 대학교의 교수 앨버트 터커가 강의 때 사용한 일종의 사고 실험이다. 참고로 앨버트 터커는 '내시 균형'이라는 용어를 탄생시킨 존 내시의 지도 교수였다.

'죄수의 딜레마'가 어떤 사고 실험인지 살펴보자. 2인조 은행

강도가 경찰에 체포되어 각자 다른 방에서 취조를 받는다. 경찰관은 두 사람의 용의자에게 다음과 같이 압박한다.

"만약 두 사람 모두 묵비권을 행사한다면 증거 불충분으로 형기는 1년, 두 사람 모두 자백하면 형기는 5년이 된다. 하지만 만약 상대가 묵비권을 행사하고 당신이 자백하면 수사 협력에 대한 사례로 당신은 무죄 석방이 되고 상대의 형기는 10년이 된다."

이때 두 죄수는 이렇게 생각할 것이다.

'먼저 상대가 묵비권을 행사한다고 가정할 경우, 내가 자백하면 무죄 석방이고 내가 묵비하면 형기는 1년이므로 이때는 자백하는 편이 좋다. 반면 상대가 자백한다고 가정할 때 나도 자백하면 형기는 5년, 내가 묵비하면 형기는 10년이 되므로 이 경우도 역시 자백하는 편이 좋다. 즉, 상대가 자백을 하든 묵비를 하든 내게는 자백하는 것이 합리적이다.'

결과적으로 두 죄수 모두 자백하고 5년형을 선고받는다. 이득을 최대화하기 위한 합리적인 전략을 채택한다고 해서 반드시 참가자 전체의 이득이 최대화되는 것은 아니라는 논리로, 이를 전문 용어로는 '논제로섬 게임$^{non\text{-}zero\ sum\ game}$'이라고 한다.

죄수의 딜레마는 단 한 번의 의사 결정으로 참가자의 이득이 결정되는 게임인데, 실제 인간 사회는 그 정도로 단순하지 않아서 협조냐 배신이냐의 선택을 몇 번이나 반복하게 된다. '몇 번이나 반복한다'는 측면을 반영해서 사회에서 인간의 의사 결정에 보다 깊은 시사점을 던져 주는 것이 바로 '반복적 죄수의 딜레마' 게임이다.

이 게임에서는 참가자가 각각 '협조'와 '배신'의 카드를 갖고 있다가 신호와 함께 동시에 상대에게 한 가지 카드만을 보여 준다. 두 사람 모두 배신을 선택하면 둘 다 10만 원의 상금을 얻고, 두 사람 모두 협조를 선택하면 둘 다 30만 원을 상금으로 받는다. 만약 한 명이 배신하고 다른 한 명이 협조하면 배신한 사람에게 50만 원의 상금이 주어지고 협조한 사람에게는 아무것도 주어지지 않는다. 자, 생각해 보자. 어떤 선택을 해야 가장 많은 상금을 얻을 수 있을까?

이 단순한 게임은 믿을 수 없을 정도로 엄청난 논쟁을 일으켰고, 최종적으로 정치학자이자 미시간 대학교의 교수 로버트 액설로드가 컴퓨터끼리 '반복적 죄수의 딜레마' 게임을 겨루게 했다. 정치학, 경제학, 심리학, 사회학 등 다양한 분야의 전문가 14명이 각각 심혈을 기울여 만든 컴퓨터 프로그램을 가지고 어떤 프로그램이 가장 높은 이득을 얻을지를 경합했다. 여기에 액설로드 교수가 만든 무작위로 협조와 배신을 출력하는 랜덤 프로그램이 추가되어 총 15개의 프로그램이 리그전을 펼쳤다. 한 시합당 게임을 200회씩, 총 다섯 번의 시합을 실시해 평균 점수를 비교하기로 했다.

결과를 본 관계자들은 무척 놀랐다. 응모된 프로그램 중에서 가장 단순한, 단 3행으로 이뤄진 프로그램이 우승했기 때문이다. 이는 토론토 대학교의 심리학 교수 아나톨 래퍼포트가 작성한 프로그램으로, 처음에 '협조'를 내고 그다음에는 바로 전에 상대가 냈던 것을 똑같이 내고 이것을 계속 반복하는 상당히 단순한 프로그램이었다.

사실 이 실험에 대해서 선정 프로세스와 결과의 합리성을 두고 다양한 비판이 있었지만 그 이야기는 일단 보류하고, 액설로드 교수가 말한 이 프로그램의 강점을 설명해 보려 한다. 무척 흥미로운 이야기다.

첫째, 이 프로그램은 결코 자신이 먼저 배신하지 않는다. 우선 협조하고 상대가 협조하는 한 협조를 계속하는 '좋은 녀석' 전략을 구사한다.

둘째, 상대가 배신하면 그 자리에서 자신도 배신으로 돌아선다. 계속 협조하다가 상대가 배신해서 손실이 커질 경우 당장 상대에게

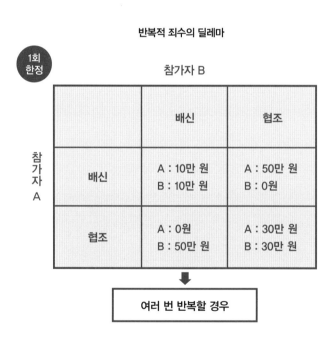

반복적 죄수의 딜레마

1회 한정		참가자 B	
		배신	협조
참가자 A	배신	A : 10만 원 B : 10만 원	A : 50만 원 B : 0원
	협조	A : 0원 B : 50만 원	A : 30만 원 B : 30만 원

↓

여러 번 반복할 경우

상대가 배신하면 배신하고,
상대가 협조하는 한 계속 협조한다.

페널티를 준다. '좋은 녀석'이지만 상대가 싸움을 걸어오면 되받아 친다.

셋째, 상대가 다시 협조로 돌아오면 이쪽도 협조로 돌아서는 '포용성'을 갖고 있다. 이미 끝난 일은 잊어버리고 미래를 위해 협력하는 깔끔한 전략을 펼친다. 마지막으로 이 프로그램은 상대측에서 보면 '내가 배신하지 않는 한 이 녀석은 좋은 사람이지만 내가 배신하면 상대도 바로 배신한다'는 사실이 분명해서 파악하기 쉽고 예측하기도 수월하다는 특징이 있다.

강점의 핵심을 보고 "뭐야! 이거 완전 미국식 사고방식이잖아?"라고 생각할지도 모른다. 그건 그렇다고 치고, 이 단순한 전략은 무척 견고해서 그로부터 몇 년 후에 열린 제2회 콘테스트에서 통계 해석으로 계산하는 고도의 프로그램을 비롯한 훨씬 많은 경쟁 상대들과 맞붙어서도 다시 한번 우승을 차지했다.

액설로드는 이러한 연구 내용을 그의 책 『협력의 진화』에 정리하여 실었다. 게임 이론을 실생활에 활용할 수 있는 방법뿐만 아니라, 이 협조 전략이 서로의 관계가 오래 지속될 거라고 믿는 경우에는 유효하지만 그렇지 않은 경우에는 아닐 수 있다는 내용에 관해 보다 자세히 언급하고 있으므로 관심이 있다면 읽어 보길 권한다.

다른 사람에 대해 사람들이 갖고 있는 기본 생각은 무척이나 다양하다. 이를테면 '사람을 보면 도둑이라고 생각하라'는 말을 인류가 지닌 지성의 결정으로 여기는 사람도 있을 것이다. 그러나 우선 협조하고 상대에게 배신당하지 않는 한 계속 협조하는 프로그램이

'반복적 죄수의 딜레마' 게임에서 최강의 전략으로 평가받았다는 사
실은 우리에게 많은 것을 생각케 한다.

23 왜 기장이 조종할 때 사고 발생 확률이 더 높을까?

권력 거리

헤이르트 호프스테더 (Geert Hofstede, 1928~)

네덜란드의 사회 심리학자. 조직, 국가, 민족 간의 문화적 차이에 관해 선구적 연구를 실시했다.

우리가 잘 알듯 대개 여객기에서는 기장과 부조종사가 직무를 분담해서 비행한다. 부조종사에서 기장으로 승격하는 데는 보통 10년 정도가 걸리며, 그러기에 두말할 것도 없이 경험이나 기술, 판단 능력 면에서 기장이 부조종사보다 훨씬 뛰어나다고 인식한다. 하지만 과거에 발생한 항공기 사고를 조사한 통계를 살펴보면 부조종사가 조종타를 쥐었을 때보다 기장이 조종타를 잡았을 때 추락 사고가 훨씬 많이 발생했다는 사실을 알 수 있다. 대체 어찌 된 일일까? 이 문제에서 조직이 지니고 있는 불가사의한 특성이 드러난다.

조직을 '어떤 목적을 달성하기 위해 모인 2인 이상의 집단'이라고 정의하면 항공기의 조종실은 최소의 조직이다. 조직에서 의사 결정의 질을 높이려면 구성원 간에 의견 표명이 자유롭고 마찰을 두려워하지 않는 것이 중요하다. 어떤 사람의 행동이나 판단에 대해 다른 누군가가 이견을 갖고 있다면 그 생각을 솔직히 드러내어 지적해야 한다. 항공기 조종실에서도 마찬가지로 한 사람의 판단과 행동에 대해 다른 한 사람이 반대 의견을 거리낌 없이 말할 수 있는 분위기가 조성되어야 한다. 이 점이 매우 중요하다.

부조종사가 조종타를 잡고 있을 때는 상사인 기장이 부조종사의 행동과 판단에 자연스럽게 이의를 제기할 수 있다. 하지만 반대의 경우는 어떨까? 기장이 조종타를 쥐고 있을 때 부하 직원인 부조종사는 과연 기장의 행동이나 판단에 반대 의견을 솔직히 말할 수 있을까? 아마도 대개는 심리적인 저항감을 느낄 것이다. 그래서 걱정되는 점이나 다른 의견이 있어도 망설이다 속으로 꿀꺽 삼킨 결과가 '기장이 조종타를 잡았을 때 사고가 발생할 확률이 높다'는 통계로 발현된 것이다.

상사에게 반론을 제기할 때 부하 직원이 느끼는 심리적 저항감의 정도가 민족 간에 차이가 있다는 연구 결과도 있다. 네덜란드 림뷔르흐 대학교의 조직 인류학 연구자인 헤이르트 호프스테더는 전 세계적으로 '상사에게 반론할 때 느끼는 심리적 저항 강도'를 조사해 수치화했고 이를 권력거리지수$^{\text{PDI, Power Distance Index}}$라고 정의했다. 1960년대 초반부터 이미 전 세계적으로 유명한 국민 문화 및 조직 문화 연구의 일인자였던 호프스테더는 IBM의 의뢰를 받아 1967년부터 1973년까지 6년에 걸쳐 연구 프로젝트를 실시했다. 그 결과 IBM 각국의 지사에 따라 관리직과 부하 간의 업무 방법과 커뮤니케이션 방식이 상당히 다르다는 점을 밝혀냈다. 그리고 이 차이점이 지적 생산에 큰 영향을 미친다고 생각했다. 호프스테더는 수많은 항목이 포함된 복잡한 질문표를 만들어 오랜 세월 동안 여러 나라에서 방대한 분량의 데이터를 수집하고 다양한 각도에서 '문화적 풍토가 초래하는 행동의 차이'를 분석했다. 이후 그가 쓴 논고의 대부분은 이때의 연구를 토대로 하고 있다. 구체적으로 호프스테더는 각국의 문화적 차이를 아래의 여섯 가지 유형에 따라 정의했다. 이는 '호프스테더의 여섯 가지 문화 유형'으로 잘 알려져 있다.

① 권력거리지수[PDI, Power Distance Index]

② 개인주의[IDV, Individualism]

③ 불확실성 회피지수[UAI, Uncertainty Avoidance Index]

④ 남성성[MAS, Masculinity]

⑤ 장기적 적응[LTO, Long-Term Orientation]

⑥ 자율성 vs. 통제성[IVR, Indulgence Versus Restraint]

호프스테더는 권력 거리를 '각 국가의 제도와 조직에서 권력이 약한 구성원이, 권력이 불평등하게 분포되어 있는 상태를 예기하고 받아들이는 정도'라고 정의했다. 영국처럼 권력 격차가 작은 국가에서는 사람들 사이의 불평등이 최소한도로 억제되고 권한이 분산되는 경향이 강하다. 상사는 의사 결정을 하기 전에 부하의 의견에 귀를 기울이고, 사회 전반에도 특권이나 사회적 지위의 상징이 그다지 눈에 띄지 않는다. 반면 권력 격차가 큰 국가에서는 사람들 사이에 존재하는 불평등이 오히려 바람직하게 받아들여지고 권력 약자가 지배자에 의존하는 경향이 강해 중앙 집권화가 이루어진다. 이러한 상황으로 볼 때, 권력 거리의 국가별 차이는 직장 내에서 상사와 부하의 관계 성향에도 크게 작용한다. 호프스테더는 단적으로 이렇게 지적했다.

"권력 거리가 좁은 미국에서 개발된 목표 관리 제도는 부하 직원과 상사가 교섭 자리에 대등한 위치로 나올 것을 전제로 개발되었기 때문에, 상사와 부하 모두 교섭 자체를 불편하게 여기는 국가, 즉 권력 거리가 큰 문화권에서는 거의 제 기능을 하지 못할 것이다."

호프스테더가 조사한 일곱 국가의 권력 거리는 아래와 같으며, 예상대로 일본의 점수는 상대적으로 상위에 위치했다.

프랑스 : 68

일본 : 54

이탈리아 : 50

캐나다 : 39

구 서독 : 35

영국 : 35

호프스테더는 권력 거리가 큰 국가에서는 상사에게 이견을 제시하길 꺼려 하는 부하 직원의 모습을 자주 볼 수 있으며, 부하에게 상사는 다가가기 어려운 존재이므로 얼굴을 맞대고 반대 의견을 피력하는 건 거의 있을 수 없는 일이라고 말했다.

권력 거리는 구체적으로 어떠한 영향을 미치는가? 현재 일본의 상황을 고찰해 보면 두 가지 시사점을 발견할 수 있다.

첫째, 준법 감시compliance에 관한 문제다. 조직에서 권력을 가진 자가 도의적으로 잘못된 의사 결정을 내릴 경우 부하 직원들이 "그건 말도 안 됩니다"라고 반론을 제기할 수 있을까, 없을까? 호프스테더의 연구 결과에 따르면 일본인들이 '자신의 의견을 밝히는 데 저항감을 느끼는' 정도가 다른 선진국 사람들에 비해 상대적으로 강하다는 사실을 분명하게 보여 준다.

둘째, 혁신innovation에 관한 문제다. 이 책의 후반부에 등장할 과학자 토머스 쿤은 패러다임 전환을 일으키는 인물의 특징으로 "연령이 아주 낮거나 그 영역에 들어온 지 얼마 안 된 사람"이라는 점을 꼽았다. 이는 조직 내에서 상대적으로 약한 입장에 있는 사람이 패러다임 전환으로 이어지는 아이디어를 내기 쉽다는 점을 암시한다. 따라서 약한 입장에 있는 사람들이 적극적으로 자신의 의견을 표명해야 기술 혁신이 가속된다고 볼 수 있는데, 일본의 권력 거리는 상대적으로 커서 조직 내에서 약한 입장에 있는 사람의 의견은 묵살당하기 십상이다.

이 두 가지 사실에 입각하면 조직의 리더는 부하가 반대 의견을 표명할 때 귀를 기울이는 '소극적 경청' 태도만으로는 불충분하다. 리더나 상사는 더욱 적극적으로, 아니 오히려 자신에게 반대하는 의견을 찾아 나서고 수용하려는 자세가 필요하다.

24 안정이 계속될수록 축적되는 리스크

반反취약성

나심 니콜라스 탈레브 (Nassim Nicholas Taleb. 1960~)

레바논 출신의 미국 작가이자 인식론자, 독립 연구가. 금융 파생 상품 전문가로 뉴욕 월가에서 오랫동안 근무했으며 이후 인식론 연구자가 되었다. 저서로『블랙 스완』,『안티프래질』등이 있다.

반反취약성이란 '외부의 혼란이나 압력에 오히려 성과가 상승하는 성질'을 뜻한다. 나심 니콜라스 탈레브가 그의 책에서 제시한 개념으로 '반취약성'이라고 표현하면 무척 딱딱하고 강한 느낌이 들어서인지 그는 이를 설명하기 위해 신조어 '안티프래질anti-fragile'이라는 형용사를 사용했다. 우리가 일반적으로 사용하는 말에는 이 성질을 정확하게 표현할 수 있는 단어가 없다. 이와 관련해서는 뒤에서 소개할 소쉬르의 언어학 항목에서 자세히 설명하겠지만, 언어라는 것은 우리가 세상을 인식하는 범위를 반영하기 때문에 '반취약성'의 의미에 꼭 들어맞는 언어가 영어에도 일본어에도 없다는 사실은 이 용어가 새로이 등장한 개념이라는 점을 시사한다.

대개 우리는 외부의 혼란이나 압력에 의해 바로 무너지거나 상황이 악화되는 성질을 '취약 = 약하다 = fragile'이라고 표현한다. 그렇다면 이와 대치되는 개념은 무엇일까? 대부분의 사람들은 일반적으로 '강건 = 튼튼하다 = robust'를 떠올린다. 하지만 '이것이 정말로 맞을까?'라는 의문이 탈레브가 이 개념을 제시한 사고의 출발점이었다.

외부의 혼란과 압력이 강해지면 성과가 저하되는 성질을 취약성의 정의라고 한다면, 대치되어야 하는 것은 '혼란과 압력이 강해지면 오히려 성과가 상승하는 성질'이라고 본 탈레브는 이를 '반취약성 = anti fragile'이라고 명명했다. 탈레브는 『안티프래질』에서 다음과 같이 기술하고 있다.

반취약성은 내구력이나 강건함을 초월한 의미다. 내구력이 있는 물체는 충격을 견디고 현상을 유지한다. 하지만 반취약성을 지니면 충격을 원동력으로 삼는다. 이 같은 성질은 진화, 문화, 사상, 혁명, 정치 체제, 기술 혁신, 문화적·경제적 번영, 기업의 생존, 훌륭한 레시피(치킨 수프나 코냑을 한 방울을 떨어뜨린 타르타르 스테이크 등), 도시의 융성, 사회, 법체계, 적도의 열대 우림, 세균에 대한 내성 등 시대와 함께 변화해 온 모든 것에도 해당한다. 지구상에서 하나의 종種으로서의 인간이라는 존재 역시 마찬가지다. 그리고 인간의 신체와 같이 살아 있는 것, 유기적인 것, 복합적인 것과 책상 위의 스테이플러와 같은 무기적인 물건과의 차이는 반취약성이 있느냐 없느냐에 있다.

나심 니콜라스 탈레브 『안티프래질』

스트레스나 외부의 혼란 또는 오류에 의해 오히려 조직 전체의 성과가 올라간다고 하면 좀처럼 그 이미지가 떠오르지 않을지도 모른다. 예컨대 노이즈 마케팅^{noise marketing}도 안티프래질이라고 할 수 있다. 레오나르도 디카프리오가 실업자에서 연봉을 500억 원까지 올리며 성공한 실존 인물인 증권 트레이더 조던 벨포트를 연기해 화제가 되었던 영화 〈더 울프 오브 월 스트리트〉에서는, 벨포트가 사장으로 일했던 금융 트레이딩 회사를 폄하하는 기사가 미국 경제 잡지인 《포천^{Fortune}》에 게재되자 격노하는 벨포트를 아내가 달래는 장면이 나온다. 이때 아내는 "이 세상에 해로운 홍보란 없는 법이에요 There is no such thing as bad publicity"라고 말한다. 아내의 말대로 결국 이 폄하 기사를 계기로 벨포트의 회사에는 입사 지원이 쇄도했고 이후 사업이 폭발적으로 확장되기 시작했으니 이 또한 스트레스에 의해 오히려 조직의 성과가 올라간 예로 생각할 수 있다. 인간의 몸도 마찬가지다. 절식이나 운동이라는 '부하^{負荷}'를 걸어 놓으면 오히려 건강해지는 것 또한 반취약적 특성이다.

탈레브가 반취약성 개념을 중요하게 여긴 것은 우리가 예측이 무척 어려워진 시대를 살고 있기 때문이다. 리스크를 미리 예측할 수 있다면 그 위기 상황에 대응할 수 있는 강력한 시스템을 구축하면 된다. 쓰나미에 대처하기 위한 완벽한 제방과 같은 것인데, 그것이 과연 가능할까? 탈레브는 다음과 같이 주장했다.

> 시스템에 해를 끼치는 현상의 발생을 예측하기보다 시스템이 취약한지 아닌지를 판단하는 것이 훨씬 편하다. 취약성은 측정할 수 있지만 리스크는 측정할 수 없다(리스크를 측정할 수 있는 것은 카지노의 세계나 '리스크 전문가'를 자칭하는 무리의 머릿속뿐이다). 나는 중대하고 희소한 현상의 리스크를 계산하거나 그 발생을 예측하는 것은 불가능하다는 사실을 '블랙 스완 문제'라고 부른다. 취약성을 측정함으로써 이 문제를 해결할 수 있다. 변동성으로 인해 얼마나 피해를 입기 쉬운지는 측정할 수 있으며, 이는 피해를 일으키는 사건을 예측하는 것보다는 훨씬 간단하다. 그러므로 이 책에서는 현대의 예측, 예지, 리스크 관리에 접근하는 방법을 근본부터 뒤엎고 싶다.
>
> 나심 니콜라스 탈레브 『안티프래질』

'얼핏 취약해 보이지만 실제로는 반취약한 시스템'과 '보기에 강건하지만 실은 취약한 시스템'의 대비를 사회 곳곳에서 찾아볼 수 있다. 예로, 전문적인 기술을 갖춘 건축 사무소 목수와 대형 종합 건설 회사 사무직이라든가 동네 상점가와 대형 백화점, 또는 아이를 태워 다니는 주부용 자전거와 벤츠를 들 수 있다. 30만 원짜리 주부용 자전거와 1억 원에 달하는 벤츠를 비교해서 벤츠 쪽이 취약하다고 지적한다면 아마 대부분 의아하게 여길 것이다. 양쪽에 대한 인상이 어디까지나 '시스템이 정상적으로 작동하고 있는 상태'를 전제로 하고 있기 때문이다. 동일본대지진(2011년 3월 11일 일본 도호쿠 지방에서 발생한 진도 9.0의 지진과 그에 동반한 초대형 쓰나미, 그리고 그 후의 여진으로 인한 대규모 지진 재해. 2만여 명의 사상자가 발생했으며 후쿠시마 제1원자력발전소 사고까지 초래함-옮긴이) 때는 도쿄마저 교통망이 완전히 마비되어, 나는 사무실 근처에서 자전거를 구입해 30킬로미터나 떨어진 집까지 두 시간 만에 돌아갈 수 있었다. 하지만 자동차로 이동했던 사람들은 다섯 배 이상의 시간이 걸렸다고 한다.

이 '반취약성'을 조직론이나 경력론에 적용해 생각해 보면 어떤 깨달음이 있을까? 우선 조직론에 적용하자면 의도적인 실패를 설정해 두는 것이 중요하다. 스트레스가 적은 상황일수록 시스템은 취약해지게 마련이므로 언제나 무너지지 않을 정도의 스트레스를 일정하게 가해야 한다. 그 실패가 학습을 독려하고 조직의 창조성을 끌어올리는 역할을 하기 때문이다.

경력론의 세계에서도 마찬가지다. 탄탄한 경력이란 대형 시중은행이나 일류 대기업 등 인지도 높은 대규모 조직에 들어가 그곳에서 무사히, 크게 실패하는 일 없이 순조롭게 출세하는 것이라고들 생각하기 쉽지만, 그러한 경력이 과연 우리가 생각하듯이 정말 굳건할까?

이 책을 집필하던 2018년 2월에는 이미 대형 시중은행의 인원 감축 뉴스로 사회가 떠들썩했다. 조직론 분야의 전문가에 의하면, 은행 업무는 모듈화modularity가 진행되고 있는 데다 절차의 프로토콜(통신 시스템에서 데이터를 교환하기 위해 사용하는 통신 규칙-옮긴이)이 매우 발달되어 있어서 기계로 대체되기 가장 쉬운 분야다. 큰 조직에서 근무하며 그 안에서 줄곧 지내다 보면 자신의 기술이나 지식 같은 인적 자본과 인맥과 평판, 신용 등의 사회 자본이 대부분 기업 내에 축적된다. 그런데 이러한 인적 자본과 사회 자본은 그 조직 사회를 떠나게 되면 그 가치가 크게 떨어진다. 즉 사람을 하나의 기업으로 생각할 때, 이 사람의 대차 대조표는 그 회사에서 나오는 순간 극히 취약해지고 마는 것이다.

그렇다면 어떻게 해야 할까? 가능한 한 젊을 때 많은 실패를 맛보는 것, 여러 조직과 커뮤니티를 경험하면서 인적 자본과 사회 자본을 한 장소가 아닌 분리된 여러 장소에 형성하는 것 등의 요건이 중요해진다. 하나하나의 조직과 커뮤니티는 취약할지도 모르지만, 무엇보다 중요한 것은 조직과 커뮤니티의 존속보다도 그 사람의 인적 자본과 사회 자본의 축적이다. 만약 속해 있던 조직과 커뮤니티가 소멸된다 하더라도 소속된 사람들 사이에 신뢰가 형성되어 있다면 그 사람의 사회 자본은 줄어들거나 사라지지 않고 아메바형으로 분산되어 유지될 수 있다.

이 고찰을 꾸준히 해 나가면 탈레브가 지적하는 '반취약성'이라는 개념이 우리가 생각하는 성공 모델이나 성공의 이미지를 바꾸라고 재촉한다는 걸 알게 된다. 앞서 말했듯이 우리는 자신이 속한 조직과 자신의 경력을 최대한 탄탄하게 만드는 것이 성공이라고 믿는 성향이 있다. 하지만 오늘날처럼 앞일을 예측하기 어렵고 불확실성이 높은 사회에서 겉으로 보기에 강건해 보이는 시스템이 실은 매우 취약하다는 사실이 점점 더 드러나고 있다. 자신이 속한 조직이나 경력에 '반취약성'을 어떻게 끌어들여 활용하느냐가 앞으로 중요한 과제가 될 것이다.

3장

'사회'에 관한 핵심 콘셉트

지금 무슨 일이 일어나고 있는가?

어떻게 시스템은
인간을 소외시키는가

소외

카를 마르크스 (Karl Marx, 1818~1883)

독일 프로이센 왕국 출신의 철학자, 사상가, 경제학자, 혁명가. 1845년에 프로
이센 국적을 이탈한 이후로는 무국적자였다. 1849년 서른한 살에 영국으로 건
너간 후 영국을 거점으로 활동했다. 프리드리히 엥겔스의 협력을 얻어 포괄적
인 세계관 및 혁명 사상으로서 과학적 사회주의, 즉 마르크스주의를 수립하고,
자본주의가 고도로 발달함에 따라 공산주의 사회가 도래한다는 필연성을 설파
했다. 평생을 몰두했던 자본주의 사회 연구는 『자본론』으로 결실을 맺고 그 이
론에 의거한 경제학 체계는 마르크스 경제학이라고 불렸다. 20세기 이후의 국
제 정치와 사상에 지대한 영향을 미쳤다.

'소외'는 마르크스가 남긴 수많
은 키워드 가운데 비교적 오용되기 쉬운 용어다. 그러나 난해한 개
념은 아니다. 오히려 세상 곳곳에서 소외가 일어나고 있으므로 알아
두면 다양한 상황을 정확히 이해하는 데 도움이 된다.

소외란 인간이 만들어 낸 개념이지만, 이것이 인간에게서 떨어
져 나와 오히려 인간을 조종하는 양상을 보인다. 많은 해설에서 주

로 '서먹서먹해지다'라고 설명하고 있는데, 서먹해지는 것뿐이라면 소외된 사람을 그냥 내버려두면 되므로 실제로 심각한 피해는 없다. 소외가 큰 문제인 까닭은 인간이 만들어 낸 시스템에 인간이 휘둘리게 된다는 데 있다. 남녀관계로 비교하면 서먹해진다는 것은 마치 타인을 대하듯 거리감이 생긴다는 느낌이 들지만, 사회에서의 소외는 '휘둘리게 된다'는 뉘앙스가 강하다.

마르크스는 그의 『경제학 · 철학 초고』에서 자본주의 사회의 필연적 귀결로 네 가지 소외가 발생한다고 지적했다.

첫째는 노동 생산물로부터의 소외다. 자본주의 사회에서 임금 노동에 의해 노동자가 만들어 낸 상품은 전부 자본가의 소유가 된다. 사냥꾼이 산에서 사냥한 곰을 가지고 돌아오는 것은 당연한 일이지만, 공장에서 완성된 상품을 공장 직원이 마음대로 집에 가져가는 것은 허용되지 않는다. 왜 허용되지 않는 것일까? 공장에서 생산된 상품은 회사의 자본이며 대차 대조표의 재고 자산으로서 계상된다. 대차 대조표에 계상된다는 것은, 이 상품이 회사의 자산이며 주주, 즉 자본가의 소유라는 의미다. 자신의 노동으로 생산한 상품인데도 불구하고 노동자의 것이 아니며, 더구나 상품이 세상에 나옴으로써 자신의 생활에 영향을 받는다. 이것이 노동 생산물로부터의 소외다.

둘째는 노동으로부터의 소외다. 현재는 이 지적이 꼭 들어맞지는 않지만, 마르크스에 따르면 노동을 하고 있는 노동자는 대부분 고통과 지루함을 느끼고 자유를 억압받는 상태에 있다. 애덤 스미스를 비롯한 고전파 경제학자들이 분업에 의한 생산성 향상을 주장한 결과, 노동은 인간에게 '지루하고, 가능하면 피하고 싶은 것'으로 타락하고 말았다. 마르크스는 이 상황을 문제로 삼았다. 본래 노동은 인간에게 창조적인 활동work이어야 하는데 실제로는 임금 노동제에 의해 왜곡되어 있다고 그는 지적했다. 인간은 노동을 하는 동안 자기를 느끼지 못하며 힘든 노동에서 해방되어야 비로소 독립된 자신으로 설 수 있다. 이것이 노동으로부터의 소외다.

셋째는 위의 두 가지를 통해 다다르는 것으로 바로 유적類的 소외다. '유적'은 꽤 기이한 번역어다. 원서를 확인해 보면 독일어로는 'Gattung', 이를 영어로 번역하면 'Species'가 되는데 '종種'이라고 생각하면 보다 이해가 쉽다. 다만 엄밀한 의미에서 따져 보면 독일어인 'Gattung'과 영어인 'Species'는 약간 다르다. 마르크스의 『경제학·철학 초고』를 영어로 번역한 마틴 밀리건은 원래의 독일어가 품고 있는 뉘앙스를 영어로 번역하는 데 상당히 고전했다고 토로하기도 했다. 다시 본론으로 돌아가 유적 소외란 무엇인가? 마르크스는 인간을 유적 존재, 즉 어떤 '종류'에 속해 있어 그 속에서 건전한 인간관계를 형성하는 생물체로 정의했다. 하지만 분업이나 임금 노동에 의해 건전한 인간관계는 파괴되고 노동자는 자본가가 소유한 회사나 사회의 기계적인 부품, 즉 기어(톱니바퀴)가 되고 만다. 이것이 유적 소외다.

넷째는 인간, 즉 타인으로부터의 소외다. 더 알기 쉽게 설명하면 '인간다움으로부터의 소외'라고 할 수 있다. 자본주의 사회에서 노동자인 인간의 가치는 사회나 회사의 톱니바퀴로, 얼마나 효율성 있게 일하는가 하는 생산성만을 요구받는다. 이에 따라 인간의 관심은 얼마나 짧은 노동으로 재빨리 돈을 벌까에 집중되어 인간다운 노동이나 증여에서 오는 기쁨을 잃어버리고 오히려 타인에게서 얼마나 빼앗을까, 타인을 어떻게 앞지를까에만 전념하게 된다. 이것이 인간으로부터의 소외다.

이렇게 마르크스가 지적한 네 가지 소외를 통해 알 수 있듯이, 마르크스는 소외를 원래 자본주의 사회 아래서 전개되는 노동과 자본의 분리, 혹은 분업에 의한 노동의 시스템화가 초래하는 폐해로 규정했다. 소외를 조금 더 넓은 의미의 개념으로 확대해 자신들이 만들어 낸 시스템에 의해 자신들이 휘둘려 훼손당하는 현상이라고 생각하면, 사실은 소외가 실로 다양한 영역에서 발생하고 있다는 사실을 깨닫게 될 것이다. 자본 시장은 인간이 만들어 낸 것임에도 불구하고 이제는 누구도 이를 제어할 수 없다. 제어는커녕 어떤 행동을 해야 하는지조차 모르는 채 수많은 사람이 휘둘린다.

조금 더 범위를 좁혀 살펴보면 기업의 인사 평가 체계가 그러하다. 당연히 조직의 실적을 최적화하려는 목적으로 인사 평가 제도라는 수단이 개발되었지만, 누구나 알고 있듯 대부분의 기업에서는 인사 평가 제도를 시행한다는 것 자체가 목적이 되어 버린 탓에 당초의 목적이었던 조직의 성과를 최적화한다는 관점에서는 거의 평론이 이루어지지 않고 있다. 이 또한 일종의 소외다. 한마디로 소외는 목적과 시스템 사이의 주종관계를 역전시켜, 시스템이 주가 되고 목적이 종속되게 만든다.

　우리는 무언가 문제가 생기면 시스템을 만들어 그 문제를 해결하려고 한다. 하지만 정말로 그 시스템이 문제를 해결할 수 있을까? 문제를 해결하려고 만든 시스템이 원래 있던 문제를 전혀 해결하지 못한 채 되레 다른 문제만 더 불거지게 하는 경우가 허다하다. 이러한 경향은 인사 평가 제도에서 가장 두드러진다.

　최근의 비유를 하나 들자면, 기업 지배구조corporate governance(주주가 기업 경영을 감독하는 기업 내부의 의사 결정 시스템-옮긴이)에 관련된 규제나 규칙도 아마 30년 후에는 불명예스러운 사례 중 하나로 기억될 것이다. 기업 활동에서 윤리적인 측면의 규율은 무엇보다 기업을 경영하는 사람들의 윤리관이나 도덕관에 좌우된다. 이 부분에 관한 조치는 생각 않고 규칙을 정해 그 준수 상황을 외부에서 감시하는 데 막대한 에너지를 쏟아 버리면 결국 문제를 해결하지 못한다. 이는 회계 제도를 아무리 정비해도 분식 회계가 근절되지 않는 상황을 보면 잘 알 수 있다. 규칙이나 시스템으로 사람의 행동을 통제하려고 하면 거기에는 자연히 소외가 발생한다. 그렇다면 오히려 자발적인 이념과 가치관으로 바람직한 행동을 추구하는 것이 우리에게 더 중요하지 않겠는가?

26 독재에 의한 질서 vs. 자유가 있는 무질서

리바이어던

토머스 홉스 (Thomas Hobbes, 1588~1679)

영국의 철학자. 1651년에 저술한 대표작 『리바이어던』으로 사회 계약 이론을
확립하고 현대까지 이어지는 정치 철학의 초석을 구축했다. 또한 정치 철학에
더해 역사, 법학, 기하학, 신학, 윤리학, 일반 철학 등 다양한 분야에 공헌했다.

'리바이어던Leviathan'이라는 용
어는 토머스 홉스가 만든 조어가 아니라 원래 『구약성서』에 나오는
거대한 괴물의 이름이다. 『구약성서』의 「욥기」에는 다음과 같이 묘
사되어 있다.

새벽의 반짝임과 같이 빛을 발하기 시작한다.

입에서는 불꽃이 뿜어져 나오고

불티가 사방으로 흩날린다. (……)

목에는 맹위가 깃들고

얼굴에는 위협의 기운이 넘쳐 흐른다.

『구약성서』 「욥기」 41장 중에서

이 묘사를 읽으면 '이건 고질라나 다름없잖아' 하고 생각하겠지만 홉스가 이미지로 그린 것은 틀림없이 '사람의 지혜가 미치지 않는 거대한 힘'이었을 것이다.

홉스는 세계라는 구조물의 이상적인 모습을 두 가지로 전제하고 사고思考 실험을 실시했다. 두 가지 전제는 다음과 같다.

① 인간의 능력에 큰 차이는 없다.
② 인간이 원하는 것은 희소하고 유한하다.

참으로 기계적인 사고방식이 아닐 수 없다. 이러한 사고관은 홉스보다 조금 후대에 등장한 데카르트와 스피노자에게서도 찾아볼 수 있는데, 조금 어렵게 말하면 '유물론적 세계관' 또는 '기계론적 자연관'이라 한다. 정신이나 정서를 배제한 채, 타이머 같은 시계 장치로 무언가 다른 것을 움직이게 하는 기계적인 세계관이다. 현재를 살아가고 있는 우리가 보기에 이러한 사고방식은 그렇게까지 부자연스럽게 여겨지지 않을지 모르지만, 홉스가 살던 17세기 말은 아직 '신이 세상을 창조했다'는 사고가 주를 이루던 시기였음을 간과해선 안 된다. 그와 다른 사고를 갖고 있는 사람은 이단으로 규정되어 화형까지 처해지던 시대이므로, 당시 홉스의 사고는 무척 혁명적인 것이었다.

　이야기를 다시 되돌리면, 홉스는 이 두 가지 명제에서 필연적으로 이끌려 나오는 사회의 상태가 바로 '만인의 만인에 대한 투쟁' 상태라고 보았다. 희소한 것을 서로 빼앗기 위해 모두가 싸우는, 지금식으로 말해 '디스토피아'야말로 세상의 본질이라고 지적했다. 구체적으로 홉스는 다음과 같이 기술했다.

　토지 경작도 항해도 이루어지지 않고 해로로 수입되는 물자의 이용, 편리한 건물, 많은 힘이 필요한 물건 운반 도구, 지표면에 관한 지식, 시간 계산, 기술, 문자, 사회, 그 어떤 것도 없다. 그리고 무엇보다 불행하게도 끊임없는 공포와 폭력에 의한 죽음의 위험이 있다. 이런 상태에서 인간의 생활은 고독하고 가난하며 불결하고 잔혹하며, 심지어 짧다.

토머스 홉스 『리바이어던』

　당연하지만, 이는 누구에게도 행복한 상태가 아니다. 그래서 '나는 당신의 소유물에는 손을 대지 않겠다고 약속하겠으니 당신도 나의 소유물에 손을 대지 않는다고 약속해 주십시오'라는 사고관이 생겨난다. 사회의 구성원 전원이 규칙을 정하고 지킬 것을 약속하는 것이다.

　그런데 홉스는 이것만으로는 충분하지 않다고 여겼다. 홉스에 의하면 칼 없는 계약은 단지 듣기 좋은 말에 지나지 않으며 몸을 지켜 주는 힘이 전혀 없다. 요컨대 규칙을 깼을 때 벌칙이 가해지지 않는다면 규칙 따위는 아무런 의미가 없다는 것이다.

이 문제를 해결하기 위해 법을 위반한 자를 벌할 만큼의 권력을 지닌 권위체를 중앙에 둘 필요가 생겨난다. 그 권위체가 사회 구성원과 계약을 맺고 규칙 위반을 엄격히 감독하는 데 전원이 합의한다. 사회를 구성하는 사람들의 자유와 안전을 보장하는 유일한 방법은 개개인의 자유와 안전을 박탈할 수 있는 권력을 갖는 거대한 권위체를 두고 그 권력으로 사회를 통제하는 것이다. 그는 이 거대한 권위체를 거대함과 두려움에 빗대어 '리바이어던'이라고 명명했다.

여기서 이 책 첫머리에 언급한 '프로세스로부터의 배움'과 '아웃풋으로부터의 배움'을 생각해 보자. 홉스의 아웃풋을 단순히 정리하면, 안전한 사회를 만들기 위해서는 국가 권력이 필요하다는 것이다. 하지만 이 주장을 배우는 것만으로는 큰 지적 결실을 얻을 수 없다. 제대로 정비되어 있지 않은 조직이 있다고 할 때 권력을 집중시켜 안정을 되찾으려는 사람은 '안전한 사회를 만들기 위해서는 큰 권력을 갖는 권위체가 필요하다'는 홉스의 주장에 강하게 설득될지도 모른다. 하지만 이러한 상황에서 홉스의 주장을 다루는 것은 본래 홉스의 의사가 아니며, 고찰의 인용이라는 점에서도 옳지 않다. 홉스가 왜 이러한 결론에 이르렀는지 그 사고의 프로세스를 배우는 것이 더 중요하다. 이 사고 프로세스를 홉스는 다음과 같이 절묘하게 밝혔다.

사람들이 외적의 침입이나 서로의 권리 침해로부터 몸을 지키고, 자신의 노동과 대지에서 얻은 수확으로 자신을 부양하며 쾌적한 생활을 할 수 있게 하는 것은, 이 공공公共의 권력이다. 이 권력을 확립하는 유일한 길은 모든 사람의 의지를 다수결에 의해 하나의 의지로 결집할 수 있도록, 한 사람의 개인 혹은 합의체에 그들이 지닌 모든 능력과 강인함을 넘겨주는 것이다.

토머스 홉스 『리바이어던』

홉스는 무조건 국가가 필요하다고 주장하지 않았다. 인간과 사회의 성질에 관해 얼마간 가정하면 필연적으로 어떤 결론을 얻을 수 있다고 말했을 뿐이다. 홉스의 주장은 우리에게 '거대 권력에 지배된 질서 있는 사회'와 '자유롭지만 무질서한 사회' 중 어느 쪽이 사람들에게 바람직할까 하는 한 가지 물음을 던진다. 물론 홉스의 답은 전자였다. 홉스가 왜 그렇게 생각했는가를 고찰할 때는 홉스가 피로 피를 씻는 청교도 혁명Puritan Revolution(1640~1660년 영국에서 청교도가 중심이 되어 일으킨 최초의 시민 혁명-옮긴이)이 절정이던 시대를 살았다는 점을 잊지 말아야 한다. 신에게 국가를 통치할 권리를 부여받은 국왕이 처형되어 사회는 혼란 상태에 빠졌고, 홉스가 개인적으로 가깝게 지내던 사람들도 대부분 난세 속에서 가혹한 인생을 살았다. 일시적인 평화도 군사적인 독재에 의해 겨우 유지되던 시대였던 것이다. 이러한 시대를 살았던 홉스가 자유가 있는 무질서보다 '독재에 의한 질서'를 원했던 것은 무리가 아니다.

27 구글은 민주주의의 수호자가 될 수 있을까?

일반의지

장 자크 루소 (Jean Jacques Rousseau, 1712~1778)

제네바 공화국에서 태어나 주로 프랑스에서 활약한 철학자, 정치 철학자이자 작곡가. 공증인 수습생, 금속공예가, 가정교사, 작곡가 등 여러 직업을 전전한 후 서서히 산문가로서 명성을 얻었다. 참고로 그의 오페라 작품은 루이 15세 앞에서 상연되기도 했으며, 작곡가로서도 나름대로 성공했다고 전해진다. 우리에게 잘 알려진 동요 〈주먹 쥐고 손을 펴서〉는 루소가 작곡한 작품이다.

조직의 집합적인 의사 결정 구조의 가능성에 관해 처음으로 본격적으로 논한 사람이 장 자크 루소다. 그는 저서 『사회 계약론』에서 시민 전체의 의지를 '일반의지'라는 개념으로 정의하고 의회제나 정당정치에 좌우되지 않는 일반의지에 기초한 통치야말로 이상적이라는 사고를 제시했다. 루소가 주장한 일반의지는 수많은 후대의 사회학자와 사상가 들을 곤혹스럽게 한 매우 기묘한 개념이다. 그러나 일본의 사상가 아즈마 히로키는 오늘날의 발달된 기술과 네트워크를 활용하면 일반의지에 대한 개념 정립이 가능할지도 모른다고 말했다.

> 민주주의는 깊고 충분한 논의를 전제로 한다. 하지만 일본인은 이러한 숙의熟議에 능숙하지 못한 편이다. A와 B라는 다른 의견이 대립할 때 토론 끝에 제3의 의견 C로 집약되는 변증법적 합의 형성에 서툴다. 그래서 일본은 양당제를 비롯한 모든 제도가 제 기능을 하지 못해 민주주의 성숙도가 비교적 낮은 국가로 인식된다. 반면 일본인은 상황이나 분위기를 파악하는 데 뛰어나며 정보 기술력도 우수하다. 그렇다면 이제 더 이상 자신에게 맞지 않는 숙의를 이상으로 추구하지 말고 오히려 '분위기'를 기술적으로 가시화하여 합의 형성의 기초로 삼는 새로운 민주주의를 구상하는 것이 좋지 않을까? 그리고 만약 그 구상에 이르는 논리적인 틀을 루소가 2세기 반 전에 이끌어주었다면, 일본은 민주주의가 정착되지 못한 미숙한 국가가 아니라 오히려 민주주의 이념의 기원으로 되돌아가 새로운 운영 방식을 개발한 선구적인 국가로서 세계로부터 존경받고 주목받게 되지 않을까? 민주주의 후진국에서 민주주의 선진국으로 한순간에 역전하는 것이다.
>
> 아즈마 히로키 『일반의지 2.0』

처음 이 의견을 접했을 때 나는 무척 흥분했다. 헤겔의 '변증법'을 소개한 글에서 설명한 대로 역사가 나선형으로 발전하여 회귀와 진화가 동시에 일어난다면 정보 통신 기술의 힘으로 고대 그리스의 직접 민주제를 더욱 세련된 형태로 부활시킬 수 있을지 모른다. 이는 확실히 숙의에 서툰 일본인에게는 밝은 전망을 보여 준다. 하지만 현실적으로 생각해 보면 이 가능성에는 큰 장애물이 있다는 것을 깨닫게 된다. 바로 '누가 일반의지를 이해하는 시스템을 만들고 운영할 것인가' 하는 것이다.

아즈마 히로키는 집단 지성^{collective intelligence}을 불특정 다수에게서 뽑아내는 기술의 성공 사례로 구글을 꼽고, 같은 구조를 확장시켜 사회를 운영하는 데 필요한 의사 결정에 활용할 수 있지 않을까 하는 논리를 펼쳤다. 하지만 구글은 비밀주의로 악명이 높으며 검색 결과를 도출하는 알고리즘은 극비로 운영되어 있어 극소수의 일부 관계자밖에 접속할 수 없다. 구글에 의지하는 민주주의(라고 그가 명명한)는 극히 한정된 몇몇 사람들밖에 관여할 수 없는 알고리즘과 시스템, 즉 테크노크라트^{technocrat}(기술 관료)에 의해 운영되고 있기 때문에 아이러니를 내포하고 있다.

시민 전원의 일반의지를 수렴하기 위한 시스템과 알고리즘이 극히 일부 인원에 의해 통제된다면 그 시스템에서 출력되는 일반의지가 정말로 시민의 의지를 대변하는 것인지는 아무도 보증할 수 없다. 오히려 그러한 '극단적인 정보의 비대칭성'을 내포한 시스템이 절대적인 힘을 갖게 되면 조지 오웰의 소설 『1984』에 등장하는 독재자 빅브라더와 같은 절대권력의 함정에 빠질 가능성도 있다. 실제로 루소는 "일반의지가 개인에게 죽음을 명령하면 개인은 그에 따라야 한다"라고까지 기술하여, 뛰어난 유머 감각을 지닌 버트런드

러셀에게 '히틀러는 루소의 귀결이다'라고 공격받기도 했다.

이러한 러셀의 지적으로부터 루소를 변호하기 위해 '러셀은 루소의 진의를 잘못 파악했다'라는 비판을 펼친 철학 연구자도 있지만, 이 비판이야말로 핵심을 완전히 벗어나고 있다. 루소의 진의는 아무래도 상관없다. 중요한 것은 루소가 남긴 문헌을 읽은 독재자가 일반의지라는 개념을 '전횡의 방편'으로 이용했다면 이는 그 행위만으로도 공격의 대상이 될 수 있다는 점이다. 다시 말해 '만약 오해였다고 한들 애초에 오해받을 만한 글을 쓴 네가 잘못이다'라는 뜻이다. 종종 '그런 의도로 한 발언은 아니지만 오해를 불러일으킬 수 있는 표현이었던 데 대해서는 사죄하겠다'라는 궁색한 변명으로 비난을 모면하려는 경솔한 국회의원들이 있는데, 같은 이치로 비판받아야 한다.

개인의 인격과 견해가 반영되지 않은 집합적 의사 결정 시스템에는 이러한 위험성이 잠재해 있는 것이 분명하다. 만약 당국으로부터 "방대한 양의 데이터를 모아 해석한 결과, 당신이 사회에서 말살되어야 사회 전체가 큰 이익을 얻는다는 결과가 나왔습니다"라고 통보받는 일이 일어날 가능성이 있다면, 이러한 시스템에 강력한 권한을 부여하는 것은 윤리적으로 허용되지 않을 것이다. 반면에 집합적 정보 처리에 기초한 의사 결정이 개인의 의사 결정과는 비교되지 않을 정도로 질 높은 의사 결정을 가능하게 할 수 있는 것도 사실이다. 한 가지 사례를 소개하겠다.

1968년 지중해에서 실시된 군사 훈련을 마친 후 행방불명이 된 원자력 잠수함 스콜피온Scorpion을 탐색할 때, 잠수함 수색 작업을 지휘한 전 해군사관 존 크레이븐은 확률론을 응용해 잠수함의 침몰 위치를 특정하는 접근 방법을 채택했다. 크레이븐은 수학자, 잠수함 전문가, 해양구조대를 비롯하여 다양한 분야의 전문가들을 모아 스콜피온에 어떤 문제가 발생했는지 또 그 결과 어떻게 가라앉아 해저에 충돌했는지 시나리오를 작성하게 했다. 그리고 이들이 제시한 단편적인 예측을 베이즈 확률론bayesian probability으로 분석해 여러 번 중복되는 가장 유력한 핵심 위치를 추정 침몰 지점으로 도출해 냈다. 자문단 가운데서 크레이븐이 최종적으로 산출한 지점을 선택한 사람은 아무도 없었다. 다시 말해, 최종적으로 그려 낸 침몰 지점은 순수하게 집합적인 결과였으며 집단 가운데 '누군가'의 예측을 수렴한 것이 아니었다. 과연 이 집합적인 추측은 매우 정확했다. 스콜피온이 종적을 감춘 지 5개월 후 파손된 잠수함이 해저에서 확인되었는데 이는 크레이븐이 추정한 침몰 지점에서 겨우 200미터 떨어진 곳이었다.

이 일화는 집합적인 의사 결정이 제대로 기능을 발휘하면 그 집단 속에 있는 가장 현명한 사람의 판단보다도 질 높은 의사 결정을 할 수 있다는 가능성을 분명하게 보여 준다.

인공지능이나 통신 기술이 이렇게까지 발달한 시대에 우리는 고대 그리스 때와 본질적으로 달라지지 않은 민주주의 운영 체제를 계속 유지할 것인가, 아니면 진화하는 테크놀로지를 어떠한 형태로든 사회 운영에 이용할 것인가? 현대의 사회 운영 방식에 많은 사람이 한계를 느끼고 있는 것은 사실이다. 그렇다 해도 프로세스의 블랙박스화를 초래할 수 있는 일반의지에 의한 운용에는 커다란 위험도 도사리고 있다. 그 사이 어느 선에서 절충안을 만들어 나갈지가 21세기를 살아가는 우리에게 주어진 매우 중요한 과제다.

28   머리로 생각할 수 있는
최적의 방법에는 한계가 있다

보이지 않는 손

애덤 스미스 (Adam Smith, 1723~1790)

영국의 철학자, 윤리학자, 경제학자. 스코틀랜드 출생. 주요 저서로 윤리학서
『도덕감정론』과 경제학서 『국부론』이 있다. 오늘날 비판적 문맥으로 회자되는
'시장 원리주의'의 시조로, 애덤 스미스 자신은 시장 원리의 활용으로 인해 도덕
이나 인간성이 등한시될 가능성이 있다고 염려해 『도덕감정론』에서 주의를 환
기시키고 있다. 스미스는 오히려 시장에서의 교환에는 타인에 대한 공감이 중
요하며 시장 원리가 건전하게 성립되기 위해서는 도덕감정을 사회적으로 양성
해야 한다고 주장했다.

'보이지 않는 손'은 시장에 의
한 조절 기능을 가리킨다. 시장에서 무언가를 팔려고 할 때 너무 높
은 가격을 매겨 놓으면 팔리지 않을 것이고, 너무 낮은 가격을 책정
하면 지속적으로 공급할 수 없기 때문에 두 경우 모두 시장에서 사
라지게 된다. 그러니 시장에서 장사를 계속하려면 적정한 가격으로
판매해야만 한다. 이처럼 시장에는 너무 비싼 가격이나 너무 싼 가
격을 조정하는 압력이 작용하게 마련이다. 그렇다면 이 압력은 누

가 가하는 것일까? 실제로는 시장이라는 시스템이 그 역할을 하겠지만, 애덤 스미스는 이를 '보이지 않는 손'이라고 명명했다. 보이지 않는 손에 의해 가격이 조정되어 시장 전체의 거래량은 중장기적으로 최대화된다는 것이다.

오늘날 시장 원리로 잘 알려져 있는 이 메커니즘, 즉 애덤 스미스가 제시한 보이지 않는 손이라는 개념을 이 책에서 새삼스럽게 언급하는 이유는, 이 메커니즘이 가격 조정 문제뿐만 아니라 더 넓은 영역에서 적용 가능한 개념이라고 생각해서다. 쉽게 말해 보이지 않는 손은 최적의 해결책을 얻는 데 가장 효과적인 휴리스틱heuristic(엄밀한 분석에 의하기보다 제한된 정보만으로 즉흥적이고 직관적으로 판단·선택하는 의사 결정 방식-옮긴이)이다.

앞서 시장에서 가격은 비예정조화非豫定調和 상태에서 결정된다고 말했다. 이는 경영학의 사고와는 전혀 다르다. 경영학, 그중에서도 마케팅에서는 최적의 가격을 결정하기 위해 다양한 분석 논리를 이용한다. 즉 마케팅을 행하는 주체자의 이지적인 고찰의 결과로 최적의 가격이 결정된다는 전제가 바탕이 된다. 반면 애덤 스미스가 주장하는 '보이지 않는 손'에는 그러한 이지적 고찰 과정은 내포되어 있지 않다. 최적의 가격은 무작위로 다양한 가격이 시장에서 제안되고 그 가운데 타당성이 없는 가격은 진화론에서 말하는 자연도태 과정에 따라 배제되어, 이윽고 시장에서 가장 타당하다고 보이는 가격으로 결정된다. 최종적으로 정착된 가격이 이론적으로 최적optimal인지 아닌지는 그 누구도 알 수 없다. 다만, 실제로 그 가격에 팔리고 이익도 발생한다면 그것으로 된 것 아닌가 하는 실용적인 해답이 휴리스틱이다.

경영학에서는 기본적으로 경영을 집행하는 주체자의 이지적인 고찰로 가능한 한 최적에 가까운 해답을 내려는 태도를 전제로 한다. 하지만 그렇게 제안된 가격과 시장에서 자연도태 과정을 거쳐 형성된 가격 중 어느 쪽이 더 타당한지를 생각해 보면, 답은 분명히 후자다. '보이지 않는 손'은 휴리스틱에 의해 해답을 내는 일종의 지적 시스템이다. 이 시스템을 시장의 가격 결정에만 이용하기는 아깝다. '보이지 않는 손'이라는 휴리스틱한 지적 시스템을 실무에 활용한 사례를 하나 소개하겠다.

어떤 고객이 교외에 지을 대규모 연구 시설의 레이아웃에 관해 상담을 요청했다. 이 연구소의 넓은 뜰에는 잔디가 심어지고 그 주변에는 강당과 기숙사 등 네 동의 건물이 세워졌다. 문제는 최대한 많은 양의 잔디를 남기면서 이 네 건물을 연결하는 길을 만들려 하는데, 어떤 정보들을 어떻게 처리해야 편의도 추구하고 잔디도 보존해 균형의 최적화를 꾀할 수 있을까 하는 것이었다.

이 경우 네 건물 사이의 교통 수요량을 조사한 뒤 일정량 이상의 통행량이 있는 경로에 길을 내는 방법, 즉 수학의 그래프 이론을 이용한 접근이 자연스럽다. 실제로 고객이 생각했던 접근법도 바로 이것이었다.

하지만 나는 이 방식이 일을 크게 벌이는 데 비해 썩 만족스럽지 않은 '효율성이 낮은 접근법'이라고 판단했다. 실제의 교통 패턴은 그곳에서 생활해 보지 않고는 예측할 수 없으며, 교통 수요량에는 계절에 따른 차이도 있기 때문에 정확하게 측정하려면 1년이라는 조사 기간이 필요했다.

고객이 제안한 접근법으로 확실히 최적의 해답은 얻을 수 있을지도 모른다. 하지만 나는 '그런대로 만족할 만한 해답을 시간과 노력을 들이지 않고 얻을 수는 없을까'에 초점을 두었다. 그래서 휴리스틱 접근법을 채택할 것을 제안했다. 네 개의 건물을 세운 뒤 잔디를 남긴 채 1년쯤 그대로 둬 보자는 것이었다. 과연 어떤 일이 벌어지게 될까? 그렇다. 사람의 이동 패턴에 따라 잔디가 조금씩 벗겨질 것이다. 그러면 잔디가 많이 벗겨진 곳을 통행량이 많은 경로로 판단해 그 부분만 도보를 설치하면 된다. 생각할 수 있는 설치 경로는 무수히 많겠지만, 설치자의 이지적인 고찰에 의해 판단하는 접근법을 버리고 어디에 사람이 많이 모이는지를 시장의 선택에 맡겨 보는 것이다. 그렇게 알게 된 도로의 패턴이 논리적으로 설명할 수 있는 최적의 해답은 아닐지 모르지만, 많은 사람이 어느 정도 만족할 수 있는 도로로는 상정할 수 있다.

주체적으로 최적의 해답을 구하기 위한 기술인 논리 사고가 강세인 오늘날에는 '무엇이 정답인지 잘 모르겠다, 그저 되어 가는 형편대로 결정하자'는 태도가 '포기'로 비칠지도 모른다. 경영 관리 측면에서는 철두철미하게 자기 머리로 생각하는 태도가 미덕으로 여겨질지 모른다. 머리로만 생각하는 일을 어리석다고 생각하는 사람은 어쩌면 거의 없을 것이다. 하지만 모든 최적의 정답을 스스로 도출할 수 있다고 생각하는 것이야말로 지적 오만이 아닐까? 애덤 스미스는 그러한 지적 태도를 지닌 인물들을 다른 저서인 『도덕감정론』에서 '질서 체계를 신봉하는 인간'이라고 칭하며 철저하게 폄하했다.

> 질서 체계를 떠받드는 인간은 자신이 매우 현명하다고 우쭐대기 일쑤인 데다 통치에 관한 자신만의 이상적인 계획이 품고 있는 상상 속의 아름다움에 마음을 빼앗기는 일이 종종 있기 때문에 어느 부분이든 질서에서 조금만 벗어난 일탈도 참지 못한다. 그는 최대의 이익이나 그와 모순되는 최대의 편견도 전혀 고려하지 않고 이상적인 계획을 완전하고도 자세하게 규정해 나간다. 그는 마치 체스판 위에서 여러 가지 말을 배열하듯이, 커다란 사회의 다양한 구성원도 그렇게 관리할 수 있다고 상상하는 모양이다. 체스판 위에 놓인 말은 각각에 부여된 이동 방법 외에는 다른 원칙을 갖고 있지 않지만, 인간 사회라는 광대한 체스판의 경우에는 각각의 말 모두가 자신의 이동 방법 원칙(입법부가 개인에게 부여하듯이 결정할 수 있는 것과는 완전히 다르다)을 갖고 있다는 사실을 그는 생각조차 하지 않는다.
>
> 애덤 스미스 『도덕감정론』

    독자 중에는 애덤 스미스의 이 기술을 읽고 사회주의를 몽상하던 옛날 공산권의 엘리트를 상상하는 사람도 있을지 모른다. 최근에는 이 책에서도 다룬 나심 니콜라스 탈레브가 저서 『안티프래질』에서 이 같은 지적 태도를 '소비에트–하버드 환상soviet-harvard delusions'이라고 이름 붙이고, 인과관계의 명석한 파악을 전제로 한 과학적 톱다운top-down(조직의 상층부에서 의사 결정을 해 하부 조직으로 그 실행을 지시하는 관리 방식–옮긴이) 사고법이야말로 시스템을 취약하게 하는 주범이라고 판단하고 비난했다.

모든 일이나 상황의 관련성이 점차 복잡해지고 한층 더 역동적으로 변해 가는 현대 사회에서는 이지적인 톱다운 사고에 의지해 최적의 해결에 도달할 수 있다고 믿는 태도는 지적 오만을 넘어 우스꽝스럽기까지 하다. 바야흐로 최적의 해답을 최적의 접근법으로 찾으려만 하지 말고 '만족할 수 있는 해답'을 휴리스틱으로 추구하는 유연성이 필요한 시대다.

29 돌연변이가 발생하는 것은 자연스러운 일이다

자연도태

찰스 다윈 (Charles Robert Darwin, 1809~1882)

영국의 자연과학자, 지질학자. 모든 생물종이 공통의 선조로부터 오랜 세월에 걸쳐, 그 자신이 자연도태라고 명명한 프로세스를 거쳐 진화했다는 가설, 즉 진화론을 제창했다. 그 공적으로 오늘날에는 대개 생물학자로 간주되는 경우가 많지만, 자신은 살아생전에 스스로 지질학자라고 밝혔으며 현대 학계에서도 '찰스 다윈은 지질학자'라는 인식이 확립되어 있다.

찰스 다윈의 '자연도태'를 철학의 키워드로 소개하는 것이 기이하게 여겨질지도 모르겠다. 그도 그럴 것이, 다윈의 본업은 지질학자이며 생애에 걸쳐 자기 스스로도 지질학자라고 내세웠기 때문이다. 하지만 그 사실을 차치하더라도 나는 다윈이 제창한 자연도태라는 개념이 세계나 사회의 성립과 변화를 이해하는 데 매우 유용하다고 판단해 이 책에서 다루기로 했다. 자연도태는 진화를 설명하는 독보적인 단어로, 다윈이 제창한 것은 다음 세 가지 요인이다.

① **돌연변이:** 생물 개체는 같은 종에 속해 있어도 다양한 변이가 나타난다.
② **유전:** 이러한 변이 가운데는 부모에게서 자식으로 전달되는 인자가 있다.
③ **자연선택:** 이 중에는 자신의 생존이나 번식에 유리한 차이를 주는 것이 있다.

솔직히 나 자신은 오랫동안 자연도태에 위화감을 품고 있었다. 이유는 실로 감정적이라고 할 수밖에 없다. 나뭇잎과 똑같이 생긴 곤충이나 아무리 봐도 모래로밖에 보이지 않는 보호색을 띤 도마뱀이 의도적이 아니라 우연히 획득된 형질이라는 사실을 아무래도 믿을 수 없었기 때문이다. 앞서 언급한 세 가지 요인 중 세 번째 과정이 단독으로 일어난다고 생각했던 것이다. 하지만 실제로 다윈의 주장은 그런 것이 아니다. 핵심은 오히려 '자연선택'보다 '돌연변이'에 있다. 돌연변이에 의해 획득된 형질은 당연히 예정조화予定調和에 해당하지 않는다. 변이의 방향성은 매우 다양하며 확률적으로는 생존과 번식에 유리한 차이를 주는 것과 불리한 차이를 주는 것이 중앙치를 가운데 두고 정규분포를 이루고 있을 것이다.

분명 지금까지의 역사를 되돌아보면, 주황도마뱀도 초록도마뱀도 돌연변이에 의해 태어났을 것이다. 하지만 이러한 형질은 오히려 자신의 생존과 번식에 불리하다. 사막 지대에서 주황색이나 초록색은 눈에 굉장히 잘 띄므로 천적의 목표물이 되기 쉽다. 이러한 형질을 돌연변이에 의해 획득한 개체는 천적에게 잡아먹힐 확률이 상대적으로 높으며, 결과적으로 그 형질은 차세대로 유전되지 않는다.

어떠한 형질이 더욱 유리한지 사전에 알 수는 없다. 자연도태는 말하자면 주사위 던져지듯 일어난 다양한 형질의 돌연변이 중 '우연히' 더 유리한 형질을 지닌 개체가 그 형질을 차세대에 유전으로 남기고, 더 불리한 형질을 지닌 개체는 도태되어 가는 과정이다. 당연히 엄청나게 오랜 세월을 필요로 한다.

일반적으로 생물의 번식력은 생존 가능 수의 상한인 환경 수용력을 넘기 때문에 같은 생물 종류 내에서 생존 경쟁이 일어나며, 생존과 번식에 유리한 개체는 그 성질을 많은 자손에 전달하고 불리한 성질을 지닌 개체의 자손은 감소된다. 이처럼 개체가 지닌 환경 적응력에 따라 일종의 선별 작업이 이루어지는 현상이 자연도태라는 메커니즘이다.

그렇다면 이는 현대를 살아가는 우리에게 무엇을 시사할까? 환경에 더 적합한 개체가 살아남는다는 자연도태의 메커니즘에 가장 중요한 열쇠는 '적응력의 차이는 돌연변이에 의해 우발적으로 생겨난다'는 점이다. 돌연변이라는 비예정조화적인 변화가 적응력의 차이를 생성한다는 사실은 참으로 시사하는 바가 깊다. 이 사고방식은 일종의 에러가 일어나는 것을 전제로 하고 있기 때문이다.

우리는 보통 '에러'를 부정적으로 인식하고는 배제하려 한다. 하지만 자연도태의 메커니즘에는 에러가 필수 요소로 내재되어 있다. 무언가 긍정적인 에러가 발생함으로써 시스템의 성과가 향상되기 때문이다. 이와 같은 메커니즘이 작용하는 사례로 개미총을 들수 있다. 개미총에서는 일개미 한 마리가 개미집 밖에서 먹이를 발견하면 페로몬을 배출하면서 개미집까지 돌아와 동료들에게 도움을 요청한다. 그러면 다른 개미는 땅바닥에 묻은 페로몬을 쫓아 먹이가 있는 장소까지 경로를 알아내고, 마침내는 분담해서 먹이를 개미집으로 운반한다. 이때 개미집의 구성원들에게 먹이의 획득 효율을 최대화시키는 열쇠는 페로몬을 얼마나 정확하게 쫓을 수 있느냐 하는 점 같지만, 실은 그렇지 않다.

히로시마 대학교의 니시모리 히라쿠 박사 팀은 개미들이 페로몬을 쫓는 능력의 정확성과 일정 시간 내에 거주지로 운반해 오는 먹이량의 관계를 컴퓨터 시뮬레이션으로 분석하는 흥미로운 연구를 실시했다. 육각형을 여러 개 연결한 평면 공간을 마련하고, 먹이를 발견하면 페로몬을 이용해 동료를 동원하는 개미 A가 그 공간을 이동하도록 설정했다. 그리고 A의 뒤를 쫓는 다른 일개미로는 A의 페로몬을 100퍼센트 틀림없이 쫓을 수 있는 영리한 개미와 좌우 어느 한쪽 칸으로 길을 잘못 드는 멍청한 개미를 일정 비율로 섞어, 멍청한 개미를 섞은 비율의 차이에 따라 먹이를 가지고 돌아오는 확률이 어떻게 변화하는지를 조사했다.

그러자 놀랍게도, A를 그대로 뒤쫓아 가는 우수한 개미들만의 거주지보다, 잘못된 길을 가거나 다른 길로 돌아서 가는 어리숙한 개미가 있는 무리가 먹이를 가지고 돌아가는 효율이 중장기적으로는 더 높다는 사실이 드러났다. 어찌 된 일일까? 개미 A가 처음에 페르몬을 뿜으며 지나간 경로가 반드시 최단 거리인 것은 아니었으며, 오히려 멍청한 개미가 적당히 길을 잘못 들거나 다른 데 들렀다 가는 에러를 일으킴으로써 생각지 못한 결과로 최단 경로가 발견되었다. 이에 다른 개미도 그 최단 경로를 사용하게 되어 결과적으로 '단기적인 비효율'이 '중장기적인 고효율'로 이어진 것이다.

이처럼 자연계의 곳곳에서 발생하는 우발적인 에러에 의해 진화가 이루어지는 현상은 우리 사회에 중요한 시사점을 던져 준다. 우리는 종종 '우리 회사의 DNA'라는 말을 쓴다. 돌연변이란 분명, 이 '우리 회사의 DNA'를 정확하게 다음 세대에 전해 주려고 의도하면서도 어떤 종류의 과실로 인해 잘못 복제되어 태어나는 것이다. 자연계에서의 적응 능력 차이는 계획과 의도에 의한 것이 아니라 일종의 우연에 의해 생겨난다는 사실을 기억한다면, 조직이나 사회 운영도 계획적이고 의도적으로 더 좋은 것으로 바꿔 나갈 수 있다는 오만한 사고를 수정해 자신의 의도보다 오히려 '긍정적인 우연'을 만들어 내는 체계를 이루는 데 주력하는 것이 나을지 모른다.

30 업무 방식 개혁 앞에 놓인 무서운 미래

아노미

에밀 뒤르켐 (Emile Durkheim, 1858~1917)

프랑스 사회학자. 카를 마르크스 및 막스 베버와 함께 사회과학이 학문 분야로
자리 잡는 데 크게 기여했다.

여러 회사에 동시에 근무한다,
단기간에 회사를 옮긴다, 애초에 회사에 소속되지 않고 프리랜서로
다양한 프로젝트에 관여한다. 이렇게 일하는 방식이 요즘에는 무척
'쿨'한 것으로 거론되지만, 이런 업무 방식이 표준이 된 사회, 이른
바 '포스트 업무 방식 개혁'이 성립된 후의 사회에는 어떤 고민거리
가 기다리고 있을까? 내가 우려하는 최대 위기는 아노미^{anomie}화다.
아노미는 원래 프랑스의 사회학자 에밀 뒤르켐이 제창한 개념이다.
보통 '무규범', '무규칙'으로 번역되는 경우가 많은데, 이는 오히려
아노미가 초래하는 결과로 볼 수 있다. 본래의 맥락을 존중해 풀이
하면 '무연대^{無連帶}'라고 해야 옳을 것이다.

뒤르켐은 주요 저서인『사회분업론』과『자살론』에서 아노미에 관해 언급했다.『사회분업론』에서 그는 분업이 지나치게 발달한 근대 사회에서는 기능을 통합하는 상호 작용 행위가 결여되어 공통 규범이 생겨나지 못한다고 지적했다. 우리에게는 매우 공감이 가는 지적이다. 오늘날 대부분의 선진국에서 '격차'가 심각한 문제로 대두되고 있는데, 이 격차는 거의 직업 간 격차다. 억대 연봉도 드물지 않은 외국계 금융 세계와 그들이 단지 '상품'으로 취급하는 외식 산업이나 건설 산업의 세계에 공통 규범이 성립하리라고는 생각하기 어렵다.

다음으로『자살론』에서 뒤르켐은 자살을 다음 세 가지 유형으로 분류하고 '아노미적 자살'이 증가할 것이라고 예언했다.

① **이타적 자살 (집단본위적 자살)** 집단의 가치 체계에 절대적인 복종을 강요하는 사회, 또는 개개인이 가치 체계나 규범에 자발적이고 적극적으로 복종하려고 하는 사회에서 나타나는 자살.

② **이기적 자살 (자기본위적 자살)** 과도한 고독감이나 초조감에 의해 개인과 집단의 연대가 약해짐으로써 일어나는 자살의 형태. 개인주의가 확대되면서 증가 추세.

③ **아노미적 자살** 집단과 사회의 규범이 느슨해져 더 많은 자유를 얻은 결과, 부풀어 가는 자신의 욕망을 끝없이 추구하다가 끝내

실현되지 않는 데에 환멸을 느끼고 허무감에 빠져 일으키는 자살.

    뒤르켐이 말하고자 하는 것은, 요컨대 '사회의 규제와 규칙이 느슨해져도 개인이 반드시 자유로워지는 것은 아니며 도리어 불안정한 상태에 빠진다. 규제와 규칙이 느슨해지는 현상이 꼭 사회에 좋은 것만은 아니다'는 점이다. 국가가 아노미 상황에 빠지면 각 개인은 조직이나 가정에 대한 연대감을 잃고 고독감에 허덕이며 사회를 표류하게 된다. 포스트 업무 방식 개혁의 그림치고는 어딘가 쓸쓸하다.

    일본에서는 세계대전이 끝난 후 일왕을 중심으로 한 국체라는 큰 스토리를 상실했지만 쇼와 30년대까지는 촌락 공동체가, 그 후로는 좌익 활동과 회사가 아노미의 방파제 역할을 했다. 유사한 규범을 생성하고 개인 간의 유대를 형성함으로써 일정 규모의 집단 사회가 응집성을 유지했던 것이다. 그런데 최근 20여 년간 그 응집성이 조금씩 약해지고 있다. 사회주의 국가의 잇따른 파탄으로 공산주의는 이데올로기로서 이미 큰 명맥을 지탱할 수 없게 되었고, 마찬가지로 좋은 대학을 나와 일류 기업에 들어가 열심히 일하면 평생 행복하게 살 수 있다는 정설도 붕괴된 이상, 회사가 아노미를 막아주는 역할을 할 거라 기대하기는 어렵다.

    실제로 현재 일본에서는 아노미화 진행을 암시하는 다양한 현상이 나타나고 있다. 앞서 나는 아노미가 곧 무연대를 의미한다고 말했다. 사회학자 미야다이 신지 교수가 제안한 '무연사회無緣社会(단독 세대가 늘어나고 사람 간의 관계가 희미해져 가는 현대 사회의 일면을 나타낸 말-옮긴이)'라는 말은 최근 꽤 유행하며 사회가 아노미 상태에 빠져들고 있음을 시사했다. 일본에서 1990년대 이후 자살률이 계속 높은 수치를 유지하고 있는 것도 분명 뒤르켐이 지적했던 현상이다. 컬트 교단으로 젊은이들이 몰린 것도 1990년대 이후 현저하게 드러난 현상이며, 이 또한 아노미화의 진행에 대한 청년층의 무의식적인 반사로 생각할 수 있다. 회사나 가족의 해체가 진행되는 와중에 사회의 아노미화를 막을 수 있는 방법은 무엇일까? 세 가지로 생각해 볼 수 있다.

첫째, 가족의 회복이다. 일본에서 이혼율은 전쟁이 끝나고부터 1960년대까지 완만히 감소된 이후로는 거의 꾸준히 상승해 계속 높은 비율을 유지하고 있다. 그러나 앞으로 이러한 상황이 바뀔 가능성을 보여 주는 몇 가지 현상을 찾을 수 있다. 이를테면 미국과 일본에서 결혼 연령이 빨라지는 경향이 나타나고 있는데, 이를 '가족 회귀'의 한 가지 증거로 볼 수 있다. 또한 미국에서는 1980~1990년대 구조조정 열풍이 불어닥쳤을 때 부모가 레이오프$^{lay\text{-}off}$(기업이 경영 사정에 의해 인원을 감축해야 할 때 재고용을 약속하고 직원을 일시적으로 해고하는 일-옮긴이)되는 모습을 목격했던 현재의 20~30대는 '회사는 언젠가 배신한다', '결국 의지할 것은 가족밖에 없다'라고 생각하고 가족을 소중하게 여기는 경향이 다른 세대보다 강하다는 사실이 통계로 밝혀졌다. 실제로 일본에서도 이른바 마일드 양키$^{mild\ yankee}$(불량배의 특성을 가지면서 공격적인 성향이 낮은 젊은이들을 일컫는 말-옮긴이)라

불리는 새로운 계층이 도쿄 같은 도시에서 출세하는 것보다 자신의 고향에서 가족, 친구들과 함께 있는 것을 선호하는 것을 보면 좁은 범위의 인적 자본을 중시하는 사람들이 늘어나고 있는 것을 알 수 있다. 반면 도시에는 이 같은 움직임에 역행하는 '가족의 붕괴' 현상이 나타나 양극단적인 흐름이 혼재하고 있다.

둘째, 소셜미디어가 열쇠가 될 수 있다. 이상적인 대안이라고 생각할 수도 있지만 회사나 가족의 해체가 거스를 수 없는 흐름이라면 사회는 그에 따른 새로운 구조를 필요로 한다. 철학자 프리드리히 텐부르크는 사회 전체를 덮는 구조가 해체되면 그 아래 단계에 있는 구조 단위의 자립성이 커진다고 주장했는데, 정말 그렇다면 회사나 가족이라는 구조의 해체에 대응해 필연적으로 새로운 사회의 유대를 형성하는 구조가 요구된다. 희망적인 관측이지만 소셜미디어가 그 역할을 수행하게 될지도 모른다.

셋째, 회사라는 '종적 커뮤니티'를 대체할 '횡적 커뮤니티'다. 이를 역사적인 말로 표현하자면 길드guild의 부활에 다름없다. 사회인류학자인 나카네 지에 교수가 『일본 사회의 인간관계』에서 제시한 대로, 종전 이후부터 일본에서는 회사라는 종적 구조의 커뮤니티가 가장 중요한 커뮤니티였다. 하지만 앞서 서술한 것처럼 이제 회사의 수명이 현저하게 짧아지고 경제 정세의 변화로 그 커뮤니티에서 배제되는 사람이 많아질 것으로 예견된다. 그러니 이 종적 구조 사회가 앞으로도 지속될 거라고는 볼 수 없다. 그렇다면 어떻게 해야 할까? 회사에서 직업 개념으로 커뮤니티의 전환을 꾀하는 방법이 있다. 이는 특별히 진귀한 일도 아니다. 유럽은 회사별 노동조합보다 직업별 노동조합이 표준이며, 그런 의미에서 횡적 커뮤니티가 길드로서 제 기능을 다하는 사회다. 일본에서 취직이라고 하면 보통 '어떤 기업에 입사할까'의 개념으로 인식하지만, 본래 취직就職이라는 말은 '직무職務'에 임한다는 뜻이지 '회사'에 임한다는 뜻이 아니다. 공통된 일을 하는 무리에 소속되어 그 집단 내에서 자신의 자리를 만들어 나가는 일이 취직인 것이다.

어느 쪽이든 중요한 건 회사라는 종적 구조의 커뮤니티가 자신에게 더 이상 안전한 커뮤니티가 아니라는 사실을 인식하고, 자율적으로 자신이 소속하는 커뮤니티를 만들어야 한다는 의지를 갖는 것이다. 가족도 소셜네트워크도 직업별 길드도, 그것을 만들어 내거나 혹은 참가해서 유지하겠다는 의지가 있어야 성립한다. 지금은 바야흐로 그렇게 해야만 스스로 아노미 상태에 빠질 위험을 막을 수 있는 시대다.

31 경제학으로 설명되지 않는 새로운 관계

증여

마르셀 모스 (Marcel Mauss, 1872~1950)

프랑스의 사회학자이자 문화인류학자. 프랑스 북동부의 로렌 출신으로 에밀 뒤르켐의 조카다. 뒤르켐의 사상을 계승했으며 '원시적인 민족'으로 알려진 사람들의 종교 사회학, 인식 사회학을 연구했다.

서구에서 본격적으로 '증여' 문제를 거론한 사람은 문화인류학자인 마르셀 모스다. 그는 남태평양 동쪽 해역의 폴리네시아를 답사하고 그들의 경제 활동이 서구적인 '등가 교환'이 아니라 '증여'의 관점에서 구축되었다는 사실을 발견해 서구 사회에 소개했다.

현재를 살아가는 우리는 증여라는 말을 들으면 선물로 받은 것이라는 개념으로 상품권이라든가 연말에 받는 감사 선물 등 어떠한 경제적 가치, 또는 유용성 있는 물건을 떠올린다. 하지만 모스에 의하면, 폴리네시아인들이 증여한 것은 전혀 달랐다. 폴리네시아에서는 타옹가^{taonga}(보물이라는 뜻으로 땅, 숲, 수산 자원, 문화 등 각종 자원을 의미함-옮긴이)를, 그리고 멜라네시아(폴리네시아의 서쪽이자 호주의 동북쪽에 있는 여러 섬들의 총칭-옮긴이)에서는 쿨라^{kula}(멜라네시아에서 행하는 의례적인 선물 교환 행위-옮긴이)라고 하여 조개 껍데기나 꽃으로 만든 장식품을 주고받았다. 오로지 이런 선물을 교환하기 위해서 각 부족은 목숨을 걸고 거친 바다로 카누를 저어 나갔으며 종종 죽는 일까지 생겼다는 것이다. 왜 그런 것을 교환하기 위해 굳이 목숨까지 거는지 의아할 수도 있지만, 그들이 우리를 본다면 아마 같은 생각을 할 것이다. 우리는 'OO은행'이라고 쓰인 종이 쪼가리를 교환하기 위해 심신을 소모하기도 하고 때로는 사람을 죽이기까지 하니 말이다. '하찮은 것을 목숨 걸고 교환한다'는 측면에서는 그들이나 우리나 비슷하다.

모스에 의하면 폴리네시아인들이 행하는 증여는, 오늘날 우리가 말하는 증여와는 느낌이 전혀 다르다. 차이점은 바로 증여를 '의무'로 보았다는 점이다. 모스는 증여에 세 가지 의무가 있다고 주장했다.

① **증여할 의무:** 주지 않는 것은 예의에 어긋나며 체면이 구겨지는 일이다.
② **받을 의무:** 상대의 호의나 친절이 오히려 폐가 된다고 생각하더라도 거절해서는 안 된다.
③ **답례 의무:** 답례는 반드시 필요하다.

이것을 조건의 알고리즘으로 시스템에 적용해 보면 교환은 영원히 계속된다. 이 세 가지 규칙이 의무화된 것은 교환 활동, 즉 우리가 말하는 경제 활동이나 국내총생산GDP을 축소시키지 않기 위한 사고이며, 레비스트로스식으로 말하자면 '야생적 사고'다.

오늘날 사람의 경제 활동 가치를 계량하는 틀은 크게 두 가지다. 한 가지는 모든 일의 가치는 투입된 노동량으로 결정된다고 보는 '노동 가치설'이다. 원래 노동 가치설을 꺼낸 것은 고전파 경제학이었지만 이 사고방식은 마르크스 경제학에도 계승되어 사상 체계의 기반을 이루었다.

또 하나는, 모든 일의 가치는 효용의 크기로 결정된다고 보는 '효용 가치설'이다. 노동 가치설을 제창한 고전파 경제학자에 대비해 효용 가치설을 주장한 경제학자들은 신고전파로 불린다. 효용은 영어로 유틸리티utility라고 한다. 애덤 스미스에게 영향을 끼친 제러미 벤담의 공리주의는 영어로 유틸리타리아니즘utilitarianism이라고 하니 쓰기에 편리하다는 의미일지도 모른다. 『혁신 기업의 딜레마』로 유명한 하버드 대학교 클레이튼 크리스텐슨 교수는 최근작 『일의 언어』에서 "사람들은 상품을 구입하는 것이 아니라 무언가 문제를 해결하기 위해 상품을 이용한다"라고 지적했는데, 어렵게 말할 것 없이 이것을 효용 가치라고 생각하면 이해하기가 쉽다.

이렇게 사물의 가치를 설명하는 관점에 노동 가치설과 효용 가치설이 있는데, 이 범주에서는 증여라는 행위를 제대로 설명할 수 없다. 즉 여기에 경제학의 한계가 있다. 경제학은 교환의 가장 근원적인 형태인 증여를 자연스럽게 받아들이지 못하기 때문이다. 경제학의 표준 교과서로 불리는 그레고리 맨큐와 폴 크루그먼의 저서 『미시 경제학』에서도 증여 문제에 관해서는 거의 다루지 않고 있다.

모스가 문제로 삼은 것은 바로 이 점이다. 모스는 왜 일부러 증여를 문제로 삼은 것일까? 근대 이후 유럽 사회가 증여라는 관습을 잃어버렸기에 경제 시스템에서 인간성을 잃고 말았다는 사실을 비판하기 위해서였다. 모스는 이 '증여론'을 통해 증여와 지급의 체계가 인간 사회의 '암반岩盤'이며 근대 이후의 화폐 경제가 도덕적으로 왜곡되었다고 시사한 뒤 화폐 경제에서 증여 경제로의 이행을 제안하는 매우 대담한 일을 계획했던 듯하다.

모스의 문제의식은 여전히 해결되지 않았다. 노동 가치설이든 효용 가치설이든 사물이나 현상의 가치가 적정하게 결정된다면 리먼 브라더스 사태도 일어났을 리가 없다. 사물의 가치가 부당하게 높게 평가되거나, 반대로 부당하게 낮게 평가받기 때문에 사회에 갖가지 문제가 발생하는 것이다.

근대 이전에는 증여가 교환의 기본 형태였다는 모스의 주장에는 다양한 비판이 따른다. 모스가 조사한 대상은 남태평양에 사는 극소수 민족이므로, 그 조사 결과를 토대로 '인류 전체의 기원'에 관해 단정적으로 결론을 내는 것은 학술논문치고 어처구니가 없을 정도로 허술하다고나 할까? 지적당할 만한 부분이 잔뜩 실려 있는 논문이다. 그러므로 여기서는 '만약 그렇다고 한다면'이라는 가정하에 좀 더 고찰해 보겠다. 모스의 말대로 만약 증여가 교환의 기본 형태라면 그 체계가 복구됨으로써 어떤 일들이 벌어질까?

현재 나를 포함한 대부분 사람들은 자신의 능력이나 감성을 회사에 제공하고 그 대가로 급여를 받는 일대일의 등가 교환 구도로 경제 활동을 하고 있다. 우리는 일대일의 관계성을 조건으로 하여 '업무란 그런 것이려니' 조금도 의심하지 않고 일하지만, 생각해 보면 이러한 구조가 보편성을 갖게 된 것은 겨우 최근 100년 사이의 일이다. 자본주의의 대두와 함께 주식회사라는 부를 창조하는 플랫폼이 형성된 결과 노동력의 거래 비용을 사회적으로 낮추기 위해 일대일 관계가 형성되었고, 이 체계는 수많은 사람들에게 의심 없이 당연한 일로 받아들여졌다. 하지만 인터넷이 광범위하게 보급되고 능력과 니즈를 연결하는 사회적 비용이 극적으로 낮아진 시대에 이 일대일의 관계성은 정말 유지해 나갈 만한 가치가 있는 것일까?

만약 자신의 능력이나 감성에 대해 희소성의 가치를 알아주는 사람이 있다면, 그 사람에게 가격표도 붙이지 않은 채 증여하고 답례로 약간의 선물을 받으며 살아가는 방법을 생각할 수는 없을까? 가령 '이 사람이 앞으로도 계속 음악을 만들어 줬으면 좋겠다'라고 생각하는 팬을 천 명 지닌 음악가라면, 그 팬들에게 한 달에 1만 원씩 기부금을 받아 충분히 살아갈 수 있을 것이다. 그리고 그러한 증여와 감사의 교환을 바탕으로 한 관계는 증여한 사람에게 매우 건전한 만족감과 자기효력감을 가져다줄 것이다. 생각만 해도 무척 가슴이 설렌다.

32 성 편견으로부터 얼마나 자유로운가?

제2의 성

시몬 드 보부아르 (Simone de Beauvoir, 1908~1986)

프랑스의 작가, 철학자. 사르트르의 실존주의에 가담함과 동시에 페미니즘의
입장에서 여성 해방을 추구하고 투쟁했다.

시몬 드 보부아르는 말하자면
페미니스트의 선구자로, 사회 압력에 억눌린 여성의 가능성을 해방
시키고자 격렬하게 투쟁한 인물이다. 보부아르는 사실상 사르트르
의 아내였지만 두 사람은 서로 상대에게 자유롭게 애인을 허용하고
때로는 연인을 공유하기까지 했다(사르트르의 애인이 보부아르의 동성애
상대였다). 저녁 식사를 준비하고 있는 보부아르 옆에서 사르트르가
스포츠 중계방송을 본다든가 하는 평범한 부부의 모습과는 거리가
멀었다. 주제는 다르지만 두 사람 모두 억압과 구속에 저항했다는
공통분모가 있었으므로 어쩌면 서로를 동지로 여겼던 것이 아닐까?

보부아르는 저서 『제2의 성』 앞머리에서 그 유명한 "여성은 여
성으로 태어나는 것이 아니라 여성으로 만들어지는 것이다"라는 말

을 남겼다. 이 말은 격언으로도 간결하고 알기 쉬워서 20세기 후반에는 다양한 상황에서 사람들 입에 오르내리게 되었다. 즉 보부아르는 생물학적인 여성과 사회적인 여성을 규정한 후에 "태어날 때부터 여자는 없다. 모두 사회적인 요구에 의한 결과로 '여자다움'을 획득하는 것이다"라고 지적했다. 이 지적은 보부아르가 살아갈 당시의 프랑스 상황을 전제로 하고 있는데, '여성다움을 획득하라는 압력'이 시대와 사회에 따라 어떻게 달라지는지를 생각해 보면 무척 흥미롭다.

일본이 세계에서 '여자는 여자다워야 한다'라는 압력이 가장 강하게 작용하는 문화를 지니고 있다는 연구 결과가 있다. 이를 살펴보기 위해 앞에서 다룬 바 있는 네덜란드의 사회 심리학자 호프스테더가 제창한 '남성성'을 살펴보자. 그는 IBM의 의뢰를 받아 여러 국가의 문화적 차이를 다음 여섯 가지로 정리했다.

① 권력거리지수PDI, Power Distance Index

② 개인주의IDV, Individualism

③ 불확실성 회피지수UAI, Uncertainty Avoidance Index

④ 남성성MAS, Masculinity

⑤ 장기적 적응LTO, Long-Term Orientation

⑥ 자율성 vs. 통제성IVR, Indulgence Versus Restraint

여기서 주목할 것은 '남성성' 항목이다. 호프스테더는 이 지표에 관해 다음과 같이 설명했다. '남성다운 사회(호프스테더는 영국을 예로 들었다)'에서는 사회생활에서 남녀의 성별 역할이 확실히 구분되는 경향이 강하다. 또한 노동에도 명확한 구분이 생겨 자기 의견을 적극적으로 주장하는 일이나 직업은 남성에게 주어진다. 남자아이는 어릴 때부터 학교에서 좋은 성적을 얻고 경쟁에 이겨 출세해야 한다고 요구받는다. 반면 '여성다운 사회(호프스테더는 프랑스를 예로 들었다)'에서는 사회생활에서 남녀의 성별 역할이 겹치며 논리나 성과보다 양호한 인간관계와 타협, 일상생활에서의 지혜, 사회적 공적이 중시된다.

이 '남성다운 사회' 점수에서 일본은 안타깝게도 조사 대상인 53개 국가 가운데서 단독 1위를 차지했다. 여성의 사회 진출이 가장 활발한 북유럽 국가는 역시 점수가 낮았고, 그중에서도 스웨덴이 최하위 등수인 53위를 차지했다. 현재 일본 정권은 '여성의 활약'을 정책 목표로 내세우고 있지만, 일본을 여성이 일하기 좋은 사회로 만들겠다는 것은 실제로 매우 도전적인 목표라는 사실을 우선 자각해 두자. 이 도전적인 목표를 어떻게 공략해 나갈 것인가? 핵심은 사회에서 실권을 쥐고 있는 남성들이 자신이 갇혀 있는 사회적 성차별에 관해 인식하고 성역할에 대한 왜곡과 편견, 즉 성 편견gender bias을 얼마나 자각할 수 있느냐 하는 점이다.

이때 가장 위험한 것은, 자신은 그러한 편견에 사로잡혀 있지 않다며 자기기만에 빠지는 것이다. 일본의 성차별은 매우 뿌리 깊어서 우리 눈에 보이지 않는 형태로 핏속, 아니 뼛속까지 침투해 있다.

극단적으로 말해 이 편견에서 자유로운 사람은 아마 일본에 단 한 명도 없을 것이다. 그러고 보니 예전에 이런 일이 있었다. 출산 휴가에 들어간 여성의 승진 심사를 할 때, 매우 존경하던 네덜란드인 상사가 갑자기 일어나 힘 있는 어조로 다음과 같이 지적했다.

> "일본은 선진국이라고 생각하고 있었는데 오늘 여러분의 논의를 듣고는 매우 충격을 받았습니다. 이런 전근대적이고 여성 차별적인 논의가, 세계를 앞서가는 우리 회사 사무실에서 이루어질 뿐만 아니라 허용되고 있다니 도무지 믿을 수가 없습니다."

이때 무척 인상 깊었던 것은 그 자리에 있던 일본인 대부분이 놀라서 눈을 휘둥그레 뜬 채 멀뚱거리고 있는 모습이었다. 즉 전혀 악의도 없을뿐더러 의도적으로 차별하려는 마음은 더더구나 없었는데 그러한 지적을 받게 된 것이 뜻밖이라는 반응이었다. 바로 이 같은 반응에, 이 문제에 깊이 뿌리박혀 있는 심각성이 자리한다.

지적을 받고서 민망해하면 그나마 다행이다. '아픈 곳을 찔렸다'고 생각한다는 것은 그렇게 생각할 만큼 이미 어느 정도 잘못을 인지하고 있다는 뜻이니 말이다. 하지만 이 경우는 그렇지 않았다. 지적을 받고도 그 자리에 있던 사람들은 자신들의 어떤 점에서 상대가 그런 성차별적인 의도를 느꼈는지 전혀 이해하지 못했다.

우리 의식의 현주소를 제대로 인식하고 그 무자각이 여성의 사회 진출을 방해하는 최대의 장벽이라는 사실을 명심해야 한다. 회의에 참가했던 사람들은 외국계 컨설팅 회사의 임원으로 기본적으로는 매우 자유롭고 열린 가치관을 지닌 집단이었는데도, 이들조차 '다른 사람의 승진을 심사한다'라는 민감한 사안 앞에서는 자기에게 배어 있는 성 편견에 얽매이고 말았다.

우선 우리가 굉장히 강한 성 편견에 지배된 국가라는 사실을 받아들여야 한다. 그러한 편견에 우리 자신이 너무나도 자각이 없기 때문에 수많은 사람이 자신은 성 편견으로부터 자유롭다고 착각하고 있으며, 그 잔혹한 무자각이 여성의 사회 진출을 가로막는 최대의 장벽이 되고 있다는 사실을 기억하자.

33 재빨리 도망칠 줄 아는 사람이 승리한다

파라노이아와 스키조프레니아

질 들뢰즈 (Gilles Deleuze, 1925~1995)

프랑스의 철학자. 20세기 프랑스 현대 철학을 대표하는 철학자 중 하나로, 자크 데리다 등과 함께 포스트 구조주의 시대를 대표한다.

　　　　　　　　　40대 후반 이상의 연배라면 이 '파라노이아paranoia'와 '스키조프레니아schizophrenia'라는 용어가 한때 굉장히 유행했다는 사실을 기억할지도 모른다. 때는 거품 경제 시기 직전인 1984년, 질 들뢰즈와 펠릭스 과타리의 공저 『안티 오이디푸스』에서 사용된 이 용어를 비평가인 아사다 아키라가 『도주론』에 소개한 것을 계기로 그해 신어유행어대상(일본에서는 해마다 신조어나 유행어 중에서 화제가 되었거나 세태를 반영한 말을 선정해 시상함-옮긴이)에서 동상을 수상했다. 포스트 구조주의 용어가 유행어가 되다니, 실로 대단한 시대였다는 생각이 든다. 1984년이라고 하면 '그렇게나 오래된 용어를?'이라고 생각할지도 모르지만 파라노이아와 스키조프레니아라는 용어는 그야말로 현대에서 새삼 의미가 함축된 개념이라 이 책에서 다루어 보고자 한다.

각각 뜻을 살펴보면 파라노이아는 편집증을, 스키조프레니아는 분열증을 말한다. 파라노이아는 무엇에 편집하는 걸까? 바로 '아이덴티티identity'다. 파라노이아형 인간은 이를테면 'ㅇㅇ대학교를 졸업하고 ㅇㅇ대기업에 근무하며 ㅇㅇ동네에 살고 있는' 자신의 아이덴티티에 집착하고 이 정체성을 더욱 세밀한 부분까지 파고들어 새로운 정합적 특질을 획득하는 데 매진한다. 인생에서는 종종 우발적인 기회나 변화가 나타나곤 하는데, 그때마다 기회와 변화를 받아들일지 말지는 축적해 온 과거의 아이덴티티와 꼭 들어맞는지 여부에 달려 있다. 그렇기에 파라노이아형 인간은 타자가 보기에는 '일관성 있고 알기 쉬운 인격과 인생'이다.

들뢰즈는 다른 저서 『천 개의 고원』에서 서양 철학이 오랜 세월 동안 근본으로 삼아 온 출발점을 토대로 트리형에 가지와 잎을 정합적으로 펼쳐 나가는 식의 논리 구조를 한편에 두고, 그와 대비하여 출발점을 갖지 않고 무질서하게 확산해 가는 뿌리형 개념을 들고 나와 이것을 리좀rhizome(프랑스어로 뿌리를 뜻하는 말로 다양성이나 다면성의 형태를 일컬음-옮긴이)이라고 명명했다. 이 '트리'와 '리좀'이라는 대비 구조에 파라노이아와 스키조프레니아를 적용시키면 파라노이아는 트리에 대응한다.

그렇다면 다른 한편의 스키조프레니아는 무엇이 분열하는 것인가? 이쪽 또한 '아이덴티티'다. 스키조프레니아형 인간은 고정적인 아이덴티티에 속박되지 않는다. 자신의 미의식이나 직감이 움직이는 대로 자유롭게 운동하고 그 시점에서의 판단, 행동, 발언과 과거의 아이덴티티나 자기 이미지와의 정합성에는 집착하지 않는다. 우발적으로 찾아온 변화와 기회는 그때그때 직감이나 후각에 따라 받아들이거나 받아들이지 않을 뿐, 과거에 축적한 아이덴티티와의 정합성은 고려하지 않는다. 따라서 트리와 리좀의 대비에 비유하자면 스키조프레니아는 리좀에 대응한다.

질 들뢰즈는 원래 수학의 미분 개념을 응용해서 '차이'를 연구한 철학자다. 파라노이아와 스키조프레니아의 대비를 수학적인 뉘앙스로 표현하면 파라노이아는 적분, 스키조프레니아는 미분인 셈이다.

파라노이아와 스키조프레니아라는 개념이 지금 왜 중요한 것일까? 이는 아사다 아키라의 저서 『도주론』에서 발췌한 다음 부분을 읽어 보면 잘 알 수 있다.

가장 기본적인 파라노이아형의 행동은 '정주定住'하는 것이다. 가정을 이루고 그곳을 중심으로 영토의 확대를 꾀하는 동시에 재산을 많이 축적한다. 아내를 성적으로 독점하고 태어난 아이의 엉덩이를 두드리며 가정의 발전을 위해 애쓴다. 이 게임은 도중에 그만두면 지는 것이다. 그만두지도, 멈추지도 못하고 어쩔 수 없이 파라노이아형이 되고 만다. 병이라고 하면 병이지만, 근대 문명은 틀림없이 이러한 편집증적 추진력에 의해 여기까지 성장해 온 것이다. 그리고 성장이 계속되고 있는 한, 힘들기는 해도 그 나름대로 안정되게 살 수 있다. 그런데 사태가 급변하기라도 하면 파라노이아형은 약하기 그지없다. 자칫하면 성채에 틀어박혀 전력을 다한 끝에 목숨을 바치는 일도 생길 수 있다. 이때 '정주하는 사람' 대신에 등장하는 것이 '도망치는 사람'이다. 이 녀석은 무슨 일이 있으면 도망친다. 버티지 못하고 일단 도망친다. 그러려면 몸이 가벼워야 한다. 집이라는 중심을 갖지 않고, 끊임없이 경계선에 몸을 둔다. 재산을 모으거나 가장으로서 처자식에게 군림할 수는 없으니 그때마다 마침 그 자리에 있는 것을 이용하고, 자손도 적당히 뿌려 두고 그다음은 운에 맡긴다. 의지가 되는 것은 사태의 변화를 인식하는 센스, 우연에 대한 직감, 그뿐이다. 그렇다면 이것은 틀림없이 스키조프레니아형이라 할 만하다.

아사다 아키라『도주론』

자손 운운하는 이야기는 차치하고, 아사다 아키라의 지적에는 두 가지 핵심이 있다. 하나는, 파라노이아형이 환경 변화에 약하다는 지적이다. 모두 알고 있듯이 현재 기업이나 사업의 수명은 점점 짧아지고 있다. 이 상황을 개인의 아이덴티티 형성과 관련지어 생각해 보면 어떨까? 직업은 아이덴티티를 형성하는 가장 중요한 요소이므로 하나의 아이덴티티에 얽매인다는 것은 하나의 직업에 얽매인다는 것을 의미한다. 개인과 사회의 두 가지 상황을 종합해 보면 아이덴티티에 집착하는 것은 위험하다는 결론을 얻을 수 있다.

일본의 기업인이자 작가인 호리에 다카후미도 저서『다동력』에서 꾸준히 노력하는 시대는 끝났으니 싫증나면 바로 그만두라고 조언한다. 이 말 또한 파라노이아보다 스키조프레니아가, 그리고 트리보다 리좀이 중요하다는 지적으로 이해할 수 있다. 우리는 '일관성 있는', '흔들리지 않는', '외길 십 년'과 같은 말을 무조건 칭찬하고 보는 어수룩한 구석이 있다. 하지만 그런 가치관에 사로잡혀 자신의 아이덴티티를 편집증적으로 고집하는 것은 이 사회에서 자살행위나 다름없다.

아사다 아키라가 지적한 두 번째 핵심은 도망친다는 점이다. 아사다 아키라는 파라노이아형을 정주하는 사람, 그리고 스키조프레니아형을 도망치는 사람으로 정의했다. 정주하는 사람에 대치시키려면 이주하는 사람이라든가 이동하는 사람이라고 정의하는 방법도 있을 텐데 그렇게 표현하지 않고 '도망치는 사람'이라는 정의를 사용했다. 이 지적은 매우 예리하다. '도망친다'는 '딱히 명확한 행선지가 정해져 있지 않지만 어쨌든 이곳에서 벗어나겠다'를 뜻한다. 이 뉘앙스, 즉 '반드시 분명한 목적지가 정해져 있지 않지만 이곳은 위험할 것 같으니 일단 움직이자'라는 마음 자세가 스키조프레니아형 인간의 특질이다.

우리는 직업과 일에 관한 이야기를 할 때 자신이 무엇을 하고 싶은지, 무엇을 잘하는지를 생각하라는 말을 많이 듣는다. 하지만 나는 이미 졸저『천직을 기다려라天職は寝て待て』에도 서술했듯 이런 말이 대개 무의미하다고 생각한다. 일이란 실제로 해 보지 않으면 재미있는지, 그리고 잘하는지 결코 알 수 없다. 어떤 일을 하고 싶은지

생각하며 망설이다가는 우연찮게 찾아온 기회마저 놓치고 말 우려가 있다.

　중요한 것은 행선지가 정해져 있지 않더라도 아무래도 위험한 것 같다는 판단이 서면 재빨리 도망치는 일이다. 시선을 응시하고 귀를 기울여 주위에서 어떤 일이 일어나고 있는지를 확인하라. 앞서 언급한 아사다 아키라의 발췌에서는 "의지가 되는 것은 사태의 변화를 인식하는 센스, 우연에 대한 직감, 그뿐이다"라고 되어 있는데, 이는 내가 『세계의 리더들은 왜 직감을 단련하는가』에서 "축적형 이론 사고보다 대담한 직감이 중요하다"라고 지적한 것과 같은 맥락이다. 주위에서 아직 괜찮다고 안심시키더라도 스스로 위험하다는 느낌이 들면 바로 도망쳐라. 이때 중요한 것은 위험하다고 느끼는 안테나의 감도와, 도망칠 결단을 내릴 수 있는 용기다. 사람들은 으레 착각하곤 하는데, 도망치는 것은 용기가 없기 때문이 아니다. 오히려 용기가 있기에 도망칠 수 있는 것이다.

　내가 대학 졸업 후 취업할 당시 광고 회사는 취업 인기 순위에서 상위를 차지했지만, 오늘날에는 미디어와 통신 환경의 커다란 변화로 인해 가장 장래성이 불확실한 업종 중 하나가 되었다. 마찬가지로 지금 인기를 누리는 취업 직종들 대부분도 20년 후에는 쇠퇴 산업으로 분류될지도 모른다. 누구나 부러워하는 회사에 입사하면 그 회사에 소속되어 있는 자신이 아이덴티티의 중심이 될 수밖에 없다. 하지만 그 회사가 인기와 명성을 그대로 유지할 수 있는 기간은 점점 줄어든다. 자신의 아이덴티티의 기반이 어느새 사람들이 부러

위하는 선망의 대상에서 벗어났을 때, 바로 그 아이덴티티를 버리고 게다가 '자신'이라는 존재를 무너뜨리지 않고 분리시킬 수 있을까? 틀림없이 그때는 파라노이아에서 스키조프레니아로의 전환이 필요할 것이다.

여기서 유의해야 할 점은, 우리 사회는 아직 한곳에 그대로 머무르면서 꾸준히 노력하는 파라노이아형을 예찬하고, 계속해서 싫증을 내고 변화를 거듭해 가는 스키조프레니아형을 비하하는 경향이 강하다는 사실이다. 하지만 실리콘밸리의 직업관은 전형적인 스키조프레니아형이라는 사실을 생각해 보면 이러한 '파라노이아 예찬, 스키조프레니아 비하'라는 직업관이 사회의 혁신을 정체시키는 요인임에 틀림없다. 이 사회적인 가치관이 스키조프레니아형의 전략을 채택하려고 할 때 큰 심리적 압박으로 작용할 가능성이 있다. 그래서 도망치는 데는 용기가 필요한 것이다. 세상의 평판에 신경을 쓰느라 침몰해 가는 배 위에서 우물쭈물하다가는 그야말로 인생을 엉망으로 만들 수도 있다.

다른 수많은 사람이 "일단 이 배에 탄 이상 마지막까지 애써 봐야지!"라며 벼르고 있을 때 "나는 이 배와 함께 가라앉을 생각이 없습니다. 먼저 실례하겠습니다"라고 당당히 말하고 나서 도망치려면 얼마만큼의 용기가 필요할지 상상해 보자. 파라노이아와 스키조프레니아를 대비시켜 보면, 후자는 전자보다 경박하고 나약해 보일지 모른다. 하지만 전혀 그렇지 않다. 오히려 현재 세계에서는 용기와 강인함을 지니지 못한 사람이야말로 파라노이아 유형을 지향하고,

용기와 강인함을 지닌 사람만이 스키조프레니아 유형의 인생을 꿋꿋하게 걸어갈 수 있다.

34 공평한 사회일수록 차별에 의한 상처가 깊다

격차

세르주 모스코비치 (Serge Moscovici, 1925~2014)

루마니아 출신, 프랑스에서 활동한 사회 심리학자. 소르본 대학교에서 수학했으며 사회 심리학, 정신 분석학, 인류학, 과학사 등의 분야에서 탁월한 업적을 남겼다. 프랑스의 사회과학고등연구원 교수, 파리에 있는 유럽사회과학연구소 소장을 역임했다. 저서로는 『군중의 시대』, 『다수를 바꾸는 소수의 심리학』이 있다.

기업에서는 인사 평가 제도를 설계할 때 '공정한 평가'를 궁극적인 목표로 한다. 나는 조직과 인사 분야의 전문 컨설턴트이므로 고객 기업의 인사 담당자가 항상 '어떻게 하면 공정하게 평가할 수 있을까'라는 물음을 마주한 채 고민하고 있다는 것을 누구보다 잘 알고 있으며, 이 물음 자체를 부정할 마음은 조금도 없다. 하지만 여기서는 공정성에 관해 다른 물음을 던지고자 한다. 바로 '공정한 것은 정말로 좋은 것일까?'라는 물음이다. 공정이 이렇게까지 바람직하다면 우리의 조직과 사회에서도 공정성이 실현되었어야 한다. 하지만 실제로는 그렇지 않다. 이유는 무엇일까? 하나의 유력한 가설에 따르면 '본심은 그 누구도 공정 따위를 바라지 않기 때문'이다.

우리는 어쨌든 에도 시대까지 이어져 내려오던 신분 차별 제도를 철폐하고 민주주의 사회를 실현했다. 하지만 대부분의 사람이 알고 있듯이 차별과 격차는 근절되지 않고 있다. 아니, 오히려 에도 시대처럼 공공연히 신분이 나뉘어 있던 시대보다도 차별과 격차는 더 음습하고 심각한 문제로 우리 사회를 좀먹고 있다.

왜 이러한 일이 일어나는 것일까? 이유는 단순하다. 신분 차이가 없어지고 표면적으로는 누구에게나 기회가 공평하게 주어졌기에 오히려 차별이나 격차가 더 부각된 것이다. 이 문제를 2000년도 더 전에 지적한 사람이 있다. 앞에서 소개했던 고대 그리스의 철학자 아리스토텔레스다.

시기심을 품는 것은 자신과 같거나, 같다고 생각되는 사람이 있는 사람들이다. 그런데 내가 말하는 같은 사람이란 집안이나 혈연관계, 연배, 인격, 세상의 평가, 재산 등의 면에서 같은 사람을 뜻한다. (……) 또한 사람들이 누구에게 시기심을 품는지도 확실하다. 왜냐하면 다른 문제와 함께 이미 이야기되고 있기 때문이다. 결국 사람은 시대와 장소, 연배, 세상의 평가 등 여러 면에서 자신과 비슷한 사람에게 질투를 느낀다.

아리스토텔레스 『수사학』

봉건 사회인 에도 시대에는 사회적 신분의 차이가 태어날 때부터 정해져 있었다. 이러한 사회에서 사회의 하위층에 속해 있는 개인은 상위층에 있는 사람들과 비교하지 않기 때문에 부러움도 열등감도 느끼지 않는다. 애초에 '비교할' 일이 없기 때문이다. 그런데 사회적 제도로서의 신분 차별이 없어지면 표면상으로는 누구나 상위층에 속할 기회를 갖게 된다. 자신과 같은 사람은 그렇게 높은 계층에 있는데 비슷한 출생 환경이나 능력을 가진 내가 그런 입장에 설 수 없다는 건 이상하다. 그 의문이 '공평성이 저해되어 있다'의 감각으로 연결된다는 것은 누구나 이해할 수 있을 것이다.

공평이나 공정과 정반대에 있는 차별이 이질성에 의해서 생겨난다고 생각하기 쉽지만 실은 그렇지 않다. 차별이나 격차는 우리의 생각과는 정반대로 '동질성'이 높기 때문에 발생한다. 모스코비치는 인종 차별에 관해 날카로운 통찰을 남겼는데 파리의 대학에서 사회 심리학을 가르치는 고자카이 도시아키 책에서 그의 지적을 만날 수 있다.

인종 차별은 오히려 동질성의 문제라는 것을 알 수 있다. 나와 깊은 공통성을 지닌 자, 나와 같은 의견을 갖고 같은 신념을 지니고 있는 사람과의 사이에서 발견되는 불화는, 설령 작은 일일지라도 참을 수 없다. 그 불일치는 실제의 정도보다 훨씬 심각하게 나타난다. 차이를 과장하고, 나는 배신당했다고 느껴 격하게 반발을 일으킨다.

고자카이 도시아키 『사회 심리학 강의社會心理學講義』

항상 문제가 되는 것은 큰 격차나 차별이 아니다. 에도 시대의 신분 차별 제도나 현재의 영국과 독일에서 보이는 계급에 의해 차별되는 사람들 사이에서 불공평이 심신을 해치는 일은 없다. 오히려 동질성이 전제가 되어 있는 사회와 조직에서 나타나는 '작은 격차'야말로 큰 스트레스를 만들어 낸다. 오해가 있을까 봐 덧붙이는데, 나는 결코 신분 차별 제도가 바람직하다고 말하는 것이 아니다. 그러한 사회에서는 동질성이 표면상으로 전제되어 있는 사회나 조직과 비교해서 르상티망이나 질투라는 감정에 사로잡히는 일이 적다고 말하고 있을 뿐이다.

격차나 차별로 인한 질투의 감정은 사회와 조직의 동질성이 높아질수록 오히려 구성원에게 상처를 준다. 19세기 전반에 활약한 프랑스의 정치사상가 알렉시 드 토크빌은 평등을 이상으로 내건 민주주의의 대두에 즈음하여 그 모순을 날카롭게 지적한 바 있다.

> 불평등이 사회 공통의 법일 때는 최대의 불평등도 사람의 눈에 들어오지 않는다. 모든 것이 거의 평준화될 때 인간은 최소의 불평등에 상처받는다. 평등이 커지면 커질수록 항상 평등의 욕구가 더욱 크고 끊임없이 계속되는 것은 바로 이 때문이다.
>
> 알렉시 드 토크빌 『미국의 민주주의』

토크빌의 지적은 우리가 공정한 조직과 공정한 사회를 추구하는 데 도사리고 있는 본질적인 모순을 들추어낸다. 이러한 인식이 성립된 후에 우리는 한층 더 공정하고 공평할 것을 추구해야 하는 것일까? 만약 조직과 사회가 공정하고 공평하다면 그중에서 하위층에 위치하고 있는 사람에게는 도망칠 길이 없다. 인사 제도나 사회 제도가 제대로 갖추어져 있지 않아서가 아니라 자신의 재능과 노력, 그리고 외모 면에서 남들보다 열등하기 때문에 하위층에 있다고밖에 해석되지 않기 때문이다. '서열의 기준이 정당하지 않다', 혹은 '기준이 정당해도 평가가 공정하게 이루어지지 않았다'라는 믿음 덕분에 우리는 자신의 열등성을 부정할 수 있다. 하지만 공정하고 공평한 조직에서는 이 자기방어가 성립되지 않는다.

우리가 안이하게 궁극의 이상으로 내건 '공정하고 공평한 평가'는 정말로 바람직한 것일까? 그 이상이 실현되었음에도 '당신은 뒤처져 있다'고 평가받는 많은 사람들은 대체 어떻게 해야 자기 존재를 긍정적으로 인식할 수 있을까? 그러한 사회와 조직은 정말로 우리에게 이상적인 것일까? 공정이라는 개념을 절대적인 선^善으로 받들기 전에 곰곰이 생각해 볼 필요가 있다.

35 감시당하고 있다는 심리적 압박

패놉티콘

미셸 푸코 (Michel Foucault, 1926~1984)

프랑스의 철학자. 구조주의 철학의 기수로 불리던 시기가 있었지만 푸코는 자신을 구조주의자라고 생각하지 않았다. 오히려 구조주의를 신랄하게 비판했기 때문에 후에 포스트 구조주의자로 분류되었다. 대표작으로 『광기의 역사』, 『감시와 처벌』, 『성의 역사』 등이 있다.

패놉티콘^Panopticon은 독방이 원주형으로 배치되어 있고 그 한가운데에 감시탑이 설치된 감옥 건축 양식이다. 미셸 푸코가 제안한 패놉티콘에 관해 고찰해 보려 하는데, 원래 패놉티콘이라는 형태의 감옥을 구상한 사람은 18세기 영국의 철학자 제러미 벤담이었다.

철학자인 벤담은 왜 감옥을 디자인했을까? 벤담은 '최대 다수의 최대 행복'을 이상적인 사회의 가장 중요한 요소로 추구했는데, 그러한 사회에서는 범죄자의 갱생도 최대화되어야 한다는 의미에서 감옥 또한 연구해 본 것이다. 이런 감옥에서 정말로 수감자가 쾌적하게 지낼 수 있을지는 의문이지만, 여기서는 벤담이 생각한 감옥에 관해 더 깊이 파고들지 않겠다.

푸코는 이 패놉티콘이 지닌 '감시 압력'에 주목했다. 패놉티콘에서는 중심부에 있는 감시탑에서 원주형으로 배치된 독방을 항상 감시하고 있는 반면에, 독방에 있는 수감자는 교도관이 있는지 없는지, 있다면 어느 쪽을 지켜보고 있는지 전혀 볼 수 없다. 원래 패놉티콘은 소수의 교도관이 많은 독방을 효율적으로 감시하는 것을 목

벤담의 패놉티콘 구상도

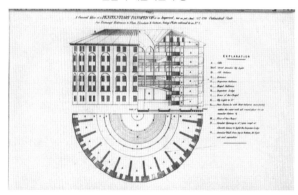

쿠바 프레시디오 모델로 Presidio Modelo**감옥의 옛 모습**

적으로 디자인되었는데, 푸코는 다른 점에 착안했다. 푸코는 패놉티콘이 만들어 내는 '감시받고 있다는 심리적 압박'이 현대에서는 독방이 아니라 사회 일반에도 널리 확산되어 있다는 점을 지적했다. 그래서 이 압력이 인간의 개성, 또는 자유로운 사상과 행동을 억압하고 이 압력에 굴하지 않는 '강한 개인'을 광인으로서 집단에서 배제하는 현상으로 이어진다고 주장했다.

근대 국가는 법률이나 규칙 등 외부의 제도뿐만 아니라 훈련으로 형성된 도덕과 윤리로도 국민을 지배한다는 것이 푸코의 주장이었다. 우리는 자율적으로 '그것이 좋은 일이므로, 그것이 도덕이므로'라는 식으로 자기 마음속에서 이유를 붙여 행동을 일으킨다고 느끼지만, 푸코는 그것이야말로 새로운 지배 형태라고 경고한다.

이 지적을 경영의 세계에 적용하면 어떨까? 우선, 어떠한 압력을 가할 필요가 있는 상황에서 반드시 실제로 감시할 필요는 없다. 만약 방약무인한 행동을 일삼는 임원이 있다고 할 때 이 인물에게 행동을 고치도록 압력을 넣는 경우, 실제로 감시하기보다 '감시당하고 있다'고 본인이 느낄 수 있는 체제를 구축하는 것이 효과적이다. 실제로 감시하지 않는 경우에도 감시의 압력이 생길 가능성이 있다. 이 감시의 압력은 당연히 규범적인 사고나 행동을 하도록 사람을 재촉하게 되는데, 말할 필요도 없이 대다수의 사람이 이러한 규범을 따르고 있는 조직에서는 혁신을 기대할 수 없다.

패놉티콘이 만들어 내는 압력은 조직 내에 필연적으로 생기며 이를 억제하려 해도 잘 되지 않는다. 그러므로 필연적으로 생겨나는 이 압력을 조직의 과제와 방향성에 맞는 형태로 조화롭게 길들여 나가는 지혜가 필요하다.

36 사람들은 필요해서가 아니라 다르게 보이기 위해 돈을 쓴다

차이적 소비

장 보드리야르 (Jean Baudrillard. 1929~2007**)**

프랑스의 철학가, 사상가. 1970년에 저술한 『소비의 사회』로 현대 사상에 큰 영향을 미쳤다. 이른바 포스트 모던의 대표적인 사상가로 불린다.

　　　　　　　장 보드리야르는 자신의 대표 저서 『소비의 사회』에서 소비를 '기호記號의 교환'으로 재정의했다. 소비가 '나는 당신들과는 다르다'라는 '차이'를 표현하는 기호라는 것이다. 고전적인 마케팅 구조에서 소비의 목적은 다음 세 가지로 분류된다.

　　① 기능적 편익 획득

　　② 정서적 편익 획득

　　③ 자아실현적 편익 획득

마케팅 이론에서 시장은 여명기부터 성숙해 나가면서, 혹은 그 시장의 경제적인 위상이 높아짐에 따라 소비의 목적은 앞에서 말한 ①에서 ②, ③의 순서로 옮겨 간다. 이는 노트북이나 휴대전화를 생각하면 이해하기 쉽다. 20년 전에는 사양이나 중량이 주요 선택 기준이었지만, 요즘은 디자인이나 소재감 같은 정서적 요인이 더욱 중요시되고 있으며 급기야는 브랜드나 상품이 갖고 있는 개성과 스토리도 중요해졌다. 반대로 말하면, 기능적인 편익에만 만족하면 시장은 그 자리에서 정체될 수도 있다. 보드리야르는 기능적으로 충분히 만족할 만한 상품이 이렇게 넘쳐나는데도 우리의 경제 활동이 중장기적으로는 여전히 확대일로에 있다는 사실에 대해 다음과 같이 지적했다.

> 충족은 열량이나 에너지로서, 또는 사용 가치로서 계산하면 곧 포화점에 이를 것이기 때문이다. 그런데 지금 우리의 눈앞에는 명백히 그 반대 현상, 소비의 가속도적 증가가 펼쳐지고 있다. (······) 이 현상은 욕구 충족에 관한 개인적인 논리를 근본적으로 포기하고 차이화差異化의 사회적 논리에 결정적인 중요성을 부여할 때만 설명할 수 있다.
>
> 장 보드리야르 『소비의 사회』

여기서 보드리야르는 우리가 지닌 '욕구'는 개인적이고 자발적인 것으로는 설명할 수 없으며, 오히려 타인과의 관계성, 즉 '사회적'인 것으로 설명 가능하다고 말했다. 나는 20대 후반에 이 책을 처음으로 읽고는 굉장히 신선한 느낌을 받았다.

보드리야르가 말한 대로 욕구가 사회적인 것이라면 마케팅에서 시장 창조나 시장 확대에 가장 중요한 것은 '차이 총계의 최대화'다. 이는 당연히 사회에 매우 큰 르상티망을 만들어 낸다.

또한 보드리야르의 '차이적 소비'는 소비라는 주제를 크게 넘어서는 사정거리를 가진 것으로 보인다. 우리는 보통 자신의 자발적인 욕구와 희망을 토대로 자신의 '자아실현'의 모습을 그린다는 전제 아래 이야기를 한다. 하지만 정말로 그럴까? 바람직한 자신의 모습이 어떤 특정 집단이 배타적으로 갖는 특성에 의해 기술된다면, 그러한 자신의 모습은 자발적으로 규정한 것이라기보다는 오히려 특정 집단과 그 외 집단, 즉 외부 환경과의 차이에 의해 규정된 것으로 보는 것이 적절하다. 보드리야르는 다음과 같이 지적했다.

> 소비자는 스스로 자유롭게 원하고 선택해 타인과 다른 행동을 하지만, 이 행동이 차이화의 강제나 어떤 종류의 코드에 대한 복종이라고는 생각하지 않는다. 타인과의 차이를 강조하는 것은 동시에 차이의 모든 질서를 새로 만들게 되는데, 이 질서야말로 처음부터 사회 전체가 해야 할 일이며 싫든 좋든 개인을 넘어선다.
>
> 장 보드리야르 『소비의 사회』

부자가 명품이나 고급차를 구입하는 것과 같은, 과시하기 위한 호화 소비만이 차이적 소비가 아니라는 데 주의해야 한다. 부자가 자신들이 부자라는 사실을 자연스럽게 타인에게 드러내기 위해 페라리나 포르셰 등 '알기 쉬운 고급차'를 타고 다니거나 고급 주택지로 이름난 지역에 사는 것도 물론 차이적 소비의 한 형태이기는 하지만, 그것이 전부는 아니다. 보드리야르가 말하는 것은 그런 차이적 소비를 가리키는 것이 아니다. 이를테면 하이브리드 차량인 프리우스를 타거나 무인양품을 애용한다거나 한적한 시골 마을에서 지내는 일 또한, 그 길을 선택한 주체가 그러한 선택을 하지 않은 타인과 자신은 다르다는 것을 드러내기 위한 차이적 소비라는 것이다.

우리가 어떤 선택을 무의식적으로, 아무 목적 없이 행했다 하더라도 자신이 스스로 '그것을 선택'하고 '다른 것을 선택하지 않음'으로써 기호가 생겨난다. 이 거북한 진실에서 놓여날 수 있는 사람은 없으며, 우리는 그러한 '기호의 지옥'에서 살고 있다고 보드리야르는 강조했다.

뒤집어 말하면, 무언가 기호성을 갖지 않거나 또는 갖더라도 희박한 상품과 서비스는 시장에서 살아남기 힘들다는 뜻이기도 하다. 자아실현적 소비는 시장 성장의 최종 단계에서 발현되는 것이 보통이다. 하지만 이때 자아실현이 자발적으로 규정되는 것이 아니라 언어와 마찬가지로 '타자와의 차이'라는 형태로 규정된다면, 그 상품나름대로 서비스가 어떠한 차이를 규정하는지를 의식하지 않는 이상 성공할 만한 상품과 서비스를 개발하기는 어렵다.

37 보이지 않는 노력도 언젠가는 보상받는다는 거짓말

공정한 세상 가설

멜빈 러너 (Melvin Lerner, 1929~)

1970년부터 1994년까지 캐나다 워털루 대학교에서 사회 심리학 교수를 역임한 후, 현재는 미국 플로리다 애틀랜틱 대학교에서 객원 연구원으로 일하고 있다. '정의'에 관한 심리학 연구의 선구자로 불린다.

　　　　　　　　　　　　　　힘든 고난 속에서도 꾸준히 성실하게 노력하면 언젠가는 보상받을 거라고 생각하는 사람이 많다. 대개 세상은 공정해야 하며 실제로 그렇다고 믿는 사람들이다.

　　이러한 세계관을 사회 심리학에서는 '공정한 세상 가설just-world hypothesis'이라고 부른다. 공정한 세상 가설을 처음 제창한 사람은 정의감에 대한 연구로 선구적 업적을 이룬 멜빈 러너다. 공정한 세상 가설을 믿는 사람은, 이 세상은 열심히 노력하는 사람이 보상을 받고 그렇지 않은 사람은 벌을 받게 되어 있다고 생각한다. 이러한 세계관을 가지고서 노력하면 언젠가 보상받는다 믿고 중장기적으로 노력을 다하면 그것은 그것대로 기쁜 일일지 모르지만, 실제로 세상은 그렇지 않으므로 이러한 세계관을 고집스럽게 주장한다면 오히려 폐해가 더 크다.

주의해야 할 것은 공정한 세상 가설에 사로잡힌 사람이 무의식중에 방출하는 '노력 원리주의'다. 노력은 반드시 보상받는다고 천진하게 주장하는 사람들이 주로 내세우는 근거 가운데 하나가 '1만 시간의 법칙'이다. 작가 말콤 글래드웰이 저서 『아웃라이어』에서 제창한 법칙으로, 간단히 말하면 "큰 성공을 이룬 음악가나 스포츠 선수는 모두 1만 시간이라는 긴 시간을 훈련에 쏟아부었다"라는 주장이다. 이에 관해 나는 이미 여러 권의 저서와 블로그에 반론을 게재했으므로 여기서는 아주 짤막하게 반론의 골자만 밝히겠다.

글래드웰의 주장은 '어떤 분야에서든 세계 최고가 되고 싶다면 1만 시간 동안 훈련을 하라. 그러면 당신은 반드시 최고가 될 수 있다'라는 것이다. 하지만 이렇게나 대담한 법칙을 제안한 데 반해 책에 나와 있는 논거는 일부의 바이올리니스트 집단과 빌 게이츠(프로그래밍에 1만 시간을 열중했다), 그리고 비틀스(데뷔 전에 무대에서 1만 시간 연주했다)에게서 이 법칙이 관측되었다는 것뿐으로, 주장의 근거가 너무나 취약하다. 이는 비단 글래드웰에게만 한정된 이야기가 아니라 '재능보다 노력'이라고 주장하는 수많은 책에 나타나 있는 공통된 특징이다. 이를테면 데이비드 솅크가 쓴 『우리 안의 천재성』에서는 타고난 천재의 대표 격인 모차르트가 실제로는 유소년기부터 집중적인 훈련을 받으며 노력을 거듭해 왔다는 사실을 논거로 들어 역시 재능보다 노력이라고 결론짓고 있지만, 이는 논리 전개에서 흔히 발생하는 초보적인 실수로 사실은 전혀 명제의 증명이 될 수 없다. 우선, 진짜 명제는 다음과 같다.

명제1 : 천재 모차르트는 노력했다.

이 명제에 대한 반대의 명제를 명제2로 도출했다고 하자.

명제2 : 노력하면 모차르트와 같은 천재가 될 수 있다.

위의 말이 옳다고 주장하는 것은 흔히 저지르는 '반대 명제'의 실수다. 명제1에 의해 도출되는 것은 짝을 이룬 명제3이다.

명제3 : 노력 없이는 모차르트 같은 천재가 될 수 없다.

그러므로 '노력하면 모차르트 같은 천재가 될 수 있다'라는 명제는 이끌어 낼 수 없다. 그렇다고 노력이 전혀 의미가 없는 것은 물론 아니다. 실제 연구 결과를 살펴보면 1만 시간의 법칙이 성립하느냐 아니냐는 그 대상 악기나 종목, 또는 과목에 따라 다르다는 사실을 알 수 있다.

프린스턴 대학교의 맥나마라 조교수 팀은 '자각적 훈련'에 관한 88건의 연구에 메타 분석을 행하고 "연습이 기량에 미치는 영향의 크기는 기술이나 능력 분야에 따라 다르며 기능 습득에 필요한 시간은 정해져 있지 않다"라고 결론을 내렸다.

구체적으로 이 논문에는 각 분야에 대해 '연습량이 많고 적음에 따른 성과의 차이를 설명할 수 있는 정도'가 소개되어 있다.

컴퓨터게임 : 26%

악기 : 21%

스포츠 : 18%

교육 : 4%

지적 전문직 : 1%

이 수치를 보면 글래드웰이 주장한 '1만 시간의 법칙'이 사람들을 잘못된 길로 인도하는 얼마나 위험한 주장인지 알 수 있다. 노력은 보상받는다는 주장에는 일종의 세계관이 반영되어 있어 매우 아름답게 들린다. 하지만 그것은 바람일 뿐이고 현실 세계는 그렇지 않다는 것을 직시하지 않으면 의미 있고 풍요로운 인생을 살아가기 어려울지도 모른다.

'공정한 세상 가설' 이야기로 돌아가보자. 공정한 세상 가설, 즉 노력은 언젠가 반드시 보상받는다는 사고는 실증 연구에서 부정되고 있으며 노력의 누적량과 성과의 관계는 해당 경기나 종목에 따라 달라진다고 밝혀졌다. 다시 말해 섣불리 이 사고에 사로잡혔다간 승산이 없는 일에 쓸데없이 인생을 허비할 수도 있다는 말이다.

이제 공정한 세상 가설의 다른 문제점을 지적해 보겠다. 이 가설에 사로잡힌 사람은 자주 반대의 추정을 한다. 즉 성공한 사람은 성공할 만큼의 노력을 해 왔다고 생각하므로 반대로 무언가 불행한 상황에 처한 사람을 보면 그런 일을 당할 만한 원인이 당사자에게도 있을 것이라고 생각하게 된다. 소위 '피해자 비난'이라고 부르는 편견이다. 실제로 세상에는 '자업자득', '인과응보', '남을 저주하면 자신에게도 재앙이 돌아온다', '뿌린 대로 거둔다' 등 약자를 비난하는 말들이 있다.

나치 독일에 의한 로마인과 유대인 학살, 또는 세계 많은 국가에서 자행되는 약자 박해가 세상이 공정한 이상, 곤경에 처한 사람은 뭔가 이유가 있어서 그렇게 된 것이라는 세계관을 토대로 형성되었다는 사실을 결코 잊어서는 안 된다.

게다가 노력은 보상받는다는 공정한 세상 가설에 사로잡히면 사회나 조직을 도리어 원망하게 될 수 있다는 점도 짚고 싶다. 논리는 항상 단순하다. 세상이 공정해야 한다고 하면 실제로 성실하게 노력하는 사람은 언젠가 발탁되거나 각광을 받아야 한다. 하지만 앞에서도 말했듯이 현실 세계는 공정하지 않기 때문에 남들 모르게 혼자 아무리 노력한다고 해서 발탁되지도 않을뿐더러 각광을 받는 일도 없다. 그 결과 어떤 일이 일어날까? '세상은 공정해야만 하는데 이 조직은 공정하지 않다. 그렇기 때문에 이 조직은 도의적으로 잘못되었다'라고 생각하게 되고 결국 조직에 원한을 품게 된다. 이는 테러를 일으키는 심리 과정 그 자체다.

1999년에 본의 아니게 명예퇴직을 권고받은, 그룹 기업(브리지스톤스포츠Bridgestone Sports Co., Ltd.)의 58세 과장이 브리지스톤 본사 사장실로 뛰어들어 할복한 사건이 있었다. 사장실에 뛰어든 남성이 쓴 항의문에 이런 문장이 있었다.

입사 이래 30여 년, 브리지스톤과 운명 공동체로서 먹고 자는 것도 잊고 가정을 돌볼 시간도 없이 일하면서 회사를 지탱해 온 직원의 노력이 결실을 맺어 오늘의 브리지스톤을 일구어 냈다.

이 고발문은 원망과 한탄이 짙게 배어 나오는 내용으로 공정한 세상 가설에 사로잡힌 사람이 최종적으로 어떻게 조직에 원한을 드러내는지 더없이 명백하게 보여 주고 있다. 먹고 자는 것도 잊고 가정을 돌볼 여유도 없이 일한 것에 대해 회사는 개인의 자유의사에 따라 선택한 인생이고, 그러한 선택을 한 직원에게 보상을 해줘야 하는지는 별개의 문제라고 생각할 수 있다. 하지만 세상은 공평해야 한다고 생각하는 사람에게 이러한 회사의 태도는 용서할 수 없는 일이다.

세상은 결코 공정하지 않다. 그러한 세상에서 한층 더 공정한 세상을 목표로 싸워 나가는 일이 바로 우리의 책임이요, 의무다. 남모르는 노력이 언젠가는 보상받는다는 사고가 인생을 망칠 수도 있다는 것을 반드시 명심하자.

4장

'사고'에 관한 핵심 콘셉트

어떻게 사고의 함정에
빠지지 않을 수 있을까?

38 '결국 이런 뜻이죠?'라고
말하면 안 되는 이유

무지의 지

소크라테스 (Socrates, B.C. 470~B.C. 399)

고대 그리스의 철학자. 델포이에서 받은 '소크라테스보다 지혜로운 사람은 없다'는 신탁을 반증하기 위해 많은 현인과 대화를 나눴다. 하지만 대화를 거듭하는 동안에 현인들이 자신의 이야기조차 제대로 이해하지 못하는 것을 알아차리고 마침내 '지식인 행세를 하는 자들의 무지'를 폭로하는 일을 필생의 업으로 삼게 되었다.

'무지無知의 지知'란 '알지 못한다는 사실을 안다'는 뜻이다. 애초에 자신이 모르고 있다는 인식이 없으면 학습을 시작할 수 없기 때문에 자신의 무지를 아는 것은 중요하다. 자신이 잘 알고 있다고 믿는 사람은 당연히 지적으로 태만해진다. 잘 모른다고 생각하기에 자료를 조사하거나 다른 사람에게 묻기도 하면서 노력하게 된다. 이를 달인이 되어 가는 과정으로 정리해 보면 다음과 같다.

① 알지 못한다는 사실을 알지 못한다.

② 알지 못한다는 사실을 알고 있다.

③ 알고 있다는 사실을 알고 있다.

④ 알고 있다는 사실을 알지 못한다.

우선 '알지 못한다는 사실을 알지 못하는' 것은 시작도 못한 상태다. 알지 못한다는 사실조차 알지 못하므로 배움에 대한 욕구나 필요성도 없다. 소크라테스는 지식인이라고 불리는 수많은 사람이 아는 척만 하고 있을 뿐 사실은 '알지 못한다는 사실을 알지 못하는 상태'인 점을 지적했다. 그다음으로 어떤 계기를 통해 '알지 못한다는 사실을 알고 있는' 상태로 옮겨 가면, 이때 비로소 배움에 대한 욕구와 필요성이 생겨난다. 그 후 학습과 경험을 쌓으면서 '알고 있다는 사실을 알고 있는' 상태로 옮겨 가게 된다. 자신이 알고 있다는 사실을 스스로 의식하게 되는 상태다.

그리고 마지막은 진정한 달인, 즉 숙달의 영역인 '알고 있다는 사실을 알지 못하는(잊고 있는)' 상태, 즉 알고 있다는 사실을 의식하지 않아도 자동적으로 몸이 그렇게 반응하는 정도의 수준에 이른다.

컨설팅 프로젝트에서는 '베스트 프랙티스best practice'를 벤치마킹한다. 베스트 프랙티스는 가장 뛰어난 방법이라는 의미로, 이 방법을 실천하는 사람이 거장이다. 하지만 거장을 인터뷰할 때는 무척 고전하는 경우가 많다. 왜냐하면 거장은 자신이 알고 있다는 사실을 알지 못하므로 "어떻게 이렇게 능숙하십니까?"라는 물음에 "뭐, 특별히 하는 건 없는데요"라고 대답할 수밖에 없기 때문이다. 그러므로 인터뷰로 거장의 이야기를 듣기보다 거장이 일하는 실제 현장에 가서 관찰하면서 그의 비결을 찾아내는 방법이 효과적일 때가 많다.

우리는 쉽사리 '알았다!'라고 생각하는 경향이 있다. 하지만 정말로 그런 걸까? 영문학자이자 『지적으로 나이 드는 법』의 저자인 와타나베 쇼이치는 "두근두근할 만큼 알지 못하면 아는 것이 아니다"라고 분명히 말했다. 또한 앞서 소개한 것처럼 역사학자 아베 긴야 교수가 그의 스승인 우에하라 센로쿠 교수에게서 "안다는 것은 그로 인해 자신이 변하는 것이다"라는 말을 들었다는 일화도 있다. 두 사람 모두 안다는 데서 오는 심원함과 자신이 느낀 감동을 밝혔다. 우리의 배움은 알았다고 생각한 순간에 정체되고 만다. 과연 스스로 설렐 만큼, 앎으로써 자신이 달라졌다고 생각할 정도로 알게 되었는가? 우리는 안다고 내세우는 일에 조금 더 겸허해져도 좋을 것이다.

또한 이 충고는 불쑥 어떤 일을 정리해서 말하고 싶어 하는 것의 '위험성'을 떠올리게 한다. 내가 오랜 세월 몸담고 있는 컨설팅업계 사람들에게는 몇 가지 특유의 입버릇이 있다. 그중 "요컨대 ○○이라는 뜻이죠?"가 대표 주자다. 컨설턴트는 어떤 일이나 상황을 일반화하여 특정 형태로 인식하기를 좋아해서, 다른 사람의 말을 듣고 난 다음에 이야기를 '정리'하고 싶은 욕구를 억누르기 어려운 부류다. 하지만 상대가 말하는 요점을 뽑아내고 일반화해서 정리하는 일이 항상 좋은 결과를 가져오지는 않는다는 것이 문제다.

어떤 사람이 여러 가지 예를 열심히 섞어 가며 한참 설명했다 치자. 그런데 마지막에 상대방에게 단순명료하게 "결국 ○○이라는 뜻이죠?"라는 말을 듣는다면, 설령 요령 있게 정리한 말이라 해도 어딘가 소화불량처럼, 또는 뭔가 누락된 것처럼 느낄지도 모른다. 또한 듣는 사람에게도 언제나 "결국 ○○이라는 뜻이죠?" 하고 끝내는 습관은 세상을 바라보는 시각을 넓힐 기회를 제한할 수 있다.

우리는 무의식 단계에서 마음속으로 '멘탈 모델mental model'을 형성한다. 멘탈 모델은 우리 한 사람 한 사람이 각자 마음속에 갖고 있는 '세계를 보는 창'을 뜻한다. 그리고 현실이라는 바깥세상에서 오감을 통해 인식한 정보는 멘탈 모델을 거쳐 이해할 수 있는 형태로 걸러지고 왜곡되어 받아들여진다. "요컨대 ○○이라는 뜻이죠?"라고 정리하는 것은 상대에게 들은 이야기를 자신이 가진 멘탈 모델에 맞춰 이해하는 듣기법에 지나지 않는다. 하지만 그렇게만 듣는다면 자신을 바꿀 기회를 잡을 수 없다. 매사추세츠 공과대학교MIT의 오토 샤머 교수는 'U이론'을 제창하여 사람과의 커뮤니케이션에서 듣는 방법의 깊이에 네 단계가 있다고 설명했다.

1단계: 자신 내면의 시점에서 생각한다 새로운 정보를 자신이 과거에서부터 지녀 온 사고 속으로 입력한다. 미래가 과거의 연장선상에 있다면 효과가 있겠지만, 그렇지 않은 경우 상황은 파멸에 이를 정도로 악화된다.

2단계: 시점이 자신과 주변의 경계에 있다 사실을 객관적으로 인식할 수 있다. 미래가 과거의 연장선상에 있는 경우는 효율적이지만 그렇지 않은 경우는 본질적인 문제에 도달하지 못하고 임시방편으로 그때그때 대처할 뿐이다.

3단계: 자신의 외부에 시점이 있다 고객의 감정을 고객이 일상에서 사용하고 있는 언어로 표현할 수 있을 정도로 일체화한다. 상대와 비즈니스 거래 이상의 관계를 구축할 수 있다.

4단계: 자유로운 시점 무언가 큰일로 이어지는 직감을 얻는다. 이론의 축적이 아니라 지금까지 살아온 체험과 지식을 연결할 수 있는 지각 능력이 생긴다.

이들 네 단계의 커뮤니케이션 중에서 "결국 ○○이라는 뜻이죠?"라고 정리하는 것은 가장 낮은 듣기 단계인 '1단계: 다운로딩'에 불과하다. 이렇게 듣는 사람은 지금까지의 틀에서 벗어날 기회를 얻을 수 없다. 상대와 더욱 깊이 있는 커뮤니케이션을 통해 깨달음을 얻고 창조적인 발견과 생성을 이끌어 내려면 '결국 ○○이다'는 식으로 축소해서 인식하거나 자신이 알고 있는 과거의 데이터와 조합하는 것을 경계해야 한다. 만약 "결국 ○○이라는 뜻이죠?"라고 요약하고 싶어질 때는 그렇게 말하는 순간 새로운 깨달음과 발견의 기회를 잃어버릴 수 있다는 사실을 떠올리자.

쉽게 아는 것은 과거의 지각 틀을 그대로 늘려 가는 효과밖에 가져다줄 수 없다. 정말로 자신이 바뀌고 성장하려면 안이하게 '알았다'고 생각하는 습성을 경계해야 한다.

39 이상은 이상일 뿐, 환상에 사로잡히지 말지어다

이데아

플라톤 (Plato, B.C. 427~B.C. 347)

고대 그리스의 철학자. 소크라테스에게 사사한 후 자신의 학교 '아카데메이아 Akadémeia'를 개설하고 아리스토텔레스 등 후진을 양성했다. 플라톤의 사상은 서양 철학의 원류로 인식되고 있는데, 철학자인 앨프리드 화이트헤드가 "서양 철학의 역사는 플라톤에 대한 방대한 각주에 지나지 않는다"라고 말했을 정도 다. 현존하는 저서의 대부분은 대화 형식을 취하고 있으며 일부 예외를 제외하면 자신의 스승인 소크라테스를 주요 화자로 한다.

플라톤이 제창한 이데아는, 쉽게 표현하면 '상상 속의 이상형'이다. 우리는 나무를 볼 때 '이것은 나무다'라고 판단할 수 있지만, 나무 한 그루 한 그루는 전부 다르다. 아마 온 세상을 다 뒤져도 완전히 똑같은 나무는 없을 것이다. 그런데도 우리는 그것을 '나무'로 인식한다. 플라톤은 그 이유를 우리가 '나무의 이데아'를 갖고 있기 때문이라고 해석한다. 플라톤은 현실 세계에는 이데아가 존재하지 않고 천상계에만 있다고 믿었다.

그리고 현실 세계의 모든 것은 이 천상계에만 존재하는 이데아가 '열화 복제'된 것일 뿐이라고 생각했다. 예컨대 우리는 삼각형이라는 개념을 이해하고 있으며 실제로 삼각형을 보면 그것이 삼각형이라고 인식할 수 있다. 그렇다면 눈앞에 있는 삼각형은 정말로 순수한 삼각형일까? 실제로는 그렇지 않다. 종이에 인쇄된, 언뜻 보면 정확한 삼각형이라도 루페로 확대하면 인쇄의 망점이 나타나 선은 선으로 보이지 않고 각은 각으로 보이지 않는다. 즉, 순수한 의미에서의 삼각형은 현실 세계에는 존재하지 않는다. 하지만 우리는 삼각형이라는 개념을 이해하고 있다. 이는 우리가 천상계에 있는 '삼각형의 이데아'를 알고 있기 때문이라는 것이 플라톤의 주장이다.

살짝 이야기가 빗나가지만, 플라톤의 이 지적을 인공지능 문제와 연관해 생각해 보면 흥미롭다. 개와 고양이의 사진을 보여 주고 각각 구별하라고 하면 어린아이도 쉽게 할 수 있지만, 이 일을 인공지능에게 시키기는 매우 어렵다. 컴퓨터는 어떤 조건에 해당하면 고양이로 분류하고 어떤 조건에 해당하면 개로 분류할지를 미리 규정해 두어야 판단할 수 있기 때문이다. 그렇다면 어떤 조건을 규정해야 하느냐가 문제인데, 바로 이 점이 어렵다. 우리가 예로부터 어떻게 고양이를 고양이라고 판단하고 개를 개라고 판단하는지를 언어로 표현하기가 좀처럼 쉽지 않기 때문이다. 결국 현재의 인공지능에서는 이 '조건에 의한 분류'라는 접근을 단념하고 수많은 개와 고양이의 사진을 기억하게 해서 통계적으로 '이것은 개' 또는 '이것은 고양이'라고 판단하게 하는 '기계학습' 접근법을 채택하여 높은 정확도로 개와 고양이를 분류하고 있다.

플라톤은 우리가 개를 개라고 인식할 수 있고 고양이를 고양이로 인식할 수 있는 것은 우리가 개와 고양이의 이데아를 갖고 있기 때문이라고 주장했다. 만약 이 주장이 옳다고 할 때 인공지능에게 '개의 이데아'나 '고양이의 이데아'를 심어 놓을 수 있다면 대량의 데이터를 기억시키는 미련한 방법을 더 이상 사용하지 않아도 될 것이다.

아마도 여기까지 읽고서 많은 사람은 플라톤이 생각하는 이데아라는 사고방식에 강한 위화감을 느낄 수도 있다. 실은 플라톤의 수제자였던 아리스토텔레스도 플라톤의 사후에 이데아론에 대해 계속 비판했다. 아리스토텔레스의 이데아 비판은 다양한 측면에서 이루어졌는데, 일괄적으로 정리하자면 현실적으로 검증할 수 없는 가상을 사고의 입각점에 두는 일은 소용없다는 것이다. 공상 속의 개념을 가지고 농락하는 것을 인정하지 않고 눈앞의 현실을 똑똑히 관찰하는 방법을 사고의 입각점에 두어야 한다는 것이 아리스토텔레스의 사고관이었다.

우리는 때때로 이데아에 사로잡혀 현실을 경시한다. 그 전형적인 예가 수많은 기업에서 실시하고 있는 인사 제도다. 대부분의 일본 기업에서 목표관리 제도를 인사 제도로 채택하고 있지만, 내가 관찰해 온 바로는 실제로 본래 설계한 대로 제 기능을 다하고 있는 회사는 거의 없다. 인사 제도는 이데아의 오류 중에서도 가장 두드러진다. 인사부도 인사 컨설턴트도 '인사의 이데아'를 염두에 두고 제도를 설계하지만 현실적인 운영 상황은 플라톤이 지적한 대로 '이데아의 열화 복제로서의 현실'일 뿐이다. 이데아는 상상 속의 이상형이라고 앞서 설명했다. 확실히 바람직한 모습의 이상형을 그리는 일은 전략을 세우는 데 중요한 출발점이 되지만, 그 점에 지나치게 집착하면 불가능한 것을 무리하게 추구하는 함정에 빠질 수 있다는 위험성을 인식해야 한다.

플라톤은 저서 『국가』에서 국가의 이데아를 아는 사람이야말로 정치를 해야 한다는 '철인 정치'를 줄곧 주장했다. 하지만 현실은 어떠했는가? 플라톤은 실제로 철인 정치를 실현하기 위해 시라쿠사의 왕 디오니시우스 2세의 후견인이었던 제자 디온에게 부탁받아 시칠리아로 건너가 왕을 교육시키고자 했다. 하지만 정쟁에 휘말려 감금당하는 등 위험에 처하게 되자 간신히 도망쳐 아테네로 돌아온다. 플라톤의 이상론은 이처럼 보기 좋게 실패했다.

40 오해에는 여러 유형이 있다

우상

프랜시스 베이컨 (Francis Bacon, 1561~1626)

후기 르네상스 시대의 영국 철학자, 신학자, 법학자. 경험주의의 아버지로 불린다. 베이컨은 자연 현상의 주의 깊은 관찰과 관찰 결과의 귀납적 추론에 의해 정확한 지식에 이를 수 있다고 생각했다. 윌리엄 셰익스피어와 동시대를 살았으며, 셰익스피어가 베이컨의 필명이라는 설도 있다.

"아는 것이 힘이다"라는 말을 못 들어 본 사람은 아마 없을 것이다. 이 유명한 말이 바로 프랜시스 베이컨의 말이다. 철학의 역사에는 유파랄까, 계통이 있다. 예를 들어 록^{rock}을 생각해 보자. 이미지가 잘 안 떠오를지도 모르지만, 보통 우리가 록이라고 통틀어 말할 때는 그 안에 프로그레시브 록$^{progressive\ rock}$, 펑크 록$^{punk\ rock}$, 헤비메탈$^{heavy\ metal}$ 등이 포함되어 있다. 다만 표현의 형식이나 무대 의상의 계통에 따라 종류가 나뉠 뿐이다. 철학도 마찬가지다. 프랜시스 베이컨은 그중에서도 훗날 '영국 경험론'이라고 불리는 유파의 시조가 된 인물이다.

경험론이라 해서 거창한 것은 아니다. 말 그대로 경험에서 나온 지식을 중시하는 입장으로 추론 방법으로는 '귀납'을 우선한다. 이와 대치되는 것은 아리스토텔레스의 형식 논리학에서 출발해 데카르트와 라이프니츠가 계승한 '합리론'이다. 이는 이성에 근거하는 사고를 더욱 중시하며 추론 방법으로는 '연역'을 우선한다.

베이컨은 연역, 즉 일반화된 법칙에서 개별의 결론을 추론한다는 아리스토텔레스의 논리학이 오히려 오류를 야기하기 쉽고, 올바른 지식은 항상 실험과 관찰이라는 '경험'에서 출발해야 한다고 주장했다. 따라서 베이컨의 지적 생산 시스템에서는 무엇보다도 관찰과 실험이 중요하다. 반면 인간의 인식 능력에는 미덥지 못한 면이 있어 오해나 편견으로 인해 올바른 결론을 이끌어 내지 못하는 경우도 많다고 보았다.

인간이 올바르게 인식하지 못해서 생기는 오류에는 어떤 유형이 있을까? 이 물음에 대한 답으로 베이컨은 '네 가지 우상偶像'을 제시했다. 우상은 라틴어로 이돌라idola라고 쓰는데 '아이돌idol'이라는 말의 어원이 바로 이 라틴어 이돌라다.

베이컨이 지적한 네 가지 우상에 대해 구체적으로 살펴보자.

① **종족의 우상 (자연 성질에 의한 우상)** 베이컨은 인간성 자체를 근거로 인간이라는 종족이 갖고 있는 우상을 '종족의 우상'으로 지칭했다. 즉 '착각'하는 것이다. 이를테면 지평선 위로 떠오르는 태양이 실제보다 크게 보인다거나 단것을 먹은 뒤 귤을 먹으면 시게 느껴지는 것이 전형적인 종족의 우상이다.

② **동굴의 우상 (개인 경험에 의한 우상)** 베이컨은 각 개인의 고유하고 특수한 본성이나 자신이 받은 교육과 타인과의 교류에 의해서 생기는 우상을 '동굴의 우상'이라고 명명했다. 한마디로 표현하면 '독선'이다. 자신이 받은 교육과 경험이라는 편협한 범위의 자료를 바탕으로 단정해 버리는 오류다. 이를테면 외국인 동료와 '어쩌다' 갈등을 경험한 사람이 '원래' 외국인은 까탈스럽다고 생각하는 것은 전형적인 동굴의 우상이다.

③ **시장의 우상 (전문傳聞에 의한 우상)** 베이컨은 인류 상호의 접촉과 교제에서 비롯된 우상을 '시장의 우상'이라고 정의했다. 언어의 부적절한 사용으로 인해 생기는 우상이다. 커뮤니케이션의 오류라고 할 수 있으며, 쉽게 말하면 '거짓말'이나 '전해 들은 말'을 진실이라고 믿고 현혹되는 것이다. 종종 인터넷 게시판 사이트에서 읽은 이야기를 정확한 소식인 양 남에게 전하는 사람도 있는데, 이러한 사람이 걸려들기 쉬운 것이 시장의 우상이다. 시장이라고 한 이유는, 시장에는 다양한 사람이 있고 갖가지 거짓말이 난무하는 곳이기 때문이다.

④ **극장의 우상 (권위에 의한 우상)** 베이컨은 철학의 다양한 학설이나 잘못 증명된 법칙에서 사람들의 마음에 들어온 우상을 '극장의 우상'이라고 일컬었다. 저명한 철학자의 주장 등 권위와 전통을 아무런 비판 없이 믿는 데서 생겨난 '편견'을 뜻한다. 텔레비전이나 잡지에 자주 등장하는 평론가의 주장을 무조건 믿고 의심하지

않는 사람이 많은데, 이러한 사람은 전형적으로 극장의 우상에 현혹되어 있다고 할 수 있다. 오늘날은 틀림없이 '미디어의 우상'에 휩싸여 있다.

이렇게 서술하고 보니 우리가 사물을 올바르게 인식하고자 할 때 확실히 이들 네 가지 우상이 우리의 사고를 저해하는 요인으로 크게 작용한다는 사실을 깨닫게 된다. 따라서 우리는 두 가지 중요한 관점에 주목하여 이들 우상을 잘 알아 두어야 한다.

하나, 자신이 주장하는 내용의 근거를 이루는 인식이 네 가지 우상 중 어느 것에 의해 왜곡되어 있지는 않은가 보아야 한다. 둘, 타인의 의견에 반론할 때 주장의 근거를 이루는 전제가 이들 네 가지 우상으로 인해 왜곡되어 있지는 않은가 보아야 한다.

인간의 지성은 이들 우상으로 인해 한번 믿으면 모든 것을 그에 맞춰 만들어 가는 성향이 있다고 베이컨은 강조한다. 이 집요한 믿음은 설령 그 사고에 반하는 사례가 드러난다 해도 그 사례들을 무시하거나 경시하기 쉽다. 그래서 베이컨은 이 네 가지 우상을 제거해야 비로소 사람은 진리에 다다르게 되고 본연의 모습을 되찾을 수 있다고 피력한 것이다.

41 생각은 아웃소싱할 수 없다

코기토

르네 데카르트 (René Descartes, 1596~1650)

프랑스 출신의 철학자, 수학자. 합리주의 철학의 시조이자 근세 철학의 시조로 잘 알려져 있다. 생각하는 주체로서 자신의 정신과 그 존재를 규정한 "나는 생각한다. 고로 나는 존재한다"라는 말은 가장 유명한 명제 중 하나다.

철학사상 가장 유명한 철학 명제로 꼽히는 말은 아마도 "나는 생각한다. 고로 나는 존재한다"일 것이다. 이 말을 라틴어로 표현하면 '코기토 에르고 숨$^{Cogito\ ergo\ sum}$' 이다. 이번 표제인 '코기토'는 이 명제의 앞부분에서 따온 단어다. 데카르트는 그의 대표 저서인 『방법서설』에서 "나는 생각한다. 고로 나는 존재한다"라는 명제를 사고의 입각점으로 둘 것을 제안했다. 그렇다면 이 명제는 원래 어떤 의미를 지니고 있을까?

예전에 인터넷상에서 이 명제를 "생각하지 않는 바보는 존재하지 않는 것이나 다름없다"라고 극단적으로 표현한 해석을 읽은 적이 있는데, 그런 의미는 아니다. 데카르트가 말하고자 한 것은 '존재가 확실한 것은 아무것도 없다. 하지만 여기에 모든 것을 의심하고 있는 나의 정신이 있다는 것만은 의심할 수 없다'라는 의미다. 현재를 살아가는 우리가 느닷없이 그러한 지적을 받는다면 "네? 아, 그건 뭐 그렇죠"라는 대답밖에는 할 수 없을 것이다. 데카르트는 왜 이처럼 자명한 일을 거창하게 언급했을까?

알기 쉽게 말하면, 이것은 데카르트 나름의 '외침'이었다. 그는 당시 권위로 군림하던 기독교와 스토아 철학에 싸움을 걸며 "철저하게 자신의 머리로 생각하라!"라고 외친 것이다. 이것이 얼마나 대단한 일이었는지는 데카르트가 살던 시대적 배경을 알지 못하고는 공감하기 어렵다.

데카르트는 종교 전쟁 시대에 살았던 철학자다. 『방법서설』을 썼던 때는 유럽 최대의 종교 전쟁인 '30년 전쟁'이 한창일 때였다. 30년 전쟁은 가톨릭과 프로테스탄트의 전쟁으로, 양자는 신앙과 교의의 이상적인 모습에 있어 어느 쪽이 '진리'인지를 두고 싸웠다.

기독교에서 교의와 신앙이 나아가야 할 방향성을 연구하는 사람은 신학자다. 이 시대에 가톨릭과 프로테스탄트의 신학자는 서로 자신들의 교의가 진리라고 주장하기 위해서 엄청난 양의 논문을 썼지만 결론은 나지 않았고, 마침내 유럽을 피로 물들인 치열한 전쟁이 시작되었다.

어떤 일이 벌어졌을까? 로마 제국이 멸망한 이래 중세에서 줄곧 '진리'를 지배하고 관리하던 조직은 로마 가톨릭교회였다. 그 때문일 것이다. 고대 그리스인들이 많은 시간을 들여 열심히 축적한

'진리에 관한 고찰' 대부분이 중세에 이르러 소실되고 말았다.

철학사를 다룬 책을 갖고 있는 사람은 재미있을 테니 나중에 꼭 읽어 보길 바란다. 역사에 이름을 남긴 철학자를 고대 그리스 시대의 소크라테스부터 현대의 들뢰즈와 과타리까지 시대순에 따라 살펴보면 5세기 아우구스티누스와 보에티우스를 마지막으로, 13세기에 로저 베이컨과 토마스 아퀴나스가 등장하기까지 약 800년 동안 유명한 철학자가 등장하지 않는 '공백기'가 있다는 사실을 알아차리게 될 것이다.

이때는 철학뿐만 아니라 자연 과학과 문학 분야에서도 같은 현상이 발견되는데, 요컨대 이 시기에 유럽은 장기적인 지적 정체, 아니 오히려 '지적 퇴행' 상태에 빠져 있었다.

믿기 어렵지만, 고대 그리스에 인문 과학과 자연 과학 분야에서 거대한 업적을 남긴 아리스토텔레스의 저서들은 이 시기 유럽에서 거의 소실되어, 13세기가 되어 가까스로 이슬람 세계에서 역수입 형태로 들어와 부활하기까지 일부 저서를 제외하고는 거의 없어지고 말았다. 진실을 추구하는 것은 인간의 역할이 아니고 진리는 신에 의해 다스려지며, 그것을 민중에게 보여 주는 것은 신과 대화할 수 있는 성직자뿐이라는 사회 질서가 빚어낸 결과다.

그런데 여기서 곤란한 일이 발생했다. 프로테스탄트와 가톨릭에 의해 진리가 둘이 된 것이 문제였다. 서로 자신이 진리라고 내세우며 추잡한 싸움을 벌이는 모습을 상상만 해 보아도 그 어리석음이 어땠을지 짐작 가능하다. 중세 사람들도 바보는 아니었다. 특히 지식인 계층의 사람들은 '이것은 어느 쪽이 옳은가 하는 문제가 아니다'를 인식하기 시작했다. 그 시기, 즉 기독교가 표명하는 진리에 대한 의구심이 마침내 터져나올 듯한 티핑 포인트^{tipping point}에 데카르트는 '이런 때야말로 전부 없었던 일로 하고 확실한 데서부터 다시 한번 시작해 보자'는 생각으로 "나는 생각한다. 고로 나는 존재한다"라는 외침을 꺼냈던 것이다.

하지만 과연 '확실한 것'이란 게 있을까? 눈에 보이는 현실마저 착각이나 꿈일지도 모른다고 보면 확실하지 않은 것이 된다. 이것을 '방법론적 회의'라고 하는데, 이렇게 모든 것을 의심하던 때 데카르트는 '의심하고 있는 나 자신이 있다는 사실만은 의심할 수 없다'는 것을 깨닫는다. '이 확실한 지점에서부터 엄밀하게 고찰을 쌓아간다면 신이나 교회라는 권위에 의지하지 않고 자신의 힘으로 진리에 다다를 수 있지 않을까?' 이것이 데카르트가 외친 "나는 생각한다. 고로 나는 존재한다"라는 명제의 골자다.

이 책의 개요를 이용해 설명하자면 데카르트가 보여 준 지적 태도에는 감탄할 만한 부분이 있다. 우선 '프로세스로부터의 배움' 측면에서 훌륭하다. 그 시대의 전제였던 지적 이론을 일단 없었던 일로 하고, 권위에 아부하지 않고 치밀하게 확률을 확인하면서 사고를 확장하고자 했던 파격적인 시도에 나는 박수를 보내고 싶다. 하지만 한편으로 '아웃풋으로부터의 배움' 측면에서는 어떤가? 아마 대부분은 이렇게 생각할 것이다.

데카르트가 "나는 생각한다. 고로 나는 존재한다"라는 확실한 지점에서 치밀하게 고찰을 거듭하려 했다는 사실은 잘 알았다. 그래서 그 거듭된 고찰의 결과, 데카르트는 어떠한 '진리'에 도달했는가? 즉 "'나는 생각한다. 고로 나는 존재한다'라는 여행의 출발점은 잘 알았는데 과연 그 여정의 결과로 데카르트는 어디에 다다랐을까?" 하는 궁금증이 남는다. 결론부터 말하면 데카르트는 그 출발점에서 한 발짝도 밖으로 나오지 못했다.

『방법서설』에서 데카르트는 '나는 생각한다. 고로 나는 존재한다'라는 확실한 지점에서 출발해 '신의 존재 증명'을 시도한다. 내용은 다음과 같다.

① 생각하고 있는 나의 존재는 의심할 수 없다.
② 생각하고 있는 내 안에 있는 관념도 의심할 수 없다.
③ 관념에는 '물건', '동물', '인간', '신'의 네 가지가 있다.
④ 이들을 완전성이라는 관점에서 평가하면 '물건〈동물〈인간〈신'이다.
⑤ 더 불완전한 것은 더 완전한 것의 원인이 될 수 없다.
⑥ ②에서 '신의 관념'의 존재는 의심할 수 없으며, 또한 ⑤에서 '신의 관념'의 원인은 인간이 될 수 없다.
⑦ 따라서 '신의 관념'의 원인은 인간보다 완전한 신뿐이다.
⑧ 그러므로 신의 존재가 증명된다.

"과연 그렇군!" 하고 감탄하는 사람은 아무도 없을 것이다. 마치 사기꾼의 수단 같은 증명이라서 현재의 우리로서는 도저히 납득할 수 없다. 데카르트 자신도 이 증명에 관해서는 뭔가 부족하다고 생각했는지 『방법서설』 출간 후에 친구에게 보낸 편지에서 이렇게 고백했다.

> "신의 존재에 관한 몇 페이지는 이 책에서 가장 중요한 부분이기는 하지만, 한편으로 전편 가운데서 가장 숙련되지 못한 부분이기도 하며 마지막에 출판사에서 독촉받을 때까지도 보완할지 말지 선뜻 결심하지 못했다."

어쩌면 신이나 교회라는 권위에 의지하지 않고 자신의 머리로 생각하자는 메시지가 교회로부터 노여움을 살 것을 두려워해, 그 방법론으로 신의 존재를 증명함으로써 용서받으려 했던 건지도 모른다. 어쨌든 어색한 겉치레 같은 위화감은 당시부터 있었던 듯하다. 동시대의 철학자 파스칼도 "데카르트는 가능하면 '신은 존재하지 않음'으로 끝맺고 싶었던 거 아냐?"라는 말을 했다고 한다.

우리는 데카르트의 코기토에서 다양한 통찰을 얻을 수 있다. 우선 '프로세스로부터의 배움' 측면에서 보면 그 사회의 지배적인 상식을 일단 없었던 것으로 하고 '정말로 그러한가?'라는 의문을 품고 자신의 머리로 생각하는 일이 얼마나 중요한지 깨닫게 해 준다. '아웃풋으로부터의 배움'의 측면에서는 너무 치밀하게 생각하다 보면 의외로 쓸모없는 결론밖에 얻지 못한다는 사실을 알게 해 준다. 이는 데카르트가 제시한 "나는 생각한다. 고로 나는 존재한다"라는 명제가 결국 차세대로 이어지는 철학자 사고의 출발점으로 채택되지 못했다는 점에서도 어느 정도 확실하다.

42 진보는 나선형 발전으로 이루어진다

변증법

게오르크 헤겔 (Georg Wilhelm Friedrich Hegel, 1770~1831)

독일의 철학자. 관념론 철학 및 변증법적 논리학은 물론, 근대 국가의 이론적 기초를 확립하는 등 정치 철학의 영역에서도 지대한 업적을 남겼다. 인식론, 자연 철학, 역사 철학, 미학, 종교 철학, 철학사 연구에 이르기까지 철학의 모든 분야를 망라하여 논했다.

변증법이란 무엇인가? 쉽게 말해서 진리에 이르기 위한 방법론의 이름이다. 즉 대립하는 사고를 서로 부딪쳐 투쟁시킴으로써 아이디어를 발전시키는 방법론이다. 철학 교과서에서 설명하는 변증법의 프로세스는 대개 다음과 같다.

① 정(正) : 명제 A가 제시된다. = 테제^{thesis}

② 반(反) : A와 모순되는 가명제 B가 제시된다. = 안티테제^{antithesis}

③ 합(合) : 마지막으로 A와 B의 모순을 해결하는 통합된 명제 C가 제시된다. = 진테제^{synthesis}

자주 사용되는 비유를 들어 보자. 어떤 사람이 "원이다"라고 주장하고(정) 어떤 사람이 "직사각형이다"라고 주장할(반) 경우, 이차원 공간을 전제로 한다면 이들의 주장은 형식 논리상 양립될 수 없다. 어느 한쪽은 분명히 틀렸다. 하지만 이때 "잠깐 기다려. 이거 원기둥 아냐?"라는 주장(합)이 나오면 두 사람의 의견을 통합하는 형태로 해결된다. 이차원 공간이라는 전제를 없앰으로써 양쪽의 주장이 모순 없이 양립하는 새로운 명제가 성립되는 것이다. 변증법에서는 이 3단계를 아우프헤벤^{Aufheben}(지양止揚)이라고 한다.

이걸로 끝이 아니다. 헤겔에 의하면 이렇게 제안된 통합 명제에 관해서도 다시 안티테제가 제시되고, 양자가 다툼으로써 한층 더 새로운 명제가 성립된다. 이 과정을 반복하며 우리가 진리에 다가갈 수 있다는 것이 헤겔의 주장이다. 이렇게 쓰고 있는 나 자신조차 상당히 수상쩍은 느낌이 들지만, 이야기를 계속 이어가 보겠다.

헤겔에 따르면 이 변증법은 진리의 탐구만이 아니라 역사에도 적용할 수 있다. 어떤 사회 형태가 있다고 하면 그것을 부정하는 다른 사회 형태가 제안되고, 결국에는 양자의 모순을 평정하는 형태로 진테제로서의 이상 사회가 제안된다. 헤겔은 그렇게 해서 사회가 발전해 나가며, 이상적인 사회에 도달하기 위해서도 인류에게는 투쟁이 필요하다고 주장했다.

현대를 살아가는 우리가 보기에는 실로 천진한 사상으로 보인다. 그러나 시대가 다르다는 사실을 감안해야 한다. 헤겔이 살던 시대는 마침 왕제에서 공화제로 넘어가는 전환기이기도 했다. 프랑스

혁명은 헤겔이 가장 감수성이 풍부하던 대학생 시절에 일어났다. 왕제라는 테제에 대해서 공화제라는 안티테제가 제안되어 실제로 혁명이 성취되었기에 헤겔의 사고, 즉 '투쟁을 통해 사회는 발전해 나간다'라는 발상은 혁명의 사상적 기반으로 받아들여졌다. 후에는 마르크스주의로서 공산혁명의 사상적 기반을 형성하게 되었다.

사회가 실제로 그렇게 발전할지 아닐지, 애초에 사회가 발전한다는 사고 자체가 건전한 것인지 아닌지(사회가 발전한다는 사고는 필연적으로 '발전한 사회'와 '미개한 사회'라는 구조를 만들어 낸다)의 논점은 차치하고, 상반된 두 명제를 통합하는 새로운 아이디어를 추구해 나가는 지적 태도는 현대를 살아가는 우리에게도 꼭 필요하다.

우리는 공적인 입장이든 사적인 입장이든 항상 트레이드오프 trade off(한쪽을 추구하면 다른 한쪽을 희생해야 하는 이율배반적인 관계-옮긴이) 상태로 양자택일을 종용받는다. 대부분의 경우 이 두 가지 선택 사항은 양립할 수 없는 것으로 보이지만, 정말 그럴까? 헤겔이 지적한 대로 지적인 투쟁이나 대화를 통해 양자를 양립시키려는 태도가 부정되어서는 안 될 일이다. 트레이드오프 상황에서 두 가지 선택지를 놓고 양쪽 다 원한다든가 어느 쪽도 원치 않는다는 것은 어린아이의 투정처럼 들릴지 모른다. 하지만 많은 혁신가가 그런 상황에서도 불가능한 일을 무리하게 추구한 끝에 트레이드오프를 양립시키는 기술 혁신을 성취했다는 사실 또한 절대 잊어서는 안 된다.

양립할 수 없을 것 같은 두 가지 명제를 통합해 해소하는 것이 바로 변증법 사고인데, 이때 진테제는 '나선형 발전'에 의해 출현한다는 것을 기억해 두자. 변증법에서는 사물이 직선형이 아니라 나선형으로 발전한다. 나선형으로 발전한다는 것은 다시 말해 '진화 발전'과 '복고 부활'이 동시에 일어난다는 뜻이다.

이 책의 앞부분에서 소개한 교육 혁명이 그러하다. 교육 혁명의 진전을 변증법적 프로세스로 나타내 보면 다음과 같다.

A. 마을 아이들을 모아 한 사람 한 사람의 발육 상태와 관심 분야에 맞춘 교육을 실시한다. = 서당 = 테제

B. 같은 연령의 아이들을 모아 같은 커리큘럼으로 획일적인 교육을 실시한다. = 학교 = 안티테제

A의 경우 아이들 각자의 성장 환경에 맞춘 섬세한 교육을 실시할 수 있지만 효율성 면에서는 문제가 있다. B의 경우 효율성 문제는 해소되지만 발육 정도에 맞는 섬세한 교육이라는 면에서는 문제가 있다. 결국 최근 100여 년 동안 기본적으로 B의 방식을 채택하면서 거기에 적응할 수 없는 극소수의 예외 인원에게만 A를 적용하는 접근법이 채택되었다.

그런데 최근에 와서 정보 통신 기술 능력을 이용함으로써 A와 B의 트레이드오프를 해소하는 교육 시스템이 전 세계적으로 채택되고 있다. 인터넷을 이용한 커리큘럼을 가정 내에서 실시하고 각 아동이 자기 나름대로 모르는 것을 학교에서 교사에게 배우는 방식이므로, 이것은 아까 설명한 대로 A와 B를 아우프헤벤하여 다음과 같

은 새로운 아이디어를 얻을 수 있다.

C. 같은 연령의 아이들을 모아서 한 사람 한 사람의 이해도와 관심에 맞춘 교육

을 행한다. = 진테제

이때 옛날 서당 교육이 정보 통신 기술력에 의해 진화하고 발전하면서 복고, 부활한 것으로 볼 수 있다. 이 같은 예로는 옛날 시장에서의 지정가 거래(고객이 증권 매매를 의뢰할 때 희망 가격을 지정하여 이루어지는 거래-옮긴이)가 역경매$^{reverse auction}$(같은 종류의 상품을 팔려는 공급자가 여럿일 때 가장 낮은 가격을 제시하는 업체의 자산을 매입하는 방식-옮긴이) 형태로 부활하거나, 촌락 공동체의 모임이 소셜미디어 형태로 부활한 것 등 셀 수 없을 정도로 많다.

우리는 이러한 나선형 발전의 속성을 앎으로써 미래를 예측할 수 있다. 변증법에 의한 나선형 발전은 옛것이 편리하게 개선되어 부활하는 것이다. 앞으로도 과거의 어떤 사물이나 현상이 주로 정보 통신 기술력에 의해 효율성과 편리성을 높여 부활할 것이다.

아무런 발판도 없이 미래를 예측하겠다고 덤벼 봐야 백일몽 꾸듯 공상할 수밖에 없지만, 예로부터 존재했다가 비효율성으로 인해 일시적으로 사회에서 모습을 감추었던 것이 사회에 발전적인 형태로 부활한다고 생각하면 다양한 아이디어들이 구체적으로 떠오를 것이다.

43 사고의 폭을 넓히고 싶다면
어휘력을 길러라

시니피앙과 시니피에

. . . .

페르디낭 드 소쉬르 (Ferdinand de Saussure, 1857~1913)

스위스의 언어학자이자 언어 철학자, 기호학자. '근대 언어학의 아버지'로 불린
다. 기호론의 기초를 확립하고, 후에 구조주의 사상에 영향을 미쳐 유럽 현대
기호학의 창시자, 구조주의 언어학의 개척자로도 불린다. 저서로『일반 언어학
강의』,『소쉬르의 마지막 강의』,『일반 언어학 노트』가 있다.

'물건'이 있고 '이름'이 있다.
우리는 통상 물건이라는 실체가 있고 그에 맞는 이름이 나중에 붙여
졌다고 생각한다.『구약성서』의「창세기」2장 19절에는 다음과 같
이 기술되어 있다.

신은 들의 모든 들짐승과 하늘의 모든 새를 땅에서 형태를 만들어 인
간이 사는 곳으로 데려와 인간이 각각을 어떻게 부르는지를 지켜보
았다. 인간이 부르면 그것은 모두 생물의 이름이 되었다.

『구약성서』「창세기」2장 19절

하지만 이 말이 옳다면 물건의 체계와 언어의 체계가 문화권에 따라 다르다는 사실을 설명할 길이 없다. 페르디낭 드 소쉬르는 『일반 언어학 강의』에서 다음과 같이 지적했다고 한다.

> 프랑스어의 '양^{mouton}'은 영어의 '양^{sheep}'과 말뜻은 거의 같다. 하지만 이 말이 지니고 있는 의미의 폭은 다르다. 그 한 가지 이유는, 조리해서 식탁에 제공된 양고기를 영어에서는 'mutton'이라고 부르지 'sheep'이라고는 하지 않기 때문이다.
>
> sheep과 mouton은 의미의 폭이 다르다. (……) 만약 낱말이 미리 주어진 개념을 표시하는 역할을 한다면 어떤 국가의 언어에 존재하는 단어는 다른 국가의 언어에서 그 단어와 완전히 의미가 같은 대응어를 찾아낼 수 있어야 한다. 하지만 현실은 그렇지 않다.
>
> 우치다 다쓰루 『푸코, 바르트, 레비스트로스, 라캉 쉽게 읽기』

다소 생소한 '양'을 예로 든 글이라 약간 이해하기 어려울지도 모르지만 여기서 중요한 것은 "의미의 폭이 다르다"라는 지적이다. 즉 어떤 단어가 나타내는 개념의 범위가 문화권에 따라 다르다는 것이다.

예를 들어 일본에서는 '나방蛾'과 '나비蝶'라는 말이 모두 익숙하다. 원래부터 나방과 나비라는 두 종류의 곤충이 있어서 이렇게 이름 붙여졌다고 생각하기 쉽지만, 소쉬르는 그렇지 않다고 주장했다. 프랑스어에는 나방이라는 단어도 나비라는 단어도 없고 그들을 모두 포함하는 '빠삐용papillon'이라는 말밖에 없기 때문이다. 우리가 나방과 나비를 따로 구분해 사용하는 개념이 프랑스어에서는 하나의 범위로, 즉 더욱 '넓은 폭'을 나타내는 말 '빠삐용'으로 정의되어 있는 것이다. 이 점은 매우 오해하기 쉬워서, 초심자를 대상으로 하는 프랑스어 교육에서 종종 '나비에 해당하는 빠삐용이라는 단어는 있지만 나방에 해당하는 단어는 없다'라고 설명하는 경우가 있다. 그러나 이는 소쉬르의 지적을 근본적으로 오해한 견해다.

소쉬르는 개념을 정리하는 체계가 근본적으로 다르다고 주장했다. 일본어에서는 나비와 나방이라는 개념을 별개로 구분해 달리 사용하고 있는데, 만약 나비에 해당하는 말이 빠삐용이고 나방에 해당하는 단어가 없을 뿐이라면, 프랑스인도 마찬가지로 나비와 나방을 다른 개념으로 인식하고 있다는 증명이 된다. 하지만 그렇지 않다. 프랑스인에게는 나비라는 개념도 나방이라는 개념도 없고, 오직 두 가지를 같은 집합으로 인식하는 빠삐용이라는 전혀 다른 개념만 있다. 반대로 보면, 엄밀한 의미에서 프랑스어인 빠삐용에 대응하는 개념이 일본어에 없는 것이다.

> 모든 경우에 우리는 개념이 미리 주어지는 것이 아니며 낱말이 지닌 의미의 폭은 언어 시스템마다 다르다는 사실을 발견하게 된다. (……) 개념은 시차적이다.
> 즉 개념은, 그것이 정해지고 내용을 포함하여 정의되는 것이 아니라 시스템 속에서 다른 말과의 관계에 의해 결여된 관념으로 정의되는

것이다. 더욱 엄밀히 말하면, 어떤 개념의 특성은 '다른 개념이 아니다'라는 뜻이다.

우치다 다쓰루 『푸코, 바르트, 레비스트로스, 라캉 쉽게 읽기』

소쉬르는 개념을 나타내는 언어를 '시니피앙signifiant', 언어에 의해 표시되는 개념을 '시니피에signifié'라고 정의했다. 앞서 언급한 예를 들어 설명하면 일본어에서는 나비와 나방이라는 두 가지의 시니피앙을 이용해 두 가지의 시니피에를 나타내는 데 반해, 프랑스어에서는 빠삐용이라는 시니피앙을 이용해 일본어의 나비도 나방도 아닌, 양자가 합쳐진 것 같은 시니피에를 나타낸다.

시니피앙과 시니피에의 체계는 언어에 따라 크게 다르다. 앞서 언급한 비유 외에도 일본어에서 '뜨거운 물'을 나타내는 '湯(유)'와 '물'을 나타내는 '水(미즈)'는 서로 다른 시니피앙이지만 영어에는 'water(워터)'라는 시니피앙밖에 없다. 또 일본어로 '사랑'을 나타내는 단어인 '恋(고이)'와 '愛(아이)'는 다른 시니피앙이지만 영어에는 'love(러브)'라는 시니피앙밖에 없다.

소쉬르의 이러한 지적이 중요한 이유는 두 가지다. 하나는 우리의 세계 인식이 사용하고 있는 언어 시스템에 의해 다르게 규정되어 있다는 것을 시사하기 때문이다. 서양 철학이 '세상은 무엇으로 이루어져 있는가'라는 'What의 물음'에서 시작되었다는 것은 이미 설명했다. 이 물음 이래, 데카르트나 스피노자가 활약한 17세기 무렵까지의 철학자들은 사실에 입각해 명석하게 사고를 쌓아 나간다면 진실에 도달할 수 있다고 여겼는데, 소쉬르는 '정말 그러한가'라는 커다란 의문을 던지고 있다. 무슨 뜻인가? 우리는 언어를 사용해서 사고한다. 당연한 말이다. 하지만 그 언어 자체가 이미 무언가의 전제에 따라 달라진다면 어떻겠는가? 언어를 이용해 자유롭게 사고해야 하지만, 그 언어가 의지하고 있는 틀에 사고를 의지하게 된다. 그러면 우리는 진정한 의미에서 자유롭게 사고할 수 없고, 그 사고는 우리가 의거하고 있는 무언가의 구조에 의해 불가피하게 큰 영향을 받게 된다. 이것이 구조주의 철학의 기본 입장이다. 소쉬르가 언어학자이면서도 구조주의 철학의 시조라고 불리는 까닭이 바로 여기에 있다.

덧붙이자면 '우리는 우리가 의거하는 구조에 따라 생각할 수밖에 없다'라는 것을 다른 각도에서 고찰한 사람이 마르크스, 니체, 프로이트였다. 그들은 각자 우리의 사고가 '사회적인 입장', '사회적인 도덕', '자신의 무의식'에 의해 불가피하게 왜곡된다는 것을 지적했고, 이들의 고찰이 마침내 레비스트로스로 대표되는 구조주의 철학으로 수렴되었다. 소쉬르는 고대 그리스 시대부터 끊임없이 이어져 온, 이지적인 고찰에 의해 진리에 도달할 수 있다는 천진한 '이지원리주의理知原理主義' 사고방식에 대해 철학과는 전혀 다른 측면에서 결정적인 지적을 했던 것이다. 이것이 소쉬르의 지적이 중요하게 다루어지는 첫 번째 이유다.

소쉬르의 지적이 중요한 또 하나의 이유는, 풍부한 어록이 세계를 분석적으로 파악하는 역량으로 직결된다는 사실을 말하기 때문이다. 앞서 일본어와 프랑스어, 또는 영어를 비교했는데, 같은 언어를 사용하는 집단 가운데서 더 많은 시니피앙을 지닌 사람과 더 적은 시니피앙을 지닌 사람을 비교해 보면 어떨까? 소쉬르가 지적했듯 어떤 개념의 특성이 '다른 개념이 아니다'를 의미한다면, 더 많은 시니피앙을 가진 사람은 그만큼 세계를 더욱 세심하게 분별해 파악할 수 있다. 즉 세계를 더욱 깊이 분석할 수 있다.

어떤 시니피앙을 가지고 있는 것은 어떤 시니피에를 파악하는 일로 이어진다. 개념이라는 말밖에 갖지 못한 사람은 개념이라는 단어에 내포되어 있는 시니피앙과 시니피에를 나눠서 인식할 수 없다. 시니피앙이라는 어휘를 알고 있기에 어떤 개념이 나타났을 때 그것이 시니피앙인지 시니피에인지 판별하는 기능이 작동되므로, 이는 세상을 더욱 미세한 메시mesh로 분석해 파악하는 능력의 차이와 그대로 연결된다.

이 책에서 설명하고 있는 철학 · 사상에 관한 용어가 바로 그러하다. 이들 용어는 일상생활을 하는 데는 별 도움이 되지 않는다. 그러나 책의 앞머리에서 언급한 대로 눈앞에서 일어난 일이나 현상을 더욱 정확하게 파악할 수 있는 통찰력을 길러 준다. 개념이 통찰력을 길러 줄 수 있는 것은, 개념이 바로 새로운 세계를 파악하는 관점을 제공해 주기 때문이다.

핵심은 두 가지다. 우리는 자신이 사용하는 언어의 틀에 의해서만 세상을 파악할 수 있다. 그리고 한층 더 정밀하게, 미세한 메스실린더를 이용해 계량하듯 세상의 현상과 이치를 파악하려 한다면, 언

어의 한계를 인지하고 더 많은 언어, 즉 시니피앙을 조합함으로써
정밀하게 시니피에를 그려 내려 노력해야 한다.

44 때로는 판단을 보류하는 것이 도움이 된다

에포케

에드문트 후설 (Edmund Husserl, 1859~1938)

오스트리아의 철학자, 수학자. 처음에는 수학 기초론 연구자였지만 수학으로
박사 학위를 취득한 후에 철학으로 전공을 바꿨다. 프란츠 브렌타노의 영향을
받아 철학의 측면에서 다른 여러 학문의 기초를 확립하는 데 관심을 돌려 전혀
새로운 대상으로의 접근 방법으로서 '현상학'을 제창했다. 현상학은 20세기 철
학의 새로운 흐름이 되어 마르틴 하이데거, 장 폴 사르트르, 모리스 메를로퐁티
같은 후계자를 길러 내고 현상학 운동으로 확산되어 학문뿐만 아니라 정치와
예술에까지 영향을 미쳤다.

오늘날 국제 콘퍼런스에서
'뷰카^{VUCA}'라는 말을 자주 들을 수 있다. 원래는 미국 육군이 현재
의 세계 정세를 표현하기 위해 사용한 단어이지만 오늘날에는 다양
한 장소에서 접할 수 있다. 뷰카는 오늘날의 세계 상황을 잘 드러내
는 네 가지 영어 단어 '변동성^{Volatility}', '불확실성^{Uncertainty}', '복잡성
^{Complexity}', '모호성^{Ambiguity}'의 이니셜을 조합한 말이다. 이러한 세상
에서는 사물을 올바르게 판단하기가 무척 어렵다.

단순하지 않은 것, 명확하지 않은 것을 명석하게 파악하기는 쉽지 않다. 이미 소크라테스의 '무지의 지' 항목에서 확인한 대로, 성급하게 자신이 다 안다고 생각하는 것은 심각한 오류의 근원이 된다. 이때 다 안다고 생각하지 않고 판단을 보류하는 것을 에드문트 후설은 '에포케epoche'라고 했다. 에포케는 고대 그리스어로 '정지, 중지, 중단'을 의미한다.

이렇게 설명하면 에포케가 단순히 '판단 보류'를 뜻한다고 생각할지 모르지만, 실제로 후설은 자신의 책에서 '판단 정지'라는 단어를 사용했다. 그렇다면 판단 보류라고 하면 될 텐데 왜 굳이 '에포케'라는 독특한 용어를 사용한 것일까? 물론 판단 보류와 에포케 사이에는 차이가 있으니, 이 차이를 이해하기 위해 구체적인 비유를 들어 보자.

가령 눈앞에 사과가 있을 때 우리는 사과의 존재가 객관적 사실이라고 생각한다. 눈앞에 있는 사과의 존재를 주관적 감상이라고 생각하는 사람은 아마 없을 것이다. 하지만 정말로 그 사과는 객관적 사실일까? 어쩌면 환각이거나 단지 정교하게 만들어진 3차원 홀로그램 영상일지도 모른다.

다시 말해 우리가 일반적으로 '객관적'이라고 생각하는 인식은, 실은 자신의 의식 속에서 그렇게 생각하고 있는, 즉 '주관적인 나의 의식 가운데 객관적이라고 생각하는' 것에 지나지 않는다. 눈앞에 존재하는 사과에 대해 다음과 같이 생각하는 과정이 바로 후설이 주장하는 '환원'의 사고 프로세스다. 프로세스는 다음과 같다.

A : '사과가 존재한다'는 객관적 실체를 원인으로 하여

B : '내가 그 사과를 보고 있다'는 주관적 인식을 결과로 하는 사고를 멈추고

C : '사과를 인식하고 있는 자신이 있다'는 주관적 인식을 원인으로

D : '사과가 그곳에 실제로 존재하고 있다고 생각한다'는 주관적 인식을 결과로
한다.

    이 사고 프로세스는 결국 객관적 실체를 주관적 인식으로 환원하는 과정이다. 이때 에포케는 앞서 언급한 'A를 원인으로 하여 B라는 결과가 있다'는 사고방식을 '일단 멈추는' 것이다. 쉽게 말하면 에포케는 객관적 실체를 토대로 주관적 인식이 생겨난다는 '객체 → 주체'의 논리 구조에 '정말 그게 옳은 걸까?'라는 의문을 던져, 분명히 그렇게 생각되지만 일단 그 생각에 대한 판단을 멈추는 것이다. 이제 단순한 판단 보류와 에포케의 차이를 이해할 수 있을 것이다. 물론 상당히 어려운 일이다. 눈앞에 사과가 있다고 할 때 그 사과의 존재는 너무나도 명백한 것, 즉 객관적 사실로 생각하기 쉽다. 그것을 주관적 인식에 지나지 않는다고 생각하는 것이야말로 바보같이 여겨질 것이다. 하지만 그러한 너무나도 명백하게 생각되는 일이 사람에 따라서는 반드시 명백한 것은 아니기 때문에 더더욱 '바보의 벽'이 생겨난다는 것을 기억해야 한다.

    여담이지만, 조현병을 치료할 때 환각이나 환청을 체험한 사람에게 그것이 실제로는 존재하지 않는다는 사실을 납득시키기란 매우 어렵다. 만약 자신의 눈앞에 사과가 선명히 보이는데도 그것은

존재하지 않는 것이며 당신에게만 보이는 환상이라는 말을 듣는다면 얼마나 당혹스럽겠는가? 누구도 쉽게 믿을 수 없을 것이다.

러셀 크로가 주연한 영화 〈뷰티풀 마인드〉에서는 조현병에 걸린 천재 수학자 존 내시가 의사와 가족의 여러 번에 걸친 지적에도 불구하고 자신이 체험하고 있는 것이 환각과 환청이라는 것을 좀처럼 믿으려 들지 않는 모습이 그려진다.

그렇다면 에포케를 아는 것이 현대를 살아가는 우리에게 어떤 의미가 있을까? 나는 에포케가 다양한 내용을 시사해 주는 사고관이라고 생각하는데, 그중에서도 '타자 이해의 어려움'을 깨닫게 해 준다는 점을 꼽고 싶다. 후설이 반드시 그렇게 지적한 것은 아니지만 에포케는 결국, "당신이 객관적 사실이라고 생각하는 것을 한번 보류해 보십시오"라는 뜻이다. 그 말대로 따르면 어떤 점이 좋을까?

한 가지 분명히 말할 수 있는 것은, 그렇게 함으로써 대화할 수 있는 여지가 넓어진다는 점이다. 서로를 이해하지 못할 때, 자신에게 보이는 세상과 상대에게 보이는 세상은 크게 다를 수 있다. 그때 양자가 모두 자신의 세계관에 강한 확신을 갖고 있으면 그 어긋난 차이가 해소될 가능성은 별로 없다. 지금 시대에는 대화의 가능성을 포기하고 서로 대화를 나눌 기회와 자리 자체를 폭력으로 파괴하려는 사람들이 끊이질 않는다. 그들은 다시 말해 대화에 절망하고 있다. 왜 대화에 절망하는가? 여러 가지 이유를 생각해 볼 수 있지만, 그중 하나는 우리가 개개인의 가치관을 너무나 완고하게 주장하기 때문이다. 심지어 오늘날의 사회에서는 다양한 일들이 서로 연결되고 맞물려 역동적으로 변화해 나간다. 그러한 사회에서 자신이 보고 있는 세계가 객관적 사실이며 의심할 여지가 없다고 믿는 것은 위험할 뿐만 아니라 윤리적으로도 문제가 있다.

우리가 갖고 있는 객관적인 세계관은 애초에 주관적일 수밖에 없다. 그 세계관을 확신하지도 말고 버리지도 않는, 이른바 어중간한 경과 조치로 일단 잠시 멈춰 보는 중용의 자세가 바로 에포케다. 그러니 이 에포케의 사고관이야말로 지금 이 시대에 더더욱 필요한 지적 태도가 아닐까?

45 과학적인 것이 꼭 옳은 것은 아니다

반증 가능성

칼 포퍼 (Karl Raimund Popper, 1902~1994)

오스트리아 출신의 영국 과학 철학자. 런던 정치경제대학교 교수를 역임했다. 사회 철학과 정치 철학에도 조예가 깊다. 순수하고 과학적인 말의 필요조건으로서 반증 가능성의 중요성을 주장했으며 정신 분석과 마르크스주의를 비판했다. 비엔나 학파에는 참가하지 않았으며 그 주변에서 반증주의적 관점으로 논리 실증주의를 비판했다. 또한 '열린 사회'에서의 전체주의를 적극적으로 비판했다.

과학이란 무엇일까? 이 물음에 수많은 사람이 다양한 답을 내놓았지만 영국의 과학 철학자 칼 포퍼는 '반증 가능성falsifiability'을 그 조건으로 제시했다. 반증 가능성은 제안된 명제나 가설이 실험 또는 관찰에 의해 반증될 가능성이 있는 것을 의미한다. 요컨대 나중에 뒤집힐 여지가 있느냐 없느냐 하는 조건이라고 생각하면 이해하기 쉽다.

이 정의는 매우 흥미롭다. 과학적 논고일수록 사실에 근거한 논리적 치밀성이 요구되게 마련이므로 이는 자칫하면 명제나 가설이

견고하다는 이미지로 이어진다. 반면 포퍼가 제시한 것은 일종의 '취약성'에 관한 요건이므로, 우리들 대부분이 일반적으로 느끼는 과학적 이론이나 가설의 이미지와는 다르다. 하지만 곰곰이 생각해 보면 '무엇이 과학인가'라는 논점 외에 '무엇이 과학이 아닌가'라는 논점에 관해서도 시사하고 있다는 것을 알 수 있다.

무엇이 과학이 아닐까? 이 물음을 포퍼의 요건에 비추어 답해 보면 그것은 '반증할 방법이 없는 것'이다. 포퍼의 사고에 따르면 논리 혹은 사실을 이용해서 명제와 가설에 반론할 여지가 없을 경우 이것은 과학이 아니다.

이때 주의해야 할 점이 있다. 포퍼는 반증 가능성을 갖지 않는 것은 과학이 아니다라고 지적했지만 한편으로는 그렇다고 해서 '옳지 않다'고는 말하지 않았다는 사실이다. 포퍼가 문제 삼은 것은 '과학인 척하는 가짜 과학'이 허세를 부리고 과학적이라고 증표를 내밀면서 위세를 부리려는 풍조였다. 과학적이 아니라면 처음부터 그것은 과학이 아니라 예술이라고 밝히면 되는데, 본래는 예술로 분류되는 고찰이 과학이 지닌 설득력을 거의 표절하듯이 해서 당연하게 통하는 현실에 포퍼는 경종을 울린 것이다.

아인슈타인의 '중력 렌즈gravitational lens'를 구체적인 예로 살펴보자. 중력 렌즈는 빛이 중력에 의해 굴절하는 현상이다. 개기일식 때 이 중력 렌즈에 의해 본래는 태양에 가려 보이지 않는 별을 관찰할 수 있다는 아인슈타인의 가설이 실제의 관찰로 검증되었고, 이로써 중력 렌즈 가설은 올바른 명제로 증명되었다.

이때 관찰 결과가 가설을 반증하는 것이라면 아인슈타인이 주장한 명제는 부정된다. 다시 말해, 아인슈타인의 중력 렌즈 가설은 반증 가능성을 갖고 있었다.

한편 포퍼는 프로이트가 주장한 "모든 욕구의 근원에는 성적 리비도가 있다"라는 명제나 마르크스의 "모든 역사는 계급 투쟁의 역사다"라는 명제는 어떠한 방법으로도 반증할 수가 없기 때문에 과학이 아니라고 부정했다.

포퍼가 지적하는 '반증 가능성'이라는 과학의 요건은 우리에게 과학에 대한 인식을 바꾸라고 채근한다. 다시 말해 진정한 의미에서 과학적이라는 것은 반론의 가능성이 외부를 향해 열려 있다는 것이며, 과학 이론은 반증 가능성을 가진 가설의 집합체일 뿐이라는 것이다. '이것은 과학적으로 검증되었다'는 말을 이야기의 앞부분에 수식어처럼 붙여 주장의 정당성을 집요하게 호소하면서 다른 사람의 반론에는 조금도 귀를 기울이지 않는 사람들이 있다. 포퍼의 견해에 따르면 이런 태도야말로 과학의 취지에 어긋난다. 우리는 그런 사람들이 떠들어대는 '과학적인 말'에 현혹되지 말아야 한다.

46 에디슨은 축음기를 유언장의 대체품으로 발명했다

브리콜라주

클로드 레비스트로스 (Claude Lévi-Strauss, 1908~2009)

프랑스의 문화인류학자이자 민족학자. 전문 분야인 인류학과 신화학에서 높게 평가받았으며, 일반적인 의미의 구조주의 시조로 불린다. 그의 영향을 받은 인류학 이외의 연구자들, 자크 라캉, 미셸 푸코, 롤랑 바르트, 루이 알튀세르와 함께 1960년대부터 1980년대에 걸쳐 현대 사상으로서의 구조주의를 발전시킨 중심인물로 활약했다.

경영학 교과서에는 '혁신을 일으키고 싶으면 우선 타깃 시장을 결정하라'는 말이 자주 등장한다. 하지만 실제로는 많은 기술 혁신이 상정된 용도가 아닌 다른 영역에서 꽃을 피우고 있다. 에디슨은 축음기를 발명할 때 오늘날의 음악 산업과 같은 비즈니스 모델을 상정했던 것이 아니라, 속기록이나 유언장의 대체라는 상당히 '가망성이 없는' 가설을 세웠던 듯하다. 결국은 자신도 그렇게 생각했던지, 당장 더 많은 돈을 벌 수 있을 것 같은 아이디어인 백열전구를 연구하는 데 몰두하느라 축음기 아이디어는 버렸다.

비행기 또한 당초 상정된 용도와는 전혀 다른 영역에서 결실을 맺었다. 우리가 잘 알고 있듯 현재의 항공기를 만드는 원리를 이용해 최초로 동력 비행을 성공시킨 인물은 윌버 라이트와 오빌 라이트 형제였다. 과연 그들은 어떤 목적을 상정하고 비행기를 발명했을까? 그들의 목적은 전쟁의 종결이었다. 라이트 형제는 자신들이 만들어 낸 작은 비행기가 민주주의를 표방하는 정부에 사용된다면 적의 움직임을 멀리 떨어진 곳에서 감시할 수 있기 때문에 기습 공격이나 치열한 전투를 무효화할 수 있을 거라고 생각했지만, 실제로는 모두가 알다시피 정반대의 결과를 낳았다.

이들의 사례는 우리가 자주 듣는 '용도 시장을 명확하게 하지 않는 한 혁신을 일으킬 수 없다'는 말이 틀렸다고는 할 수 없지만 부정확한 가설이라는 점을 시사한다. 대부분 결과적으로 혁신이 일어난 데 지나지 않으며, 당초 상정했던 대로 사회에 큰 영향을 미친 사례는 오히려 매우 드물다. 반면 용도 시장을 명확히 하지 않고 무분별하게 개발 투자를 실행해야 성과가 나오는 것도 아니다.

경영사에 관한 지식이 어느 정도 있는 사람은 아마도 미국 제록스 사의 팰로앨토 연구소Palo Alto Research Center에 대한 이야기를 들어본 적이 있을 것이다. 이 연구소는 용도 시장을 명확히 설정하지 않고 연구자의 백일몽에 막대한 자금을 쏟아부은 결과, 엄청난 아이디어가 쏟아져 나왔지만 대부분 돈을 벌지는 못하는 악몽 같은 사례를 남겼다. 팰로앨토 연구소는 마우스와 그래픽 유저 인터페이스, 객체 지향 프로그래밍 언어라는, 현재의 컴퓨터에서는 상식이 된 다양한 디바이스와 아이디어를 경쟁사보다 앞서 개발했으면서도 무엇 하나 제대로 상업화시키지 못하고 나중에는 자신들의 발명이 낳은 결실을 애플을 비롯한 다른 회사에 빼앗긴 데다 결국은 그 회사들로 인해 궁지에까지 몰리는 비참한 상황에 처하고 말았다.

이 사례에서 우리는 매우 심각한 딜레마를 발견하게 된다. 용도 시장을 지나치게 명확히 설정하면 혁신의 싹을 자를 가능성이 있는 반면, 용도 시장이 불명확하면 맹목적으로 개발에만 매달리게 되어 상업화하기가 수월치 않다. 그래서 이때 중요한 것이 '무엇에 도움이 될지 잘 모르지만 뭔가 있을 것 같다'는 그레이존$^{gray\ zone}$에 대한 직감이다. 이는 인류학자인 레비스트로스가 말한 브리콜라주^{bricolage}와 같은 말이다.

레비스트로스는 남미의 마토 그로소$^{Mato\ Grosso}$ 원주민들을 연구하여 저서 『슬픈 열대』에 소개했다. 원주민들은 정글 속을 걷다가 무언가를 발견하면 그 시점에서는 어디에 도움이 될지 모르지만 '언젠가 무언가에 도움이 될지도 모른다'고 생각해 그 물건을 자루에 주워 넣어 보관하는 관습이 있었다. 실제로 그들이 주운 '뭔지 잘 모르는 물건'이 나중에 공동체를 위기에서 구한 일도 있기에, 나중에 도움이 될지도 모른다는 예측 능력이 공동 사회의 존속에 매우 중요한 영향을 끼쳤다. 이 신기한 능력, 즉 주변에서 발견하는 뭔지 잘 모르는 물건을 비예정조화 차원에서 수집해 두었다가 여차할 때 요긴하게 활용하는 능력을 인류학자이자 구조주의 철학의 시조로 불리는 클로드 레비스트로스는 '브리콜라주'라고 명명하고, 근대적이고 예정조화적인 도구의 조성과 대비해 고찰했다. 레비스트로스는 사르트르로 대표되는 근대적이고 예정조화적인 사상(용도 시장을 명확히 하고 나서 개발에 착수하는 사고관을 지닌 유파)보다 더 기개 있고 유연한 사상을 내세웠다. 실은 전형적인 근대 사상의 산물로 여겨지는 기술 혁신에서도 브리콜라주의 사고방식은 매우 효과적이다.

'어디에 쓸모가 있을지 모르지만 만들어 봤더니 나중에 막대한 가치를 생성해 냈다'는 식의 발명은 실제로 앞서 기술한 축음기나 항공기 외에도 셀 수 없이 많다. 미국의 아폴로 계획(미국의 존 F. 케네디 대통령이 1970년이 되기 전에 인간을 달로 보내겠다고 공언하고 수립한, 우주 비행사의 달 착륙 계획-옮긴이)도 그러한 사례 중 하나다. 아폴로 계획은 한마디로 말하면 "달에 가자!"라는, 단순히 그뿐인 계획이었다. 조금 더 나아가 생각해 보면 대체 그것이 무엇에 도움이 될지 전혀 알 수 없는 프로젝트였다. 그러나 내가 아는 한 현대 사회에 지대한 공헌을 했다고 확신할 수 있는 점이 적어도 한 가지가 있다. 바로 의학 영역이다.

집중치료실ICU, Intensive Care Unit은 아폴로 계획이 없었다면 실현하지 못했거나 적어도 실현 시기가 대폭 늦어졌을 것이다. ICU는 환자의 신체에 생명을 위협할 수 있는 변화가 일어날 경우 원격으로 의사나 간호사에게 바로 알리는 시스템이다. 이 시스템은 우주 비행사의 생명과 관련된 신체 상황을 원격지에서 모니터링해서 무언가 중대한 변화가 발생하면 즉각 대응하는 기술로, 아폴로 계획이라는 장기 우주 비행 시의 필요성에서 생겨났다. 확실히 영화 〈아폴로 13〉을 보면, 신체의 내부와 외부의 환경을 모니터링해서 큰 변화가 생기면 즉시 조치를 취하는 ICU 시스템이 그대로 실현된 장면을 볼 수 있다.

아폴로 계획처럼 막대한 낭비로 보이는 프로젝트에서도 인류에게 꼭 필요한 기술과 시스템이 만들어진다는 사실을 대부분의 사람들은 알지 못한다. 하지만 이는 전형적인 브리콜라주라고 할 수 있다. 이 프로젝트를 주도한 케네디 대통령의 머릿속에 이 우주 계획에서 파생적으로 인류에게 무척 유용한 지혜가 탄생할 것이라는 확신이 있었는지는 모르겠다. 그러나 행여 관계자 가운데 누군가가 이 계획을 완수함으로써 무언가 중대한 지혜나 그것을 완수하는 데 생기는 '애매한 예감'을 갖고 있었다면, 틀림없이 그것은 마토 그로소의 원주민들이 가지고 있던 야성적인 지성과 같은 것이라고 생각하지 않을 수 없다.

반대로 현재 글로벌 기업에서는 "그건 어디에 도움이 되는가?"라는 경영진의 질문에 대답하지 못하는 아이디어는 자금 지원을 못 받는 경우가 많다. 하지만 앞서 말한 사례를 보면 세상을 바꾸는 거대한 혁신의 대부분은 '왠지 대단한 것 같다'는 직감에 이끌려 실현되고 있다는 사실을 잊지 말자.

47 조급해하지 마라, 세상은 그렇게 갑자기 바뀌지 않는다

패러다임 전환

토머스 쿤 (Thomas S. Kuhn, 1922~1996)

미국의 철학자이자 과학자. 1962년에 발표한 저서 『과학 혁명의 구조』에서 과학의 진보는 누적되는 것이 아니라 간헐적인 혁명적 변화, 즉 패러다임 전환에 따른다고 주장했다.

패러다임이라는 말은 사용하기 편하기도 해서, 오늘날에는 토머스 쿤이 염려한 대로 과학 영역을 넘어 훨씬 폭넓은 범위에서 사용되고 있다. 애초에 토머스 쿤은 패러다임이라는 용어를 어떤 개념으로 사용한 것일까? 쿤에 의하면 패러다임은 일반적으로 인정받은 과학적 업적으로, 어떤 한 시대에 전문가가 묻고 대답하는 방법의 패턴을 알려 주는 것이다. 패러다임 전환은 이 일시적으로 패턴을 부여하는 '과학적 업적'이 새로운 패러다임으로 대체되는 현상을 가리킨다. 즉 원래는 과학 영역에만 한정적으로 사용될 것을 염두에 두고 있었던 말이지만, 모두가 익히 알고 있듯 오늘날에는 패러다임이라는 말이 당초 토머스 쿤이 상정한 개념에서 상당히 확대되어 과학 영역을 넘어 사회 현상이나 테크놀로지 등 광범위한 영역에서 사용되고 있다. 이 현상을 두고 당초에 쿤이 내린 정의와는 다르다는 데 못마땅해하는 과학사가도 있지만, 이미 이 책에서 언급했듯 '언어' 또한 시간에 따라 진화하거나 자연도태되기도 하는 만큼 그렇게 감정을 곤두세울 일은 아니다. 패러다임이라는 말이 이렇게까지 광범위한 영역에 쓰이게 된 까닭은, 다른 말로는 설명하기 어려운 현상을 깔끔하게 설명하는 '가장 적절한' 용어이기 때문이다.

여기서는 패러다임 전환의 개념 자체에 깊이 파고들지 않고, 패러다임 전환에 관련해 토머스 쿤이 발견한 탁월한 시사점을 공유하고자 한다.

첫째, 어떤 패러다임에 뛰어난 설득력이 있어 그 시대에 주어진 난제의 대부분에 답할 수 있다 해도 그 패러다임이 근본적으로 틀렸을 가능성이 있다는 점이다. 이를테면 현재 우리는 천동설이 근본적으로 잘못된 발상이라는 것을 알고 있다. 하지만 천동설은 오랜 세월에 걸쳐 우주론의 뛰어난 모델로 채택되어 거의 모든 사람을 납득시켰다. 관측 기술이 진화되어 마침내 천동설이라는 모델로는 설명할 수 없는 변칙적 사례가 무시할 수 없을 정도로 나타나자 지동설로 패러다임 전환이 일어난 것이다. 이렇게 쓰고 보니, 패러다임 전환이 헤겔의 변증법과 같은 프로세스를 거쳐 일어난다고 생각하는 사람도 있을지 모르겠다. 바로 이 부분이 토머스 쿤이 강조한 두 번째 시사점의 핵심인데, 쿤은 패러다임 전환은 그렇게 일어나지 않는 다고 말했다.

쿤에 따르면 다른 패러다임에는 상당히 깊은 골이 있기 때문에 대화조차 되지 않는다. 서로 다른 패러다임 사이에는 문제에 대처하 는 방법론은커녕 문제를 표현하기 위해 사용하는 용어조차 일치하 지 않는 경우가 대부분이다. 즉 서로 다른 패러다임 사이에는 우열 을 가리기 위한 공통된 기준이 없다. 쿤은 이것을 '공약 불가능성'이 라는 말로 표현했다. 다시 말해 패러다임 전환은 매우 긴 세월에 걸 쳐 일어난다. 왜냐하면 서로 다른 패러다임 사이에서 그것을 지지하 는 사람들의 교류와 교환이 없어지면, 어떤 패러다임에서 다른 패러 다임으로의 전환은 어느 한쪽의 패러다임을 신봉하는 사람이 세상 에서 전부 절멸하지 않는 이상 일어나지 않기 때문이다. 토머스 쿤 은 물리학자 막스 플랑크의 말을 인용해 다음과 같이 설명했다.

새로운 과학적 진리는 그 반대자를 설득하고 그들에게 새로운 빛을 보여 줌으로써 이기는 것이 아니라, 오히려 반대자가 멸종하고 새로 운 세대가 성장하여 그들에게는 당연하게 여겨질 때에 비로소 승리 한다.

확실히 코페르니쿠스의 지동설이 받아들여지기까지는 그가 죽 은 후 1세기 이상의 시간이 걸렸으며, 뉴턴의 만유인력도 발표 이후 반세기가 넘는 세월이 지나서야 가까스로 인정받았다. 역사상의 획기적인 발견이나 발명을 뒤쫓아 가며 학습하고 있는 우리는 그러한 발견과 발명을 계기로 세상이 단번에 뒤바뀐 것처럼 생각하기 쉽지만 실상은 그렇지 않다. 이는 '혁신의 보급'에 대해서 미국의 사회학자 에버렛 로저스 교수가 제시한 내용과 같은데, 이를테면 활판인쇄 기법이나 괴혈병, 감염증의 예방법 등 획기적인 발명은 보급되기까지 수백 년의 시간이 걸렸다. 오늘날에는 다양한 영역에서 단 몇 년 사이에 패러다임 전환이 거듭된다고들 말하지만, 토머스 쿤은 그것은 패러다임이 아니라 의견이나 방법의 전환에 지나지 않는다고 말한다.

반대로 말해 우리가 지금 100년 단위로 일어나는 패러다임 전환 속에 있다고 한다면, 과연 어디서 어디로 옮겨 가고 있는 것일까? 시간축을 길게 잡아 생각해 볼 필요가 있다.

48 이분법을 넘어서라

탈구축

자크 데리다 (Jacques Derrida, 1930~2004)

프랑스 철학자. 프랑스령 알제리 출신으로 유대계 프랑스인이다. 일반적으로
포스트 구조주의의 대표적인 철학자로 알려져 있다. 철학뿐만 아니라 문학, 건
축, 연극 등 다방면에 영향을 미쳤다.

탈구축脫構築은 쉽게 말해 이항대
립二項対立의 구조를 무너뜨린다는 뜻이다. 자크 데리다에 의하면 서양
철학은 '선과 악', '주관과 객관', '신과 악마'와 같이 우열 구조를 전
제로 발전해 왔지만, 탈구축에서는 이러한 우열의 구조 자체가 갖는
모순성을 밝힘으로써 과거의 틀에서 '벗어나脫' 새로운 틀을 '구축構
築'하는 것을 목표로 한다.

오늘날 크게 유행하고 있는 다양성을 떠올리면 이해하기 쉽다.
다양성이 중요하다고 주장하는 사람은 당연히 획일성과 전체주의를
비판한다. 즉 그들 머릿속에는 '다양성과 획일성', '다양성과 전체주
의'라는 이항대립이 있어서 후자는 전자보다 열등한 이미지로 대치

된다. 이 명제를 탈구축하면 어떻게 될까?

그렇다! '다양성이 중요하다', '다양성을 인정하라'라는 주장 자체가 애당초 획일적이고 전체주의적이라는 비판이 성립된다. 다양성이 중요하다면 여러 가지 사고관이 모두 인정되어야 하는데, 그렇다면 획일성과 전체주의는 훌륭하다는 주장 또한 인정받아야 하는 것이다. 하지만 그것을 인정하면 다양성이 반드시 중요한 것은 아니라는 뜻이 되어 원래의 명제와 모순된다.

실제로 이 수법은 논의와 비판의 왕도라고도 할 수 있으며, 평론의 신으로 불렸던 고바야시 히데오가 주변의 논적을 가차없이 쓰러뜨릴 때 자주 썼던 방법이다. 반증 사실을 가지고 반론하는 것이 아니라, 상대가 주장하는 논고의 내부적인 모순을 공략함으로써 반론하는 방법이다. 무예로 말하자면 상대의 힘을 이용해 상대를 쓰러뜨리는 합기도 같은 비판 접근법이라고 할 수 있다.

조금 더 쉽게 탈구축을 도구로 사용하는 법을 알아 보자. A라는 테제와 B라는 테제가 있고 어떤 사람이 A를 주장한다고 하자. 이 사람의 의견을 꺾고 싶은 경우, 많은 사람들은 이 사람의 논의에 정면으로 부딪쳐 "나는 A가 아니라 B라고 생각한다"라는 안티테제를 던지는 방법을 선택한다. 하지만 가장 강력한 방법은 "애초에 A냐 B냐 하는 문제 설정 자체가 이상하다"라고 지적하는 것이다. 상대가 들고 나온 논의의 개요나 질문의 전제를 처음부터 무너뜨리는 것이다.

인류학자 클로드 레비스트로스가 사르트르를 공격해 철학자로서의 '숨통'을 끊었다는 이야기가 많이 알려져 있는데, 이때 레비스트로스가 사르트르를 반격하는 데 이용한 방법도 일종의 탈구축이었다. 레비스트로스는 사르트르가 내세운 '새로운가 낡았는가' 하는 이항대립에 대해, 그 이항대립이 내포하고 있는 '서양은 진화하고 있는 반면에 그 외 지역은 미개하고 열등하다'라는 설정 자체가 틀렸다고 공격했다.

사르트르는 마르크스주의에 심취해 있었다. 마르크스주의는 변증법적 역사관, 즉 역사에는 법칙이 있어 우리가 그 법칙을 이해하면 주체적으로 역사를 올바른 방향으로 움직일 수 있다고 보는 사고관이다. 레비스트로스는 저서 『야생의 사고』에서 이러한 사르트르의 사고방식, 즉 '역사가 발전한다'라는 사고관을 두고 "파리에서 한 발짝도 밖으로 나온 적이 없는 인간이 잘난 척하며 이야기하고 있다"라며 비판했다. 분명 사르트르 자신도 정곡을 찌른 날카로운 비판이라고 느꼈을 것이다. 사르트르는 매우 당황해서 이 비판에 대해 "부르주아의 허언이다!"라고 고통스럽게 반론을 되풀이했지만, 이 싸움을 지켜보는 사람들 눈에는 이미 사르트르의 패배가 확실했다. 이 논전 이후 사르트르가 주도해 온 실존주의는 급격히 영향력을 잃었다.

역사가 발전한다는 것은 모든 사회와 문명이 발전이라는 척도로 '앞서가는 사회문명'과 '뒤처지는 사회문명'으로 나뉘게 되는데, 이 사고는 일방적으로 유럽의 가치관을 강요해서 비교하는 것일 뿐이라는 게 레비스트로스가 내세웠던 비판의 골자다. 다시 말하면 탈구축의 기본적인 사고관은 이항대립의 구조를 무너뜨리는 것이다.

레비스트로스는 사르트르가 제시한 것은 발전과 미개의 이항대립이며, 사람들은 주체적으로 사회에 참여함으로써(이것을 사르트르는 앙가주망이라고 불렀다) 역사를 더 좋은 방향으로 발전시킬 수 있다고 주장했다. 사르트르가 제안한 발전과 미개라는 이항대립 구조 자체에 유럽의 오만함이 드러나 있다고 비판하고 이를 무너뜨렸던 것이다. 이러한 그의 비판은 탈구축의 기술을 이용한 것이다.

이항대립 구조는 매우 편리해서 기업 경영이나 실제 사회에서 벌어지는 문제를 정리할 때도 자주 사용된다. 강점과 약점이나 기회와 위협 등을 흔히 볼 수 있는데, 이러한 구조 설정은 오히려 사고의 폭을 제약하기도 한다. 그럴 때는 이항대립의 틀 자체를 완전히 바꾸어 환골탈태하는 '탈구축'을 생각해 보는 것이 좋겠다.

49 미래를 예측하는 최선의 방법은 미래를 창조하는 것이다

미래 예측

앨런 케이 (Alan Curtis Kay, 1940~)

미국의 컴퓨터 과학자, 교육자, 재즈 연주가. 퍼스널 컴퓨터의 아버지라고 불리기도 한다. 객체 지향 프로그래밍과 유저 인터페이스 설계 개발에 큰 공적을 남겼다. "미래를 예측하는 최선의 방법은 미래를 만들어 내는 일이다"라는 명언으로도 유명하다.

우선 위의 그림을 보자. 대부분의 사람이 이렇게 말할 것이다. "아! 태플릿PC네. 그래서?" 이어서 다음 쪽의 그림을 보자.

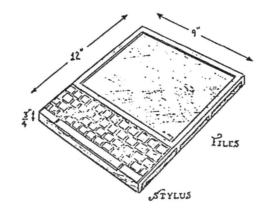

어떠한가? "앗? 뭔가 조금 다른걸. 이게 뭐지?" 내막을 밝히자면 이 두 그림은 컴퓨터 과학자 앨런 케이가 1972년에 저술한 논문 「모든 연령대 어린이들을 위한 컴퓨터A Personal Computer for Children of All Ages」에서 다이나북Dynabook(앨런 케이가 제창한 이상적 컴퓨터로, 일본 도시바 사가 1988년에 발매한 세계 최초의 노트북 상품명-옮긴이)이라는 물건을 설명하기 위해 이용한 그림이다. 그렇다. 지금으로부터 반세기쯤 전의 일이다.

이 설명을 듣고 '대단해. 40년도 더 전에 미래를 예측했다니!' 하고 생각했다면 그 해석은 완전히 틀렸다. 앨런 케이 자신도 말했듯이, 그는 미래를 예측해 이 그림을 그린 게 아니다. 그는 '이런 것이 있으면 좋겠는데'라고 생각해 그 아이디어를 그림으로 그렸고 이것이 실제로 만들어지도록 끈질기게 운동을 벌였다. '예측'과 '실현'이 역전된 것이다.

컨설팅 일을 하다 보면 고객에게서 자주 미래 예측에 관해 상담을 받는다. "미래가 어떻게 될까요?", "미래에 우리는 어떻게 대비해야 하나요?" 이런 질문들에 대해, 물론 비용을 받고 보고서를 작성해야 하지만 개인적으로는 실로 무의미하다고 생각한다.

지금 존재하는 세계는 우연히 만들어진 게 아니다. 어디선가 누군가가 행한 의사 결정이 축적되어 지금 이 세계의 풍경이 그려진 것이다. 이와 마찬가지로 미래 세계의 경치는 지금 이 순간부터 미래까지 사람들의 선택과 행동에 따라 결정될 것이다. 그렇다면 "미래는 어떻게 될까요?"라고 남에게 질문할 것이 아니라 "미래를 어떻게 만들고 싶은가?"라고 자문해야 할 것이다.

안드로이드 연구로 유명한 오사카 대학교의 이시구로 히로시 교수는 앨런 케이와 만났을 때 "로봇의 미래에 가능성이 있을까요?" 하고 질문했다가 호되게 질책을 당했다. "자네는 로봇을 연구하는 사람이잖은가? 그런 입장에 있는 사람이 타인에게 그런 질문을 해서 어쩌려는가? 자네 자신은 로봇을 인류에게 어떠한 존재로 만들고 싶은가?" 그는 앨런 케이의 반문을 받고는 머리를 쾅 얻어맞은 것 같은 느낌이었다고 술회했다.

미래라는 것은 예측하기보다 오히려 비전으로 생각하며 그려내야 한다는 사고관은 다른 각도에서도 보완된다. 예측은 빗나가기 때문이다. 오늘날 일본에서는 저출산에 의한 인구 감소 문제가 위기감 속에서 논의되고 있다. 하지만 과거 다른 국가에서 이루어졌던 저출산에 따른 인구 감소에 대한 예측이 지금까지 대부분 빗나갔다는 사실을 아는가? 영국에서는 20세기 초에 출산율이 크게 떨어져 정부와 연구기관이 다양한 전제를 깔고 인구 예측을 실시했다. 그들이 작성한 17가지의 인구 예측 유형을 현재 되돌아보면, 그 가운데서 인구 감소를 예측한 14가지 유형은 완전히 빗나갔고, 나머지 3가지 유형은 인구 증가를 예측했지만 그 증가는 실제 수치를 훨씬 밑돌았다. 결과부터 말하자면 실제로는 정부와 싱크탱크가 정리한 17가지 인구 예측을 훨씬 웃돌 만큼 인구가 증가했다.

또 미국의 경우도 출생률이 1920년대에 낮아지기 시작해서 1930년대까지 계속 떨어졌다. 이 사태를 맞아 1935년에 발표된 인구 전망에서 1965년에는 미국 인구가 3분의 2까지 감소할 것이라 예측되었지만, 그 예상도 크게 빗나갔다. 제2차 세계대전이 시작되자 결혼율이 급격히 높아졌고 그에 따라 출생률도 대폭 상승해 1965년에는 인구가 줄어들기는커녕 베이비붐이 도래했다.

인구 동태 조사와 같이 통계가 견실하게 정비되어 비교적 미래 예측을 하기 쉬운 분야에서도 이 모양이니 다른 분야는 차마 봐줄 수 없을 정도다. 전형적인 예가 컨설팅 회사나 싱크탱크에서 실시하고 있는 '미래 예측'이다.

1982년, 당시 미국 최대의 전화 회사였던 AT&T는 컨설팅 회사인 맥킨지앤드컴퍼니McKinsey&Company에 '2000년 시점에서의 휴대전화 시장 규모 예측'을 의뢰했다. 그 의뢰에 맥킨지가 최종적으로 낸 결론은 '90만 대'였지만 실제로는 시장 규모가 1억 대를 가볍게 돌파하여 3일에 100만 대씩 팔려 나가는 상황이 벌어졌다. 이 비참한 예측 조언에 근거해 1984년, 당시 AT&T의 CEO였던 찰스 브라운은 휴대전화 사업 부문을 매각하는 치명적인 경영 판단을 단행했고, 이후 AT&T는 모바일화의 시류에 뒤처져 경영 악화로 궁지에 몰린 끝에 결국은 스스로 떼어냈던 예전의 그룹 기업인 SBC 커뮤니케이션에 매수되어 소멸의 길로 들어서는 얄궂은 최후를 맞이했다.

막대한 비용을 들여 초일류 조사 기관을 섭외해 실시한 예측이었지만, '자릿수조차 완전히 틀린 커다란 오차'로 예측은 빗나가고 말았다. 컨설팅 회사에는 비밀 엄수 의무가 있기 때문에 이러한 참혹한 프로젝트 결과가 공표되는 일은 거의 없지만, 업계에 오래 몸담고 있는 나는 이러한 비극적인 사례가 빈번하게 발생하고 있다는 사실을 잘 알고 있다. 이는 절대로 컨설팅 회사의 능력이나 예측 모델의 문제가 아니다. 애초에 전문가의 예측은 빗나가는 것이 당연하다. 곰곰이 생각해 보면 우리가 '예측'에 지나치게 의지하고 있지는 않은가 하는 의문이 든다.

마지막으로 앨런 케이의 메시지를 소개하며 글을 마무리할까 한다. "미래를 예측하는 최선의 방법은 미래를 창조하는 것이다."

50 사람은 뇌뿐만 아니라
몸으로도 생각한다

신체적 표지

안토니오 다마지오 (Antonio R. Damasio, 1944~)

포르투갈 출신의 미국 신경 과학자. 2018년 현재 캘리포니아 대학교의 신경 과학, 심리학, 철학 교수. 수많은 임상 사례를 바탕으로 정동이 의사 결정에 미치는 영향을 연구하고 발한이나 심박의 항진이라는 신체 반응이 의사 결정의 품질에 큰 영향을 준다는 '신체적 표지 가설'을 주장했다.

철학에서 다루는 기본적인 문제 중 하나로 마음과 신체에 관한 고찰이 있다. 플라톤은 이 문제를 '영혼'과 '육체'라는 두 가지 항목으로 나누어 연구했고, 시대를 한층 건너뛰어 데카르트는 이를 '심신이원론'으로 정리해 기본적으로 양자를 분리, 독립된 별개로 취급했다. 한편 스피노자는 '심신평행론'을 내세워 마음과 신체는 하나이므로 분리할 수 없다며 데카르트를 비판했다. 좀처럼 결론이 나지 않는다. 현재도 이 문제는 철학의 영역을 넘어서 다뤄지고 있다. 가령 인공지능에서 거론되는 신체성의 문제도 넓은 의미에서는 심신 문제로 생각할 수 있다.

우리는 대개 마음과 신체에 관해 마음이 사령탑이고 신체는 그 사령을 받아 명령을 집행하는 기관이라고 생각한다. 하지만 단순하게 마음이 주主이고 신체가 종從인 관계로 볼 수 없다는 사실이 여러 연구를 통해 밝혀졌다. 이번에는 그러한 연구의 일례로 안토니오 다마지오가 주장한 '신체적 표지somatic marker 가설'을 소개하고자 한다.

신경 과학자 안토니오 다마지오는 수리와 언어라는 논리적이고 이성적인 뇌 기능이 전혀 손상되지 않았는데도 사회적인 의사 결정 능력이 심하게 결여된 환자를 수없이 관찰하고, 적시에 적정한 의사 결정을 내리는 데는 이성理性과 정동情動(분노, 두려움, 기쁨, 슬픔 등 비교적 급속히 일어나는 일시적이고 급격한 감정의 움직임을 가리키는 심리학 용어-옮긴이), 이 두 가지가 모두 필요하다는 '신체적 표지 가설'을 내놓았다. 그가 술회한 바에 따르면 발견에 이르는 경위는 다음과 같다.

안토니오 다마지오가 어떤 환자를 소개받았다. 엘리엇이라는 30대 남성은 뇌종양 수술을 받은 후 논리적, 이성적인 추론 능력이 전혀 손상되지 않았는데도 실생활에서 의사 결정에 큰 곤란을 겪게 되었고 점점 상태가 나빠져 정상적인 생활을 할 수 없을 지경이 되었다. 다마지오는 엘리엇에게 특히 뇌의 전두엽 부분의 기능을 검사하기 위한 다양한 신경 심리학적 테스트를 실시했지만, 지능지수를 비롯한 모든 결과는 정상인 정도가 아니라 매우 우수했기에 실생활에서 의사 결정에 장애를 주는 원인을 전혀 찾지 못했다. 다마지오는 어쩔 줄 몰라 곤혹스러웠다.

이들 검사에서 엘리엇은 정상적인 지성을 갖고 있으면서도 적절하게 결단하지 못하는, 특히 개인적 또는 사회적 문제와 관련되어 있을 때 결단을 내리지 못하는 인물이라는 사실이 밝혀졌다. 개인적, 사회적 영역에서의 추론이나 의사 결정 방법은 물체와 공간, 그리고 숫자나 언어가 관계하는 영역에서의 추론 방법이나 사고 방법과는 다른 것일까? 이들은 다른 신경계나 프로세스에 의존하고 있는 것일까?

안토니오 다마지오 『데카르트의 오류』

해결책을 찾지 못한 채 일단은 이 문제에서 손을 떼기로 한 다마지오는 이윽고 엘리엇이 보이는 '어떤 경향'이 문제를 해결하는 열쇠가 되지 않을까 하는 데 생각이 미쳤다. 그 어떤 경향이란 극단적인 감성과 정동의 감퇴였다.

다마지오는 엘리엇이 비참한 사고나 재해 사진을 봐도 아무런 감정적인 반응을 보이지 않는다는 점, 또한 병에 걸리기 전에는 무척 좋아하던 음악과 그림에 수술 후에는 아무런 감정도 일어나지 않게 되었다는 사실을 알아차리고, 사회적인 의사 결정 능력과 정동 사이에 지금까지 간과해 온 중대한 연결 고리가 있지 않을까 하는 가설을 세웠다.

그 후 이 가설을 검증하기 위해 엘리엇과 마찬가지로 뇌의 전두전야에 손상을 입은 열두 명의 환자를 대상으로 연구한 결과, 모든 환자에게서 극단적인 정동의 감퇴와 의사 결정 장애가 동시에 일어나고 있다는 사실을 밝혀냈다. 이 발견을 토대로 연구를 거듭한 뒤에 다마지오는 신체적 표지 가설을 제창했다. 약간 길어지겠지만, 이 기술은 의사 결정에서의 '논리와 직감' 혹은 '예술과 과학'이라는 문제를 생각하는 데 매우 중요한 근거가 되므로 발췌해 두겠다.

> 당신이 전제에 대한 비용 편익 분석을 적용하기 전에, 그리고 문제 해결을 위한 추론을 시작하기 전에 어떤 매우 중요한 일이 일어난다. 이를테면 특정한 반응 옵션과 관련해 나쁜 결과가 머리에 떠오르면 아무리 미미하더라도 당신은 어떤 불쾌한 '직관적 감정'을 경험한다. 그 감정은 신체에 관한 것이므로 나는 이 현상에 '소마틱^{somatic}(소마 $soma$는 그리스어로 '신체'를 의미)'이라는 전문용어를 붙였다. 그리고 그 감정은 하나의 이미지를 나타내므로 나는 그것을 마커^{marker}라고 불렀다.
>
> 안토니오 다마지오 『데카르트의 오류』

신체적 표지 가설에 따르면 정보에 접촉함으로써 야기되는 감정이나 신체적 반응(땀이 난다, 심장이 두근거린다, 입이 마른다 등)이 뇌의 복내측 전전두피질 부분에 영향을 미쳐 눈앞에 주어진 정보에 관해 '좋다' 또는 '나쁘다'의 판단을 도와 의사 결정의 효율을 높인다. 이 가설에 따르면, 지금까지 알고 있던 '의사 결정은 가능한 한 감정을 배제하고 이성적으로 행해야 한다'라는 상식은 잘못된 것이며 의사 결정을 할 때 오히려 감정은 적극적으로 개입되어야 한다.

신체적 표지 가설에는 많은 반론이 뒤따랐다. 현시점에서는 말 그대로 '가설'일 뿐이다. 하지만 다마지오가 자신의 저서 『데카르트의 오류』에서 보고한 수많은 안타까운 병례는 우리에게 사회적인 판단과 의사 결정이 얼마나 복잡한 행위인지, 우리가 스스로 인식하는 것보다 훨씬 더 많은 요인에 대해 직감적으로 고찰해야만 그것을 수행할 수 있다는 사실을 시사한다.

오늘날 사회는 점점 더 복잡해져서 논리적으로 의사 결정을 하기가 어려운 상황이 되었다. 이러한 사회에서 오직 이지적이고 논리적이고자 한다면 오히려 큰 판단 실수를 범하게 될지도 모른다. 이러한 시대이기에 다마지오가 주장한 신체적 표지 가설은 더욱더 귀를 기울일 만한 가치가 있다.

칸트와 스피노자 없이
철학을 이야기하는 법

'철학'이라고 하면 어렵고 딱딱하다고 느끼는 사람도 있을 것이고 우수에 찬 눈빛으로 삶을 고뇌하는 철학가의 모습을 상상하며 고상하고 멋있는 학문으로 여기는 사람도 있을 것이다. 무엇보다 실생활에 전혀 쓸모없고 현실과는 동떨어진 학문이라고 생각하는 사람이 가장 많을 테다. 하지만 누구나 한 번쯤은 이런 말들을 들어 봤을 것이다.

'너 자신을 알라.'

'나는 생각한다. 고로 나는 존재한다.'

'내일 지구의 종말이 온다 해도 나는 오늘 한 그루의 사과나무

를 심겠다.'

언제 어디서 들었는지 정확히 기억나지는 않을지라도, 그리고 어느 것이 스피노자가 한 말이고 어느 것이 데카르트의 말인지 헷갈릴지라도 아주 친숙한 말이다. 이처럼 우리가 생각하는 것 이상으로 우리는 일상에서 많은 철학자의 말과 신념을 알게 모르게 접하며 살고 있다.

누군가는 양처를 만나면 행복할 것이고 악처를 만나면 철학자가 될 것이라고 말한 소크라테스를 떠올리며 위안을 얻을지도 모르고, 소원을 묻는 알렉산드로스 대왕에게 아무것도 필요 없으니 햇빛을 가리지 말고 비켜달라고 했다는 디오게네스를 생각하며 자유와 평안을 느낄 수도 있다.

하지만 이제 우리는 이런 명언과 일화에서 한발 더 나아가 우리 삶 가까이에 선명하고 확실한 개념으로서 존재하는 철학을 만나 볼 필요가 있다. 그런 의미에서 『철학은 어떻게 삶의 무기가 되는가』라는 제목은 매력적이다. '철학'이 삶을 살아가는 데 '무기'가 되어 준다면 그것이 '어떻게' 가능한지 궁금증을 솟구치게 하기 때문이다. 이 책을 집어 든 여러분도 아마 나와 같은 마음이었을 것이라 생각한다.

저자 야마구치 슈는 철학을 전공한 전략 컨설턴트로서 오히려 철학 전문가가 아니기 때문에 역설적으로 우리가 사는 현대 사회를 철학의 시각으로 날카롭게 바라볼 수 있었다. 그 덕분에 정식으로 경영학 관련 수업을 받은 적이 없음에도 경영 전공자와 MBA 보

유자가 발에 채이는 컨설팅 업계에서 두각을 나타내며 승승장구했고, 비즈니스 스쿨에서 수많은 비즈니스 리더들을 대상으로 인문 지식을 현업에 적용하는 법을 가르쳤다. 이 책의 원제가 『무기가 되는 철학武器になる哲学』이라는 점을 생각하면 철학이 그의 삶의 무기가 되어 주었다는 말이 빈말로 들리지 않는다.

저자는 철학의 실용적인 쓰임을 자신의 경험을 토대로 들려 준다. 철학이 현실에서 어떤 역할을 할 수 있고 어떤 도움을 주는지, 우리가 철학을 앎으로써 어떤 무기를 손에 넣고 현실에서 어떻게 활용해 사고방식과 행동에 변화를 줄 수 있는지를 재미있고 명쾌하게 풀어 준다.

이 책에서 설명하고 있는 철학과 사상 용어들은 얼핏 일상생활에 별반 도움이 되지 않을 듯이 어려워 보이기도 하지만, 사실은 우리의 눈앞에서 일어나는 일과 현상을 적확하게 파악할 수 있는 통찰력을 길러주고 새로운 세계를 다양한 각도에서 바라볼 수 있는 관점을 제시한다고 저자는 강조한다.

가장 큰 매력은 단연 '콘셉트'를 축으로 철학을 이야기한다는 데 있다. 저자는 기존 철학서들이 대부분 철학사의 흐름을 기반으로 하여 철학자와 그 사고관을 시대순으로 소개하는 데 반기를 들고 고정관념을 깨뜨렸다. 우리를 철학 앞에서 주눅 들게 하는 고대 철학자들을 줄줄이 나열하는 것이 아니라 철학자, 사상가가 주장한 철학의 뼈대를 주제별 콘셉트로 묶어 자세한 설명과 함께 현대 사회에 접목시켰다. 저자 나름의 시사와 통찰을 이끌어 내고 있어 그 내용이 아주 명쾌하고 신랄하다.

실생활에서 문제를 해결하는 데 유용한가에 중점을 둔 것도 큰 장점이다. '서양 철학사는 칸트 이전과 이후로 나뉜다'고 할 만큼 중요한 인물인 칸트도 실용성이 없다는 이유로 과감히 빼 버릴 정도다. 덕분에 철학을 전공하지 않은 사람이나 평소에 철학을 접할 기회가 없었던 사람도 쉽게 이해하고 재미있게 읽을 수 있다.

저자는 일본 사회의 배경과 상황을 예시로 많이 사용하고 있는데 동양 문화와 역사라는 공통 맥락이나 현대 사회의 상황이 한국과 별반 다르지 않아 우리에게도 시사하는 바가 크다. 시대를 앞서고 국가를 초월한 철학가들의 사고가 인공지능과 소셜미디어의 현대시대를 살아가는 우리에게도 경각심을 일깨워 주고 미래를 향한 물음을 던져 준다는 사실이 놀라운 한편으로 고맙기도 하다.

이 책의 번역을 맡아 우리말로 옮기는 동안 나 역시도 철학에 대한 편협한 시각과 선입견이 단박에 깨졌다. 어렵게 여겨지던 철학 용어를 친숙한 표현으로 쉽게 풀어 설명해 주고, 사람·조직·사회·사고를 둘러싼 철학 콘셉트를 통해 인간의 심리와 행동의 메커니즘을 보여 준 이 책 덕분에 실제로 세상을 바라보는 시각이 한층 다채롭고 깊어졌으며 내면도 왠지 좀 더 성숙해진 느낌마저 차올랐음을 부끄럽지만 고백해 본다.

철학이 이처럼 재미있고 울림도 있는 학문인 줄을 진작에 알았더라면 아마도 학생 시절 교양으로 선택한 철학 과목이 평균 학점을 깎아내리는 데 일조하게끔 내버려 두지는 않았을 텐데, 왠지 찔끔

억울하다.

　저자가 소개한 50가지 철학·사상은 하나하나 다 울림이 있다. 사람마다 자신의 경험과 가치관, 또는 추구하는 방향에 따라 느낌도 공감하는 포인트도 다르겠지만 평소 막연히 스쳐 갔던 용어나 생각해 본 적 없는 콘셉트에서 새로운 이치를 깨달아 자신이 하는 일에 유용한 힌트를 얻을 수 있다.

　나는 특히 한 언어를 다른 언어로 옮기는 과정의 어려움을 '시니피앙과 시니피에'를 통해 논리적으로 인지하고 구체적으로 표현할 수 있게 된 데 희열을 느낀다(직업적 본능이랄까). 또한 레비스트로스가 사르트르의 의견을 비판하고 공격한 방법인 '탈구축'을, 상대의 말이 불합리하다고 느끼면서도 적절히 반격하지 못했던 여러 상황에서 당장 활용해 보고 싶어졌다. 게다가 "미래를 예측하는 최선의 방법은 미래를 창조하는 일이다"라는 앨런 케이의 말은 또 얼마나 감동적인가.

　플라톤은 철학자를, 지혜를 가진 사람이 아니라 지혜를 사랑하는 사람이라고 했다. 수많은 인간관계와 조직 속에서 고민하고 사고하며 살아가는 우리는 지혜를 사랑하는 그들에게 철학을 배우고 지혜를 익혀 우리 삶의 방향을 내 의지로 조절하고 더욱 능동적으로 살아 내는 데 길잡이로 삼아야 할 것이다.

　독자 여러분이 일상에서 발휘하는 통찰력과 관점이 이 책을 읽기 전과 읽은 후로 달라졌기를, 그리고 철학이 어떻게 삶의 무기가 되는지를 새로이 알고 느낌으로써 앞으로 삶을 살아가는 데 다양한 시각과 합리적인 행동으로 활용할 수 있기를 진심으로 바란다. 끝으로 이 책을 읽은 사람들과 함께 이야기 나누고 싶은 질문을 소개하는 것으로 글을 마친다.

"나는 미래를 어떻게 만들고 싶은가?"

2019년 또 한 장의 역사를 시작하며

번역가 김윤경

옮긴이 김윤경

한국외국어대학교를 졸업하고 일본계 기업에서 무역과 통번역을 담당하다가 일본어 전문 번역가로 방향을 돌려 새로운 지도를 그려 나가고 있다. 현재 출판번역 에이전시 글로하나를 꾸려 외서 기획과 언어별 번역 중개 업무도 함께하고 있다. 역서로는 『일본전산의 독한 경영 수업』, 『자본주의 미래보고서』, 『괴테가 읽어주는 인생』, 『나는 단순하게 살기로 했다』, 『사장의 도리』, 『공학자의 사고법』, 『결국 성공하는 사람들의 사소한 습관의 차이』, 『나는 상처를 가진 채 어른이 되었다』, 『일 따위를 삶의 보람으로 삼지 마라』 등 다수가 있다.

철학은 어떻게 삶의 무기가 되는가
불확실한 삶을 돌파하는 50가지 생각 도구

초판 1쇄 발행 2019년 1월 21일
초판 54쇄 발행 2024년 8월 21일

지은이 야마구치 슈
옮긴이 김윤경
펴낸이 김선식

부사장 김은영
콘텐츠사업본부장 박현미
책임편집 박윤아 **디자인** 황정민 **책임마케터** 오서영
콘텐츠사업4팀장 임소연 **콘텐츠사업4팀** 황정민, 박윤아, 옥다애, 백지윤
마케팅본부장 권장규 **마케팅1팀** 최혜령, 오서영, 문서희 **채널1팀** 박태준
미디어홍보본부장 정명찬 **브랜드관리팀** 안지혜, 오수미, 김은지, 이소영
뉴미디어팀 김민정, 이지은, 홍수경, 변승주, 서가을
지식교양팀 이수인, 염아라, 석찬미, 김혜원, 백지은, 박장미, 박주현
편집관리팀 조세현, 김호주, 백설희 **저작권팀** 한승빈, 이슬, 윤제희
재무관리팀 하미선, 윤이경, 김재경, 임혜정, 이슬기
인사총무팀 강미숙, 지석배, 김혜진, 황종원
제작관리팀 이소현, 김소영, 김진경, 최완규, 이지우, 박예찬
물류관리팀 김형기, 김선민, 주정훈, 김선진, 한유현, 전태연, 양문현, 이민운
외부스태프 교정교열 임인선

펴낸곳 다산북스 **출판등록** 2005년 12월 23일 제313-2005-00277호
주소 경기도 파주시 회동길 490 다산북스 파주사옥 3층
전화 02-702-1724 **팩스** 02-703-2219 **이메일** dasanbooks@dasanbooks.com
홈페이지 www.dasanbooks.com **블로그** blog.naver.com/dasan_books
종이 신승INC **인쇄** 민언프린텍 **코팅 및 후가공** 제이오엘앤피 **제본** 다온바인텍

ISBN 979-11-306-2045-9 (03100)

다산북스(DASANBOOKS)는 책에 관한 독자 여러분의 아이디어와 원고를 기쁜 마음으로 기다리고 있습니다.
출간을 원하는 분은 다산북스 홈페이지 '원고 투고' 항목에 출간 기획서와 원고 샘플 등을 보내주세요.
머뭇거리지 말고 문을 두드리세요.